以莊子為名的人生課

道破人生

王景琳，徐匋 著

體驗莊子式淡然，學會在繁忙生活中擁抱自我

剖析《莊子》中的象徵寓言，巧妙轉化為生活中的哲理
幫助現代人在繁忙、壓力重重的生活中找到內心的平衡

學說、理想、修德方式、對人生命運的思索
生動的敘述風格＋幽默的筆觸，古典哲學也能如此易懂有趣！

目 錄

引言

第一章　莊子這個人

　　一、莊子的名字與生卒年代 …………………………… 013

　　二、莊子是宋國人 ……………………………………… 016

　　三、莊子不是楚國人 …………………………………… 018

　　四、從漆園吏到借貸 …………………………………… 020

　　五、貧而不憊 …………………………………………… 021

　　六、為相與授徒 ………………………………………… 024

　　七、自然之子 …………………………………………… 026

　　八、回歸自然 …………………………………………… 029

第二章　唯一的摯友

　　一、第一次相遇 ………………………………………… 033

　　二、鵷與鴟 ……………………………………………… 036

　　三、切磋學術 …………………………………………… 038

　　四、交情的昇華 ………………………………………… 040

　　五、黑暗中的那一縷陽光 ……………………………… 041

　　六、「子非魚，安知魚之樂」 ………………………… 045

　　七、一個大膽的猜測 …………………………………… 048

目 錄

第三章　他從哪裡來

一、「其學無所不窺」……………………………054

二、與老子貌合神離………………………………058

三、莊子與孔子的關係……………………………061

四、莊子・孔子・顏回……………………………067

五、「顏氏之儒」的影響…………………………071

第四章　《莊子》這部書

一、早期的《莊子》………………………………076

二、《莊子》的第二次結集………………………079

三、第三部《莊子》的問世………………………083

四、五十二篇本的《莊子》………………………086

五、《莊子》的「瘦身」…………………………089

六、蘇軾點明真相…………………………………092

七、內七篇的本來面貌……………………………094

第五章　致意最在逍遙遊

一、「逍遙」與「遊」……………………………099

二、被誤讀的鵬……………………………………103

三、南徙的鯤鵬逍遙嗎？…………………………105

四、蜩與學鳩的意義………………………………108

五、為什麼不逍遙…………………………………112

六、誰是逍遙遊者 113

　　七、「天籟」就是逍遙遊 117

第六章　『道』的迷失

　　一、莊子之「道」 122

　　二、人人皆可得「道」 125

　　三、被「虧」的「道」 128

　　四、「道」輸給了小成與榮華 131

　　五、「萬物一齊」與「道通為一」 136

　　六、畸人、兀者與「道」 139

第七章　生死與夢覺

　　一、面對死生 144

　　二、如同故鄉的死後世界 146

　　三、活著才是王道 148

　　四、「鼓盆而歌」 151

　　五、莊子的夢 155

　　六、夢醒之後 160

第八章　德路漫漫

　　一、此「德」非彼「德」 165

　　二、莊子之「德」 168

目 錄

　三、「放不下」的鄭子產⋯⋯⋯⋯⋯⋯⋯⋯⋯⋯⋯⋯⋯⋯ 172

　四、日漸「放下」的申徒嘉⋯⋯⋯⋯⋯⋯⋯⋯⋯⋯⋯⋯ 176

　五、惡人哀駘他⋯⋯⋯⋯⋯⋯⋯⋯⋯⋯⋯⋯⋯⋯⋯⋯⋯ 180

　六、「和」是德的最高境界⋯⋯⋯⋯⋯⋯⋯⋯⋯⋯⋯⋯ 183

第九章　殊途而同歸

　一、南郭子綦的「喪我」⋯⋯⋯⋯⋯⋯⋯⋯⋯⋯⋯⋯⋯ 188

　二、顏回的「心齋」⋯⋯⋯⋯⋯⋯⋯⋯⋯⋯⋯⋯⋯⋯⋯ 190

　三、卜梁倚的「守」與「外」⋯⋯⋯⋯⋯⋯⋯⋯⋯⋯⋯ 195

　四、意而子與「坐忘」⋯⋯⋯⋯⋯⋯⋯⋯⋯⋯⋯⋯⋯⋯ 198

第十章　莊子也有治國理想

　一、他們不一樣⋯⋯⋯⋯⋯⋯⋯⋯⋯⋯⋯⋯⋯⋯⋯⋯⋯ 206

　二、聖人君主堯⋯⋯⋯⋯⋯⋯⋯⋯⋯⋯⋯⋯⋯⋯⋯⋯⋯ 209

　三、卜梁倚的意義⋯⋯⋯⋯⋯⋯⋯⋯⋯⋯⋯⋯⋯⋯⋯⋯ 212

　四、聖人君主做什麼⋯⋯⋯⋯⋯⋯⋯⋯⋯⋯⋯⋯⋯⋯⋯ 216

　五、聖人君主也會「亡人之國」⋯⋯⋯⋯⋯⋯⋯⋯⋯⋯ 220

　六、神人臣子的職責⋯⋯⋯⋯⋯⋯⋯⋯⋯⋯⋯⋯⋯⋯⋯ 224

　七、黎民百姓應該怎麼做⋯⋯⋯⋯⋯⋯⋯⋯⋯⋯⋯⋯⋯ 226

第十一章　文人士子的悲哀

　一、人心的缺陷⋯⋯⋯⋯⋯⋯⋯⋯⋯⋯⋯⋯⋯⋯⋯⋯⋯ 232

　二、「大知」、「小知」⋯⋯⋯⋯⋯⋯⋯⋯⋯⋯⋯⋯⋯ 234

三、異化的人格 ………………………………………… 238

　　四、他們已經無可救藥 ………………………………… 240

　　五、人生都是這麼迷茫嗎？ …………………………… 244

　　六、直擊靈魂的拷問 …………………………………… 248

第十二章　「遊」於夾縫間

　　一、「緣督以為經」 ……………………………………… 254

　　二、「庖丁解牛」的意義 ………………………………… 258

　　三、「處乎材與不材之間」 ……………………………… 262

　　四、「無用之用」 ………………………………………… 265

　　五、櫟社樹的啟示 ……………………………………… 268

　　六、商丘之木的「防身術」 ……………………………… 271

第十三章　大宗師的前世今生

　　一、大宗師指什麼 ……………………………………… 276

　　二、真人、真知與古之人 ……………………………… 278

　　三、真人就是大宗師嗎？ ……………………………… 281

　　四、大宗師的今生 ……………………………………… 285

　　五、大宗師的使命 ……………………………………… 288

　　六、真人的困境與絕望 ………………………………… 290

目 錄

第十四章　藐姑射之山的坍塌

一、藐姑射之山的象徵意義 …………………………… 296

二、神人的變化 ……………………………………………… 299

三、跌下神壇的神人 ……………………………………… 302

四、從「無己」到「遊世」的至人 ………………… 307

五、至人的悲歌 ……………………………………………… 310

六、渾沌之死 ………………………………………………… 313

後記

引言

　　先秦是中國歷史上少有的思想活躍時期，各式各色的思想家、哲學家、政治家層出不窮，不過，無論你怎麼看，都不難發現，莊子在整個先秦時期就是一個「異類」。

　　說莊子是「異類」，是因為他跟誰都不一樣。其他諸子都有個派別，有個師承，其思想大致能歸個類，可是莊子不是。他跟誰都不是同一類人，就好像是從天上掉下來的一樣。班固《漢書‧藝文志》把先秦諸子分為九流十家。莊子不但跟孔孟儒家有著明顯的不同，就是跟墨家、名家、法家、陰陽家、縱橫家等也通通沾不上邊。西漢時，在司馬遷的歸攏下，莊子被拉到老子那裡作伴，取代了「黃老」中的「黃」，與老子並稱「老莊」，成了道家非常重要的人物，可是莊子和老子真的是一家嗎？就拿把莊子和老子連上線的「道」來說，字面看一樣，其中的「魂」卻差得遠了。

　　就傳統文化而言，批判社會，是為了改造社會。我們在他人批判社會的聲音中多少能見到一線拯救的希望，可是莊子筆下的現實社會真的是沒救了：「遊於羿之彀中。中央者，中地也；然而不中者，命也。」（《莊子‧德充符》）在這樣的環境中，莊子只講「遊」世，他認為在這個世界活著都不易，還救什麼世？

　　怕死是人的自然本能，俗話說，好死不如賴活著，可是莊子偏偏不這麼想。他覺得死了比活著舒服：「彼以生為附贅縣（懸）疣，以死為決疣潰癰。」（《莊子‧大宗師》）

　　先秦諸子，大都渴望在仕途上有所作為，都想混個一官半職，至少可以衣食無憂吧，可是當楚王要以重金聘任莊子為相國時，卻被他一口回絕

引言

了。他說他寧願像頭豬一樣在爛泥中拱食，也不屑去做什麼撈什子相國。

人都講個「情」字，都有個人情，日子難過的時候彼此會「相呴以溼，相濡以沫」。可是莊子呢？他說與其這樣苟延殘喘，還不如「相忘於江湖」。老婆死了，莊子非但不哭，反而敲個破瓦罐唱了起來。然而，對吃不上飯的子桑，他卻又格外地關心。

這樣的事情還有很多很多。你說，莊子不是個「異類」又是什麼？

後人看莊子，都覺得他太孤獨、太寂寞了。確實，當時除了惠子，先秦諸子再沒有人搭理他，他孤獨的靈魂只能飄蕩在「廣莫之野」、「無何有之鄉」。然而，莊子自己卻並不覺得孤獨，因為他有「道」。他的「道」無所不在。他看得到連「無」也還沒產生時的「宇宙」，他看得到很早很早以前「古之人」的生活狀態，他知道萬物的本質是什麼，他也理解人是怎麼一步步墮落到今天這個地步。莊子看得清楚過去，也看得清楚現在，還看得清楚未來。他對自然、對社會的一切都洞悉入微。有日月星辰與他相伴，天下萬物都是他的朋友。

清人胡文英說莊子「眼極冷，心腸極熱」（《莊子獨見》）。仔細想想還真是這麼回事。大概莊子是站在高高的藐姑射山上，看著人世間上演的一幕幕活劇，本心只是想站在一旁冷眼旁觀，不打算說話，卻又按捺不住極熱的心腸，不忍心眼看著人們受難而無動於衷，所以他實在沒有忍住還是說了。於是，便有了《莊子》一書。

讀莊子的文章，好像是在看電視連續劇。從北冥的鯤到天上的鵬，一幕幕演下去，直到渾沌被南海之帝、北海之帝生生鑿死。一個個鏡頭撲面而來，除了動物、人的各種表演、對話，還不時傳來畫外音。莊子文章「寓言十九，重言十七，卮言日出」（《莊子‧寓言》），寓言和重言都是故事，就是那一幅幅畫面，而卮言，就是由莊子親自解說的畫外音了。

可以說，莊子本來是不屬於這個世界的。所以他的書，無論內容、風格還是語言，都是道地道地的「異類」。正像《莊子‧天下》所說的那樣：

以謬悠之說，荒唐之言，無端崖之辭，時恣縱而不儻，不以觭見之也。以天下為沉濁，不可與莊語，以卮言為曼衍，以重言為真，以寓言為廣。獨與天地精神往來而不敖倪於萬物，不譴是非，以與世俗處。其書雖瑰瑋而連犿無傷也。其辭雖參差而諔詭可觀。彼其充實不可以已，上與造物者遊，而下與外死生無終始者為友。其於本也，弘大而闢，深閎而肆，其於宗也，可謂稠適而上遂矣。雖然，其應於化而解於物也，其理不竭，其來不蛻，芒乎昧乎，未之盡者。

莊子以及《莊子》一書的價值，不要說莊子在世時沒有得到認可，就是在莊子及其弟子、後學的文章在戰國末期被整理成書之後，「十餘萬言」的《莊子》依然沒有受到人們的重視，直到沉寂了幾百年之後的魏晉時期，文人士子才終於發現，《莊子》原來是一個可以讓人借題發揮、取之不盡的「寶庫」，人人可以借《莊子》吐自家之塊壘，於是才出現了一個「我注《莊子》、《莊子》注我」的熱潮。從此以後，以老莊為代表的道家思想逐漸發展成為可與儒家既相互抗衡又互為補充的一處心靈家園，為無路可走的文人士子在「兼濟天下」與「獨善其身」之間，開闢出一條新的退守之路，提供了一個可供歇腳的驛站。但凡讀《莊子》的人，「達」時，可以心中「無功」、「無名」，雲淡風輕地「達」；而「窮」時，則一簞食，一瓢飲，悠然自得地「窮」。這不也是很愜意的人生？

不過，有多少人讀《莊子》，莊子就有多少種面貌。哪一個莊子才是最真實的莊子呢？現在就讓我們從莊子的身世開始，一步步試著走進莊子的世界，看看他那「辭趣華深，正言若反」（陸德明《經典釋文序錄》）的背後，究竟隱藏著一個什麼樣的莊子，有著一個什麼樣的莊子的世界。

引言

第一章　莊子這個人

先秦文人大多張狂，熱衷於遊說四方，販賣各種主張，說客曾一度是極為「熱門」的行業。就連孔老夫子也不能免俗，儘管他曾四處碰壁，甚至遭遇斷糧、被圍等劫難，還是堅持不懈地周遊列國。唯有莊子十分低調，就像朱熹所說的那樣：「莊子當時也無人宗之，他只在僻處自說。」（《朱子語類》卷一百二十五）這可能嗎？後世大名鼎鼎、風光無限的莊子活著時竟然落到沒人搭理，一生只是孤獨地坐在僻靜的角落自說自話？

不過，翻閱一下先秦典籍，同時代文獻中幾乎沒有留下莊子的任何痕跡。稷下學宮文人士子往來如織，爭辯之聲震耳欲聾，可是這裡就是沒有莊子的聲音。與莊子同時的孟子，對異己一向口誅筆伐，毫不留情，卻也無視莊子的存在，似乎覺得罵上莊子幾句也不值得。在世時莊子的名聲與魏晉後莊子的名聲相比，何止地下天上！

如今我們要認識莊子，理解莊子，走進莊子的世界，首先就得了解莊子這個人。遺憾的是，由於莊子在世時，不但他的學說反響寥寥，他本人的生平事蹟也鮮有記載，這就給我們了解莊子的身世生平留下了許多難題與困惑。為了知人論世，先讓我們一起去浩瀚的史料中鈎沉一番吧。

一、莊子的名字與生卒年代

隨便翻開一部今人編寫的百科全書、史書典籍，「莊子」條目下，我們會看到這樣的記述：「莊子，姓莊，名周，字子休（亦說子沐）。」這條資

第一章　莊子這個人

料是怎麼來的？事實果真如此嗎？

要回答這個問題，我們先得回到莊子生活的時代。

莊子的真實處境可能比朱熹所說的還要糟一些。「無人宗之」倒也罷了，僅有的兩、三位注意到莊子的人還都對他十分不以為然。與莊子最有交情的惠子，曾不只一次當面說莊子的學說就像大葫蘆一樣，「大而無用」，既不能盛水，還占地方，只能砸碎了扔掉。（《莊子・逍遙遊》）惠子的話雖有幾分玩笑的成分在，卻很可能真實地代表了當時人對莊子的普遍看法。再者，就是比莊子小五十來歲的荀子說莊子受自然之道的矇蔽，對人一點也不了解。（《荀子・解蔽》）

除了這些簡單到不肯多說一句的否定之聲外，先秦諸子幾乎再也沒有人提及莊子。

漢初，司馬遷作《史記》，為老子、韓非子作傳。考慮到老子與莊子都談「道」，司馬遷又很欣賞莊子的文采，便順便也給他立了個二百三十餘字的短小傳記。就是這麼短短幾百字，成了除《莊子》一書以外，了解、研究莊子生平事蹟最為珍貴的史料。

儘管莊子和《莊子》一書給後世留下了無數的謎團，至少有一點還是可以確認無疑的，那就是莊子的名字。《莊子》一書中多次提到「莊子」。「子」是先秦時對有學問的人的尊稱，猶如今天稱學者為「先生」、「老師」一樣。《莊子》中還多次使用「莊周」指稱莊子。如〈齊物論〉中「昔者莊周夢為胡（蝴）蝶」，〈山木〉中「莊子笑曰：『周將處乎材與不材之間』」，〈外物〉中「莊周家貧，故往貸粟於監河侯」，〈天下〉中「莊周聞其風而悅之」，等等。可見，莊子的確名周。因此，司馬遷〈老莊申韓列傳〉開篇便肯定地說「莊子者，名周」。除此之外，莊子並沒有其他名號。

司馬遷對莊子的留意應該始於他父親司馬談。司馬談作〈論六家要

旨〉，提出「道德家」一派。由於老子、莊子、列禦寇、楊朱、彭蒙、慎到等都談論「道」，便把這幾位通通歸為道家。而對「道」的學說著力較多、闡述也較詳盡的莊子，就這樣成了道家的代表人物之一。於是，歷史上便將莊子與老子並稱「老莊」。

魏晉時期，文人推崇老莊玄學，追求回歸山林、放蕩形骸、率性而為的人生境界。與《老子》、《易經》並稱三玄的《莊子》，也就隨之在文人中流行起來。

隋唐之際，李氏唐朝為了給本朝統治的合法性找到令人心服口服的依據，利用「楊氏將下，李氏將興」、「天道將改，將有老君子孫治世」的政治讖言，牽強附會地把自家之「李」與老子之「李」攀上了親戚，並且一廂情願地認祖歸宗，說老子是李氏唐朝的始祖。唐高宗乾封元年，還冊封老子為「太上玄元皇帝」。就這樣，與老子並稱的莊子，社會地位也隨之大為提升。《唐會要》卷五十記載：「天寶元年二月十二日，追贈莊子為南華真人，所著書為《南華真經》。」

這便是莊子又被稱為「南華真人」，《莊子》也被稱為《南華真經》的由來。可以說，唐代的莊子，不但「顯」還「貴」，竟然躋身於廟堂之上受人香火供奉了。

如此一來，莊子此前不太周全的生平便需要加以完善了。

既然老子姓李名耳字聃，有著為先師哲人編造完滿顯赫身世傳統的中國人，自然不能接受一位只有姓名卻沒有字號的「真人」。怎麼辦呢？那就造一個吧！於是，便有了「莊子，字子休」之說。這一說法最早見於唐陸德明的《經典釋文序錄》。為了讓人相信此說並非空穴來風，陸德明還特別註明，這是太史公司馬遷說的。稍後的大學問家成玄英對此也不加追究，就在《莊子疏》的序文中沿襲了此說。可是我們把《史記·老莊申韓列

傳》翻過來翻過去，逐字逐句一一篩過，也找不到任何「莊子，字子休」的字句。而且，莊子之「字」此前也不見於任何記載。可見陸德明之說，要麼是誤記，要麼就是有意借太史公當幌子，給風頭正勁的莊子起個相匹配的「字」。總之，「莊子，名周，字子休」，就權當是陸德明對莊學研究的一大「貢獻」吧。明代馮夢龍《警世通言》收錄了根據《莊子‧至樂》中莊子妻死鼓盆而歌的故事演繹出來的白話小說〈莊子休鼓盆成大道〉，算是給莊子的「字」做了一次大規模的普及宣傳。自此，「莊子，名周，字子休」的說法不但流行於莊子學界，而且也廣為民間所熟知了。

至於莊子生活的年代，司馬遷說：「與梁惠王、齊宣王同時。」就憑著這麼寥寥幾個字，兩千年來，眾多學者從汗牛充棟的古籍中考證出了莊子的大致行跡。據近代馬敘倫所作《莊子行年考》，莊子約生於西元前三六九年，卒於西元前二八六年，約活了八十三歲，這個時間段也就是司馬遷所說的「與梁惠王、齊宣王同時」。

二、莊子是宋國人

莊子之所以能夠影響整部中國文化史、思想史，與他生活的地域有著密切的關係，所謂一方水土養一方人。可是，莊子的老家究竟是哪裡？莊子到底是哪裡人？這也成了莊學史上又一樁懸案。

最早的記載，還是見於司馬遷所寫的莊子小傳：「莊子者，蒙人也，名周。周嘗為蒙漆園吏。」那麼，「蒙」在哪裡？

歷史上蒙有兩地，一在宋，一在楚。

莊子是宋國人，最早也最可靠的記述來自於《莊子》一書。《莊子》中提到最多的是宋國。《莊子‧列禦寇》中所記述的有關莊子的兩件軼事更

直接透露出莊子就是宋國人：

宋人有曹商者，為宋王使秦。其往也，得車數乘；王說之，益車百乘。反於宋，見莊子。

曹商是宋國人，受宋王差遣出使秦國，回到宋國後，特意帶上從君王那裡得到的賞賜去見莊子，說明曹商知道莊子居住的地方，兩人很可能相識已久。

另一則軼事說，宋國有人見過宋王，宋王一高興，賞了他十輛車。這人也像曹商那樣，專門驅車來到莊子面前炫耀，沒想到卻招來莊子一番言辭激烈的警告。（《莊子・列禦寇》）

還有《淮南子・齊俗訓》記載，惠子在魏國當宰相時回宋國，特意率領浩浩蕩蕩的儀仗隊來到莊子面前炫耀。莊子見狀，厭惡得把手裡的魚都扔掉了。

這幾個人見莊子都是在宋國，而且發生在不同的時間節點，這從一個側面透露出莊子應該是長久地生活在宋國。

《莊子・列禦寇》一篇不是出自莊子之手，但是作者生活的年代當與莊子相去不遠，記述當更有史料價值。而《淮南子・齊俗訓》所記的莊子與惠子的交往，發生地也在宋國。由此推斷，莊子是宋國人當時是人盡皆知的事實，這也是為什麼司馬遷直接說「莊子者，蒙人也」的緣由。

對於莊子故里在宋國一事，漢代從未有人質疑過。《史記・老莊申韓列傳索隱》引劉向《別錄》說莊子「宋之蒙人也」，《淮南子・修物訓》高誘注「莊子，名周，宋蒙縣人」，班固《漢書・藝文志》在「《莊子》五十二篇」下自注「名周，宋人」。而宋國在戰國中期的主要地界就是今天的河南商丘一帶。恰恰莊子所作的〈人間世〉中也有「南伯子綦遊乎商之丘」的描述。「商之丘」即商丘，這個地名從商代起一直沿用到今天。

大約到隋唐時期，才有人提出莊子是梁國人，如《隋書・經籍志》在《莊子》二十卷後注：「梁漆園吏莊周撰。」陸德明《經典釋文序錄》、成玄英《莊子疏》也說莊子是梁國人。

這又是怎麼回事呢？我們知道，自戰國中期以來，戰火頻仍，各國之間相互吞併，攻城掠地頻繁發生，各國的行政區域也隨之不斷發生變化。莊子去世時（西元前286年），宋國為齊國所滅。後來齊國式微，為齊國所占據的原宋國地域又成了楚國與魏國的領地。到了漢代，這塊地方又歸屬梁國。《漢書・藝文志》說：「梁國領縣八，其三即蒙。」也就是說，隋唐時期所謂的「梁國」，指的就是戰國中期的宋地，只不過隋唐人用了新的地名而已。

近人馬敘倫以大量史料證明莊子就是宋國人。他根據《左傳・莊公十一年》「宋萬弒閔公於蒙澤」以及《史記・宋微子世家》、唐司馬貞《史記索隱》等材料詳細論證，得出「蒙就在宋國，也就是如今河南商丘民權縣一帶」的結論，是令人信服的。至今商丘地界還保存有莊子衕衕、莊子墓、莊子碑、莊子井等古蹟。

三、莊子不是楚國人

既然從戰國到隋唐，宋國蒙城一直被認定是莊子故里，那麼，「莊子是楚人」的說法又是如何從宋代開始突然冒出來的呢？

北宋人樂史編著的《太平寰宇記》卷二十〈宋州〉有這麼一段記載：「小蒙古城在縣南十五里，六國時，楚有蒙縣，俗稱小蒙城，即莊周之本邑。」宋理學家朱熹也說：「莊子自是楚人……大抵楚地便多有此樣差異底人物學問。」（《朱子語類》卷一百二十五）這裡所說的蒙縣或小蒙城以及

楚地，指的是現在的安徽蒙城。

莊子是楚人之說的影響越來越大，是因為蘇軾。北宋元豐元年（西元1078年），蒙城縣始建莊子祠。蘇軾為之作〈莊子祠堂記〉，開篇便說：

「莊子，蒙人也。嘗為蒙漆園吏。沒千餘歲，而蒙未有祀之者。縣令祕書丞王兢始作祠堂，求文以為記。」蘇軾的話說得很含糊，他並沒有確認蒙城就是莊子的老家。恰恰相反，其中隱隱透露出的訊息卻是：楚國蒙地雖被視為是莊子故里，但莊子死後上千年來，這裡從未祭祀過莊子，直到王兢到蒙城做官，才把蒙城當成了莊子的故鄉。自己不過是應邀作文，不便拒絕，才寫了這篇文章。

自從北宋王兢建立莊子祠堂之後，蒙城也逐漸出現了各式各樣的莊子遺跡。

蒙城歷史悠久，商代稱北蒙，周代、春秋時期稱漆邑、漆園。戰國時期楚考烈王東遷，建都鉅，稱此地為楚北地漆園。司馬遷生活的漢初，此地稱山桑縣，而「山桑縣」再稱作「蒙」或者「蒙城」已是唐代的設定了。（參見《重修蒙城縣誌‧建置志‧沿革》）顯然，司馬遷記載莊子故里時不會用商代的名稱，更不可能用後來才出現的楚地「蒙城」。

值得注意的是，司馬遷在明確說了「莊子者，蒙人也」之後，為什麼還要在「周嘗為蒙漆園吏」一句中再次重複「蒙」字呢？

這是因為楚國在商代叫「北蒙」的地方，春秋時叫「漆園」，戰國時叫「楚北地漆園」，為避免誤會，司馬遷才在「漆園吏」前冠以地名「蒙」字，以示與楚地漆園的區別。如果莊子當漆園吏之地果真在楚地漆園的話，司馬遷完全可以直接寫上「周嘗為漆園吏」而不必再次提到「蒙」了。況且，倘若莊子真是楚人的話，《莊子‧至樂》中有關莊子去楚國的軼事，又當如何解釋呢？顯然只有不是楚人的人到楚國去才會有「之楚」一說。

第一章　莊子這個人

四、從漆園吏到借貸

莊子的家世如何，現已無從知曉。但是莊子青少年時期家境應該是殷實的。從《莊子》一書所透露出的莊子學識之淵博來看，他一定受到過良好、系統的教育，有機會接觸到大量的文獻書籍。可是後來莊子家道中衰，迫使他不得不為生計謀，有時甚至連生計也陷入了困頓。

莊子一生沒有做過任何高官，只當過管理漆園的小吏。漆園是種植漆樹的園林。《莊子》中幾次寫到採漆與漆的用途。如〈駢拇〉中提到漆的功能「附離不以膠漆」，〈人間世〉中提到從漆樹獲取漆的途徑「漆可用，故割之」。如果沒有在漆園工作的親身經歷，不曾親臨割漆現場，一般人很難寫出這樣的文字。莊子任職的漆園吏，儘管官階低微，但也算是基層政府官員，在這樣的位置上，養家餬口、維持小康生活應該是不成問題的。可是後來，莊子一度窮得幾近斷糧，可知這份收入穩定的漆園吏工作，莊子並沒能做得長久。

莊子究竟是怎麼失去漆園吏一職的？沒有任何史料的記載。我們只知道，此後的莊子過的是極度貧困潦倒的窮人的日子。

《莊子》中有大量有關莊子生活拮据困頓的描述。他曾穿著破爛衣衫去見魏王（《莊子‧山木》），他住在窮里陋巷，靠編織出售草鞋為生，因食物匱乏而餓得面黃肌瘦（《莊子‧列禦寇》），有時他還不得不靠釣魚來填飽肚子（《莊子‧秋水》）。這些記載都說明莊子一度生活陷入了困境，沒有任何生活保障。

更令人難堪的是，在靠賣草鞋、釣魚也無法養家餬口的情況下，莊子還不得不硬著頭皮到別人家借糧，《莊子‧外物》：「莊周家貧，故往貸粟於監河侯。」一個自命清高的讀書人，不是被逼到山窮水盡的地步，怎麼

會張得開口借糧!

　　淪入社會最底層的生活,親身經歷的養家餬口的艱難以及世態炎涼,讓莊子對現實的殘酷、人生的艱辛、活著的不易都有了切身的體驗。可以說,莊子的全部學說乃至整部《莊子》一書都是在這樣的體驗中孕育出來的。

五、貧而不憊

　　失去漆園吏一職之後,莊子活得遠非後人想像的那麼瀟灑,無米下鍋的現實逼得這位自譽「非梧桐不止,非練實不食,非醴泉不飲」的鵷(《莊子‧秋水》)也曾動過出仕的念頭。這麼說,很多人可能不以為然,或者根本不願意相信。至少兩千年來,莊子學界中從來沒有人提出過這個問題。然而,如果我們不帶著先入為主的偏見,仔細搜尋《莊子》外、雜篇的話,是能尋出一些端倪的。

　　首先,我們可以看到莊子曾幾次與君王或者重臣打交道。《莊子‧天運》中記載了這麼一件事:

商大宰蕩問仁於莊子。莊子曰:「虎狼,仁也。」

　　「商」即宋國。周滅商之後,分封商王室後裔於宋地。大宰是官名,是商、周時期輔佐君王治理國家的重臣。這段記載說明莊子與當時宋國上層社會是保持著某種連繫的,同時也透露出莊子在當時的宋國有一定的知名度。否則的話,很難想像一位掌握著國家利器的重臣為何會向一位名不見經傳的草根詢問關乎治理國家的大事。

　　大宰蕩向莊子問「仁」的事,還透露出了這樣幾條訊息給我們:一是大宰蕩真的想向莊子請教當時作為顯學的儒家學說核心「仁」的含義;二

第一章　莊子這個人

是他想了解莊子對「仁」的看法是否符合當時宋國的需求。然而，莊子一句「虎狼，仁也」，很可能使大宰蕩頓感石破天驚，也許就此也葬送了莊子可能有的一次出仕機會。

《莊子‧外物》還記述了另一段莊子與權貴交往的故事：

莊周家貧，故往貸粟於監河侯。監河侯曰：「諾。我將得邑金，將貸子三百金，可乎？」莊周忿然作色曰：「周昨來，有中道而呼者，周顧視車轍，中有鮒魚焉。周問之曰：『鮒魚來，子何為者耶？』對曰：『我，東海之波臣也。君豈有斗升之水而活我哉！』周曰：『諾，我且南遊吳越之王，激西江之水而迎子，可乎？』鮒魚忿然作色曰：『吾失我常與，我無所處。吾得斗升之水然活耳。君乃言此，曾不如早索我於枯魚之肆。』」

莊子向監河侯借糧一事，後人解讀時往往著眼於莊子對權貴虛偽本性的揭露與批判，讚嘆莊子言辭的犀利、生動、尖銳。這固然不錯。不過，這個故事的背後又隱含著怎樣的潛臺詞？透露出怎樣的隱祕呢？這才是我們特別想引起大家注意的。

莊子去監河侯處借糧，說明莊子認識監河侯，兩人之間應該也曾有過交往。莊子知道監河侯家有餘糧，是有能力幫他度過斷糧困境的。可是他沒有想到，監河侯竟貌似慷慨地說要等收到「邑金」之後才可以借給他。顯然，這是敷衍之辭。在這樣的情況下，請注意了，莊子回答監河侯時有這樣一句：「我，東海之波臣也。」

「波臣」，那就是水中的臣子啊！莊子居然自比一時失水的「東海之波臣」，是在暗示眼下的貧困不過是暫時的，一旦度過難關，便會「東山再起」，他是不可能永遠做「轍中鮒魚」的。一句「我，東海之波臣也」流露出了莊子對自己仕途所抱有的信心。我們甚至可以再進一步大膽推測一下，或許，一時失勢而生計艱難的莊子找監河侯借糧之事本身就是莊子在

尋找改變自己命運的機會？

雖然莊子也曾想過出仕，但他又始終清醒地保持著自己的底線，從不為眼前一時的得失所矇蔽。他曾勸誡從宋王那裡獲得賞賜的人說，你能從宋王那裡獲得十乘車，一定是宋王一時犯迷糊所致。一旦宋王明白過來，你就必定會被宋王碾成粉末。（《莊子·列禦寇》）他更不屑像他的同鄉曹商那樣不擇手段，靠著「吮癰舐痔」一夜暴富。（《莊子·列禦寇》）莊子是有骨氣的。他可以直接對宋國政要大宰蕩說「虎狼，仁也」，也可以對監河侯「忿然作色」，甚至對君王，他也直言相懟。

《莊子·山木》記載說：「莊子衣大布而補之，正緳系履而過魏王。魏王曰：『何先生之憊邪？』莊子曰：『貧也，非憊也。士有道德不能行，憊也；衣弊履穿，貧也，非憊也。此所謂非遭時也。……今處昏上亂相之間而欲無憊，奚可得邪？此比干之見剖心，徵也夫！』」

這段故事一定要參照《莊子·秋水》中「惠子相梁」（魏國遷都大梁後稱梁國）的記載一起來看，才能體會出其中的言外之意。莊子「過魏王」就是簡簡單單地想跟魏王見上一面嗎？在莊子與魏王的對話中，魏王有意混淆「貧」與「憊」的界限，莊子馬上正色指出自己是「貧」而非「憊」。「貧」是貧窮，是生活拮据；「憊」是士子的抱負、道德得不到施展。

我們說過，莊子是宋人。「今宋國之深，非直九重之淵也；宋王之猛，非直驪龍也。」（《莊子·列禦寇》）莊子不能在宋國走上仕途，就是因為宋國昏上亂相當道，他的「道德」不為宋國所用。他之所以要到魏國去見魏王，抨擊宋國的「昏上亂相」，就是希望魏王不要像宋王那樣昏聵，能夠創造出一個讓「士」不「憊」的大環境來，換句話說，也是希望自己能夠在魏國獲得重用。

但是莊子錯了。

魏王並沒有用莊子。其原因或許正如惠子所說的那樣「子言大而無用」。不但魏王沒有用他，在那個想出仕就不得不放棄自己道德底線的時代，是沒有任何君主會用莊子的。

六、為相與授徒

莊子嘗試出仕應該是失去漆園吏一職而生計沒有著落的那一段時間。

莊子在宋國拜訪大宰蕩，向監河侯借糧，又去見了魏王，均沒有得到任何回應。此間，莊子還去見了時任魏相的惠子，卻被當作逃犯似的搜了三天三夜。（《莊子·秋水》）至此，莊子在宋國或到魏國做官的期盼是徹底無望了。在這樣的情況下，莊子是否還有其他選擇？

有！那就是去楚國。除宋國與魏國之外，莊子與楚國也有著不解之緣。

《莊子·至樂》中記載了「莊子之楚」的故事，他借骷髏之口，寫出了人生在世的拘累和勞苦。莊子一生中到底去過幾次楚國，為什麼去楚國，目前所能見到的零星記載皆語焉不詳。不過，《韓非子·喻老》中卻難能可貴地留下了有關莊子的隻言片語。《韓非子》中寫到了這麼一件事：楚威王打算攻伐越國，莊子認為不可。他巧妙地用了個比喻，說人們抬眼望去，可望見百步之外，卻看不見自己的睫毛，意思是人往往看不到迫在眉睫的憂患，以此來勸說楚威王放棄伐越。楚威王最終還真採納了莊子的建議。《莊子·至樂》中記載的「莊子之楚」與《韓非子·喻老》中莊子勸阻楚威王伐越是否有關，甚至《韓非子》中的這條材料所記述的是否就是宋國蒙地的莊子，今天都已無從確認，但我們可以確信的是，莊子曾與楚國有過密切的接觸。

《史記·老莊申韓列傳》中還記述了這麼一個故事：楚威王聽說莊周

十分賢能，便派使者攜重金聘請莊子到楚國做宰相。莊子對楚國使者說，千金確是重利，卿相也確是高位。但是你難道沒有見到祭祀時作為祭品的牛嗎？牛在做祭品之前被豢養了幾年，當牠身披華麗的服飾被送進太廟的時候，即便想做頭小豬也來不及了。我寧肯像一頭小豬一樣在汙泥中快樂著，也不想被高官厚祿所束縛。

這件事究竟發生在什麼年代，史料中沒有留下更多的資訊。但是莊子有為相的資質與才能、曾收到為相的「聘書」，卻是千真萬確地寫在了正史上。這恐怕也是當年惠子為什麼那麼懼怕被莊子取而代之的原因之一吧。

莊子從漆園吏一路走來，經歷過一段窮困潦倒的生活，也曾拜見過各方權貴，都沒有任何結果。面對楚威王的「厚幣迎之，許以為相」的聘請，為什麼莊子卻如此輕易地就放棄了？況且，人總是要吃飯的，此刻的莊子，靠什麼養家餬口？對此，司馬遷沒有說，先秦其他文獻中也都沒有交代。我們只能從《莊子》一書中搜尋些許的線索與答案。

中晚年的莊子應該如同孔子一樣，是靠開館授徒為生的。

開館授徒，可以說是莊子人生道路上的最佳職業選擇。憑著授徒收到的束脩，莊子不但溫飽有保障，再不必為生計四處奔波，更重要的還是透過授徒設教，他獲得了一個極為難得的可以專心著述並傳播自己思想的機會與場所。試想，如果沒有他的弟子和後學整理、發揚、傳播莊子學說，他的思想很可能早已淹沒在歷史的長河中，永遠不為後人知曉了。沒有了莊子，那麼，今天當我們在無可奈何的命運面前徬徨無措，或者沉迷於小有成就的身外之物不能自拔，我們還能去哪裡尋求精神的解脫、心靈的自由？去哪裡盡情地徜徉於天地萬物之間呢？

莊子究竟有過多少學生，現在已經無從知曉。現存三十三篇《莊子》中，一共有十六篇（包括〈說劍〉）三十段文字說到莊子，稱「莊子」者共

有二十六段。「子」在先秦雖有先生或老師之意，但也是對人的尊稱，稱莊周為「莊子」的人不一定就是莊子的學生，但其中很可能不乏莊子的學生。在莊子的學生中，只有一位是留下了姓名的，那就是《莊子・山木》中稱莊子為「夫子」的藺且。除此之外，明確提到莊子有「弟子」的文字只有兩處：《莊子・山木》「明日，弟子問於莊子曰……」和《莊子・列禦寇》「莊子將死，弟子欲厚葬之」。

從莊子弟子要厚葬莊子這段對話來看，莊子弟子財力物力了得，他們是認認真真打算按照「天地君親師」的道義侍奉莊子的，同時也可見出此刻的莊子已經「脫貧」，甚至進入「小康」生活了。

總之，相對於混跡官場，做教書先生對莊子來說簡直就是現實版的「逍遙遊」。從《莊子》外、雜篇中莊子弟子或後學所記述的莊子言行來看，出自莊子本人之手的內七篇，其中相當一部分內容很可能原本就是莊子用作授徒設教的教材。

七、自然之子

至此，我們總算從浩瀚的歷史文獻中梳理出來了有關莊子這個人的一鱗片爪。

儘管我們無法像了解孔子、孟子等那樣，比較清晰地勾畫出莊子家世、生平的大致輪廓，了解他的人生經歷，慶幸的是，我們還可以憑藉現存《莊子》中描述的一幅幅莊子的生活片段，一個個特寫鏡頭，從點點滴滴中還原出莊子的人生蹤跡、生活環境。

《莊子》全書中特別描述到莊子行跡的有好幾處。給人印象最深的，也是莊子與孔子、孟子、荀子、韓非子等諸子最大的不同，就是他一生很

少現身政壇，參與任何政治活動；也很少出入君主的宮殿樓臺或者學宮，遊說其學說主張，介入各種爭辯。莊子一生中僅有的幾次與權貴打交道，還不一定是在廟堂之上，更有可能如同莊子見楚王使者於濮水一樣。

縱觀莊子一生，他似乎一直都是躲在一個隱祕的、不為人知的角落，默默地觀望著、俯視著、思索著我們的世界。

那麼，莊子大把的時間究竟都花在了哪裡？他又隱身在何處？現在就請跟我們一起循著莊子的足跡，去尋訪一下吧：

莊子釣於濮水，楚王使大夫二人往先焉，曰：「願以境內累矣！」莊子持竿不顧。（《莊子‧秋水》）

莊子與惠子遊於濠梁之上。（《莊子‧秋水》）

莊子行於山中，見大木，枝葉盛茂。……夫子出於山，舍於故人之家。（《莊子‧山木》）

莊子遊乎雕陵之樊，睹一異鵲自南方來者。（《莊子‧山木》）

原來，莊子竟是去遊山玩水了！他徜徉於山林溝壑荒野水泊間，沉醉於「天地有大美而不言」（《莊子‧知北遊》）的自然中。他一生中的大部分時間，是在與山水蟲魚草木交流中度過的。

在先秦諸子中，莊子是第一位不但把天地、自然看得高於一切，而且以恣意汪洋的筆觸極力讚美天地、自然的哲人。彷彿只有在自然中，他才能最真切地感覺到心靈的純粹，精神的獨立，生命的意義。也只有莊子對大自然發出了如此動情的讚嘆：「山林歟！皋壤歟！使我欣欣然而樂歟！」（《莊子‧知北遊》）「大林丘山之善於人也，亦神者不勝。」（《莊子‧外物》）

對山林自然的由衷熱愛，以及對自然所帶來的歡悅的沉醉與享受，使

第一章　莊子這個人

得莊子很像是一位老頑童，他得空便遊玩於山水之間，走走停停，停停走走，矚目於一切其他諸子不曾留意或司空見慣卻不以為然的種種自然現象以及各種生命。一部《莊子》猶如一部博物誌，記述了許多奇妙有趣的動植物的生命歷程，記述了氣象紛呈、千奇百怪的自然景象。

讓我們走進莊子流連忘返的動物世界以及千姿百態的植物園，看看他是怎樣從每一個生命個體中體會到人生的真諦，思索世界的本源：

莊子發現，菌類朝生而暮死，所以不懂得白天與黑夜的分別。生活於炎熱的夏天的蟬，活不過一個季節，也就不知道一年中還有春秋時令的變化。（《莊子·逍遙遊》）

鷦鷯小鳥，在深幽茂密的樹林中築巢，所需要的不過是一根樹枝。田間的鼴鼠，去寬闊的河邊飲水，喝飽了肚子就很滿足。（《莊子·逍遙遊》）

人住在潮溼的地方會生病，泥鰍卻在稀泥中鑽來鑽去很是享受。人登上高處不免驚恐不安，而猴子們卻可自由自在地在高高的樹冠間跳躍攀緣。（《莊子·齊物論》）

生活在沼澤裡的野雞，走十步才能啄到一口食，走百步才能喝上一口水，可是牠卻活得比家畜更加快樂有生氣。（《莊子·養生主》）

剛剛破殼而出的小鳥發出的第一聲啼鳴，聽起來是嬌嫩的。（《莊子·齊物論》）

螳螂奮起雙臂站在大道上擋車，看起來威風凜凜，可是只要車輪碾過，牠就粉身碎骨了。（《莊子·人間世》）

狸貓、黃鼬這樣的小動物在守候獵物時，匍匐在地面上，一動不動，一旦獵物出現，便馬上縱身躍起，以極其敏捷的身手將獵物擒獲，可是，終究難免落入人所設下的機關，葬送了自己的小命。（《莊子·齊物論》）

餵養老虎這樣的食肉動物，是既不能給牠吃活物，也不能給牠吃全物的，不然的話，就一定會激起老虎的廝殺本性。餵養老虎，必須了解牠的習性，順從牠的性情，才可以馴服牠。（《莊子‧人間世》）

　　巨大的櫟社樹，樹冠可以蔽千牛，樹身高百尺，觀賞的人絡繹不絕，可是匠人卻不屑一顧，因為他知道這是不材之樹。（《莊子‧人間世》）

　　神奇的商丘大樹，舔一舔樹葉，人的口舌就會潰爛受傷；聞一聞氣味，都會讓人像醉酒一樣，昏睡三天三夜。（《莊子‧人間世》）

　　桂樹的樹皮芬芳可以食用，從漆樹取材要用割的方法。（《莊子‧人間世》）

　　就連大風吹過山林的景象，莊子也會痴迷忘情地坐在林間看上半天。（《莊子‧齊物論》）

　　據統計，《莊子》一書中，提到的飛鳥有二十二種，水中動物十五種，陸地動物三十二種，蟲類十八種，植物三十七種。[01] 可以說，大自然不僅僅給了莊子生活的快樂與愉悅，而且給了他思想的靈感與啟迪，直接孕育了他的生命哲學、人生哲學乃至於他的全部學說。

　　莊子是當之無愧的「自然之子」。

八、回歸自然

　　莊子最初沉浸於大自然，很可能有著逃避現實的因素。但久而久之，「我見青山多嫵媚，料青山見我應如是」，這種人與自然之間的互動、感應也就油然而生。流連於大自然之中，不僅使莊子從中獲得愉悅，也讓他得以用一種平視的眼光看待世間萬物，而不是居高臨下的俯視。莊子甚至把

---

[01]　見劉成紀〈論莊子美學的物象系統〉，中國國畫家網，2009 年 9 月 9 日。

第一章　莊子這個人

自己也視為自然中的一員：「若與予也皆物也。」（《莊子‧人間世》）

在先秦諸子中，也只有莊子能視萬物一齊，提出「天地與我並生，而萬物與我為一」、「獨與天地精神往來，而不敖倪於萬物」這樣驚天地泣鬼神的看法。在他看來，萬物之間只有形態的不同、功用的差別，沒有高低貴賤美醜輕重之分。即便是螻蟻，牠的生命也是珍貴的，也是「道」的體現。（《莊子‧知北遊》）

莊子對萬物這種獨特的情懷充分地體現在他的著作之中。在他的筆下，自然萬物化為一個個生動活潑、個性鮮明的個體，與莊子一同永遠地活在了《莊子》之中。就拿《莊子》開篇的〈逍遙遊〉來說，一提到〈逍遙遊〉，人們首先想到的，往往不是提綱挈領的核心人物如至人、神人、聖人，而是那些活潑的動物、植物。從攪得天翻地覆、由北冥飛往南冥的鯤鵬，到在坊間自由飛躍的蜩、學鳩、斥鷃，還有以百歲千歲記載春秋的冥靈樹、大椿樹，它們與莊子一起闡發出什麼才是「逍遙遊」，如何才能「逍遙遊」。

莊子這個人，相對於「鳥獸不可與同群」（《論語‧微子》）的儒家，非但不輕視、歧視包括各種鳥獸蟲魚在內的自然萬物，反而熱衷於與鳥獸同群，把自己也當作鳥獸的同類。這種與自然萬物融為一體的自覺，從不凌駕於鳥獸之上，而自甘與鳥獸同群的主觀意願，恰恰是作為老頑童的莊子最可愛、最感人的地方。

在窮得幾近斷糧的時候，莊子說自己是失去了水的鮒魚，一家人正「相呴以溼，相濡以沫」。拒絕高薪聘用，不願為官時，他說自己是在汙泥中快快活活地爬著的老烏龜。而面對追逐名利地位權勢勝過性命之人，他就是「非梧桐不止，非練實不食，非醴泉不飲」的鵷鶵。與自然萬物融為一體的莊子有時候甚至分不清楚自己究竟是物還是人。「栩栩然」飛舞的蝴蝶究竟是莊周化為了蝴蝶，還是蝴蝶化為了莊周？莊周分不清，蝴蝶也

分不清。莊子將其歸結為「物化」，就是說人與物在不停地轉化，此刻是人，下一刻就可能轉化為蝴蝶。「人生天地之間，若白駒之過隙，忽然而已。」（《莊子・知北遊》）人與萬物就是在「若白駒之過隙」的「忽然」之間互化的，因而又為什麼要在乎自己究竟是人還是物呢？

至此，我們似乎已經沒有必要再去探索莊子一生究竟做過什麼，去過哪裡，連他死後究竟安葬在何處，也變得不那麼重要了。因為莊子早已與自然萬物融為了一體。我們腳下的每一寸土地，每一片山林，每一條河流，都有莊子的靈魂在。

不過，就這樣交代莊子的結局，恐怕是很難讓對莊子有興趣的朋友滿意的。那麼，莊子死後究竟葬在了哪裡？他的墓地又在何處呢？

猶如莊子的故里是一個謎團一樣，莊子的墓地也是莊學史上的另一椿懸案。

據說，山東東明莊寨村北，在商周文化遺址上有一座莊子墓。經過對該遺址發掘出的陶器殘片等進行考察鑑定，證實這個莊子墓始建於唐貞觀二年，以後歷代一再重修。有碑刻記述了明清兩代重修莊子墓的史實。還有一座莊周墓位於河南商丘民權縣老顏集鄉，墓地方圓四十餘畝，現存清乾隆五十四年所立「莊周之墓」石碑一座。再者就是成玄英《莊子疏》在註解〈秋水〉時說了這麼一句：「濠，水名，在淮南鍾離郡有莊子墓在焉。」也就是說唐代時，安徽蒙城也有一座莊子墓。

莊子最後究竟葬於何處，還需要有更多的文物面世才可做出定論。但是對於莊子之死來說，最可靠的資料還是來自於《莊子・列禦寇》中記述的一段：

莊子將死，弟子欲厚葬之。莊子曰：「吾以天地為棺槨，以日月為連璧，星辰為珠璣，萬物為齎送。吾葬具豈不備邪？何以加此！」

第一章　莊子這個人

　　中國人一向有「事死如事生，事亡如事存」的傳統。民間往往視喪葬比生養還要重要。特別是戰國時期，厚葬之風在齊國、宋國盛行。所謂厚葬，一是要有豐厚貴重的陪葬品，二是墓塚要修建得堅固講究。莊子弟子以及他本人是有條件以珠寶碧玉作為陪葬品「厚葬」的。然而，這一切，莊子通通不要。對莊子來說，死不過是「物化」而已。人原本就由萬物中的一物「物化」而來，如今又要「物化」回去，或許會化為蝴蝶，或許會化為螻蟻。莊周、蝴蝶、螻蟻又有什麼分別？只不過都是物的不同表現形式罷了。從自然而來，又回歸自然中去，有天地為棺槨，星辰萬物為陪葬，還需要什麼呢？

　　至此，我們似乎可以得出這樣的結論：莊子既然已明確表示他死後情願置身於山野荒原，回歸自然，很可能他的弟子果真遵循了他的意願，將他安葬在了他最鍾情的家園，莊子早已與自然萬物融為一體了。

第二章　唯一的摯友

歷史上，與莊子打過交道的有名有姓的人，用不了一個巴掌就能數得過來。而且就是這麼為數寥寥的幾個，還說不好哪位算得上是莊子真正的朋友。不過，也有一個人是例外。他，就是惠子。

沒錯，惠子與莊子兩人間確曾惡語相向，也曾相互譏諷嘲弄，惠子甚至由於擔心莊子會奪了自己的相位，煞有其事地大肆搜捕莊子。這些都是事實。然而，莊子一生中，惠子既是他的「論敵」，又是他的摯友，同樣毋庸置疑。有人甚至揣測，莊子最重要的文章之一〈齊物論〉很可能就是在與惠子鬥嘴的過程中鬧出來的一個「副產品」。

這還真不是捕風捉影。靜下心來認真研讀《莊子》的話，不難發現，惠子是莊子一生中出現的最為重要的人物。他不僅僅是莊子思想火花的點燃者，也是莊子激情的釋放者、情感的寄託者，他對莊子學說乃至《莊子》的誕生都產生過不小的影響。同時，也正是由於有了莊子，惠子哲學的十大命題「歷物十事」才得以流傳。莊子與惠子之間相愛相殺的交情，也算得上是名人史上獨一無二的了。

一、第一次相遇

惠子名施，與莊子是同鄉，都是宋國人。據侯外廬《中國思想通史·惠施年行略表》，惠子生於西元前 370 年，卒於西元前 310 年，享年六十。惠子僅僅年長莊子一歲。這是可信的。

第二章 唯一的摯友

戰國時期，宋國也是名人輩出的地方。先有墨子，然後就是莊子與惠子這兩位「大人物」了。惠子是政治家、哲學家、思想家。莊子是哲學家、思想家、文學家。兩人年齡相近，同出一地，又都是當時獨樹一幟的思想領軍人物。兩人在世時曾有很多相遇、相識、相交的機會，其中自然也不免如同歷代文人間一樣，有相輕、相戲、相嘲弄的時候。於是兩人也在文化史上留下了許多趣聞糗事，成為後人茶餘飯後的話題。

惠子與莊子早年經歷十分相似，都曾發奮讀書。《莊子‧天下》說「惠施多方，其書五車」。無論這「五車」書是惠子自己的著述還是他所閱讀收藏的，都說明惠子學問之大，讀書之多，這也是成語「學富五車」的出處。在學識上，惠子與莊子雖說不上是伯仲之間，卻也都學識淵博，有很多相似之處。這也是兩位學人儘管在人生經歷、政治追求、理論主張等方面相距甚遠，最終卻能談到一起的原因之一。

莊子是布衣之士，惠子也是。據說魏惠王（後稱梁惠王）曾打算讓賢於惠子，以阻止人們的貪婪爭奪之心。惠子拒絕了。他說：我不過是一介布衣。假如我能擁有萬乘之國而不受，豈不是更能有效地阻止人們的貪心？（《呂氏春秋‧審應覽》）可知惠子絕非俗人，他也是有見識、有品格的。

莊子與惠子都既不是「官二代」，也不是「富二代」。但惠子更幸運些，他的起點頗高。史書上有關惠子的最早記載，說他曾為魏相。也就是說，當莊子失去了漆園吏的工作，還在四處尋找出路時，惠子已經高高在上，坐到魏國的相位了。惠子雖曾位高權重，深受魏惠王的器重，但剛剛出道時，日子並不好過。孟子的弟子、時任魏國大將的匡章曾在朝堂之上公開嘲諷惠子是禍害莊稼的害蟲「蝗螟」。（《呂氏春秋‧審應覽》）當時擔任魏相的白圭對惠子提出的新政極為不滿，把惠子比作「新娶婦」，攻擊他初來乍到就對婆家事務說三道四、指手畫腳。（《呂氏春秋‧審應覽》）不難

想見，布衣出身的惠子初到魏國時，即便有魏王的支持，仍受到魏國權貴的歧視。

莊子與惠子相遇於何時已無從知曉。但在惠子離開宋國出任魏相之前甚至早在兩人求學期間，兩人就應該已經相識了。不然的話，惠子任相時，莊子不大可能會專程去魏國見他。據《太平御覽》卷四百六十六引《莊子》佚文說：

惠子始與莊子相見而問焉。莊子曰：「今日自以為見鳳凰，而徒遭燕鵲耳。」坐者皆笑。

這是見於記載的莊子與惠子的首次相見。此時的惠子，或自譽為鳳凰，或被人稱作鳳凰，已累積起相當的人氣，這才有了莊子所說的本以為今日見到的是鳳凰，結果卻只是燕鵲而已。

這段記述為我們了解莊子與惠子初相逢的情形透露了這樣幾條訊息。第一，這次見面的氣氛，很像是一次年輕人發起的朋友聚會。惠子過來與莊子相見，莊子口無遮攔，開口便譏諷了惠子，結果引起在座朋友的鬨笑。這從一個側面說明莊子與惠子兩人的年紀應該差不多，當時都很年輕，說起話來毫無顧忌。第二，兩人都自視頗高，學問十分了得。兩人初次相見而「問」的內容我們已不得而知，但莊子顯然不大瞧得上惠子，認為這樣的「問」不當出自「鳳凰」之口，只配來自「燕鵲」之輩。莊子的評價似乎還得到了在座朋友的認可，惹得全場鬨笑。看來莊子和惠子從見面的第一天起，就結下了梁子。第三，莊子待人的刻薄由此可見一斑。這就難怪惠子與莊子相識的其他人，在大富大貴之後都要專程去見一趟莊子，當面向他炫耀一番了。

總而言之，莊子與惠子的第一次相遇並沒有在親切友善的氣氛中進行，而是在「坐者皆笑」的氛圍中結束了。

第二章　唯一的摯友

二、鵷與鴟

想來這次不大愉快的初次見面，莊子帶有羞辱性的玩笑話，在惠子心中留下了陰影，以致多年之後仍然記憶猶新。同時，莊子的學識，莊子的不留情面、刻薄的性格，也都讓惠子心存芥蒂，使他不得不時時提防莊子。

若干年後，惠子出仕做了魏相，莊子前往魏國去拜訪他。有人說莊子此行是為了取代惠子而成為魏相的。面對大街小巷的傳言，惠子不免驚恐萬狀，無法視而不見，聽而不聞。於是，他不假思索地展開了大規模的搜捕活動。莊子聞訊，主動前去面見惠子說：鳳凰非梧桐樹不棲息，非竹子的果實不吃，非甜美的泉水不飲。貓頭鷹撿了隻腐鼠，看到鳳凰正巧飛過，生怕鳳凰來奪，急忙發聲威嚇。其實，在我看來，你的那個相國之位不過是隻腐鼠而已。（《莊子·秋水》）

莊子這人的神經肯定也是十分大條的，他很可能已全然忘記自己當初與惠子開過的玩笑，忘記自己給惠子帶來的難堪，斷然沒有想到去見一下惠子會鬧到被「通緝」的地步。既然今非昔比的惠子如此對待自己，想必自己無法見容於他，莊子索性擺出了一副高姿態，向惠子充分顯示出自己志向高潔遠大的一面，好讓惠子徹底放心。於是便有了這篇意味雋永、諷刺辛辣的「鵷」、「鴟」與「腐鼠」的故事。這很可能是莊子與惠子的第二次相見。

這樣不歡而散的結局，是我們早就可以想像得到的。試想，莊子與惠子當時並非好友，相互之間也沒有什麼交情，那麼在這樣的情況下，莊子究竟為什麼要去魏國？特別是為什麼要去見惠子？其魏國之行的目的究竟是什麼呢？

揣摩「莊子來，欲代子相」和「惠子恐」這兩句，是不是可以嗅出一點其中的味道？我們應該可以隱隱地感覺到莊子到魏國來，原本是想尋找其他機會的。此刻的惠子已貴為魏相，莊子本以為，看在兩人既是同鄉，又有一面之緣的份上，惠子會引薦自己，至少可以坐下來聽聽自己的主張，彼此有個交流吧。

此次相見，對莊子、惠子雙方來說都頗有幾分尷尬。莊子大老遠專程來見惠子，想必本意不是要來嘲諷惠子一番的；而貴為魏相的惠子得知莊子並不覬覦其相位，在感到釋然的同時，多少也會為自己的多疑生出幾分愧疚。不管怎麼說，此次事件之後，惠子對莊子的疑慮之心肯定減輕了許多。

而讓惠子徹底放棄對莊子戒心的是他們此後的再次相遇，《淮南子・齊俗訓》載：「惠子從車百乘而過孟諸，莊子見之，棄其餘魚。」「孟諸」在宋國蒙地。當年匡章曾當面指責惠子出行時聲勢浩大的排場，如今惠子衣錦還鄉，自然更要大張旗鼓了。有意思的是，「孟諸」分明是莊子的故里，而非惠子的老家。惠子此行名曰路過，其中恐怕更有特意繞道向莊子炫耀的成分在。

應該說，莊子與惠子這次的「孟諸相遇」在兩人的交遊史上具有里程碑意義。惠子「從車百乘」的奢靡，非但沒有引起莊子絲毫的羨慕，恰恰相反，莊子見到排場如此煊赫的惠子，趕快把自己釣到的多餘的魚也放棄不要了。莊子的意思很明確，他所需要的不過是最基本的生存而已。他連幾條多餘的魚都不肯要，又怎麼會在乎惠子那「腐鼠」般的相位呢？

此次「孟諸相遇」，對惠子應該產生了一定程度的震撼，也促使惠子開始反省，重新了解莊子、認識莊子。很可能就是這次相遇帶來了惠子對莊子由相輕、相忌到相知、敬重的心態轉變。

第二章　唯一的摯友

三、切磋學術

　　惠子任魏相是西元前三三四年的事，惠子時年三十六歲，莊子三十五歲。而莊子去魏國見惠子應在此後不久。西元前三二二年，惠子四十八歲時，魏惠王聽信張儀之言，將惠子罷相放逐楚國，惠子旋即返回宋國，開始了「與莊子相晤論學」的人生階段。（侯外廬《中國思想通史》第一卷）

　　這時，莊子已經四十七歲。人過中年，對世間萬事萬物都會有與年輕時頗為不同的感悟與心境。至少我們可以看到，此時的莊子已不再是舊時的莊子。他早已不再咄咄逼人，鋒芒畢露。而此刻的惠子也不再是昔日的惠子。政壇的失意，從政的殘酷，使得惠子不再關心出仕，轉而專注於學術。

　　先秦諸子，大多做的都是治國平天下的大夢，寫的也都是與治國平天下有關的「雄文」。只有莊子、惠子是名副其實的「另類」。莊子的文章當時屢屢被惠子稱為「大而無用」，而惠子自己的命題，又何嘗不是如此？早在惠子為魏相時，白圭就說惠子的學說華麗不實，無所可用。（《呂氏春秋·審應覽》）可惜惠子的著作除了《莊子·天下》所記載的「歷物十事」之外，幾乎遺失殆盡。不過，僅就「歷物十事」來看，「大而無用」的概括對惠子學說也是恰如其分的。

　　《莊子·天下》總結道：太可惜啦，惠施的思路猶如脫韁的野馬狂奔，讓人無所得，窮究萬物卻不知道反思有什麼意義，這簡直就像是用聲音去止住迴響，也像是讓形體與影子在競走追逐一樣，實在太可悲啦！

　　倘若惠子地下有知，讀罷此文，再回過頭來重溫他對莊子的評價，會作何感想？是不是很有些「五十步笑百步」的意思？

　　惠子離魏返宋，進入了與莊子「相晤論學」的人生階段。這是兩人交往最為密切、思想火花碰撞最為頻繁、學術探討交流最為深入、學術成就

最為輝煌、「抬槓」爭辯也最為精彩的一個時期。也就是在這個時期，莊子與惠子兩人成了相互信任、相互依賴的至交諍友。

這時的莊子、惠子，作為哲學家、思想家，對世界、社會、萬物乃至人生等各方面的看法都已臻於成熟。一方面，兩人間辯論的氣氛情調，更趨於幽默風趣、睿智調侃；另一方面，兩人思想交鋒的深度、靈感的激發更進入到互為依存、相與補充完善、互為矢的的全新境界。惠子提出的「日方中方睨，物方生方死」、「今日適越而昔來」、「泛愛萬物，天地一體」等論點，與莊子〈逍遙遊〉、〈齊物論〉等篇章中所闡發的思想有著千絲萬縷的連繫。莊子要「齊物」，惠子也說「齊物」。不過，惠子的「合約異」，在強調萬物之「同」的同時，也強調萬物之「異」。而且惠子「齊物」的關鍵在於辨析物理，而莊子「齊物」的要旨卻在於提出「人」與「萬物」之一齊：「天地與我並生，而萬物與我為一。」從莊子立論的角度、莊子的論辯方式來看，莊子學說中的相當一部分內容應該是在與惠子論辯的過程中產生出來的。

莊子文章帶有鮮明的論辯特色，特別是〈齊物論〉。在這篇文章中，莊子自設辯論對象並多次提到「既使我與若辯矣」一類的話，這個「若」指的究竟是誰？而在當時，能與莊子在如此深奧、抽象的理論層次上相與辯論、展開探討的，除了惠子，別無他人。對此，明末清初學者王夫之說過：「或因惠子而有內七篇之作。」（《莊子解·天下》）當代哲學史學者王孝魚甚至說莊子是在與惠子「誰都想戰勝誰的鬥爭中，建立起自己的思想體系的。於是產生了《莊子》一書的內七篇」。（《莊子內篇新解》）

讀莊子文章，再來揣摩惠子的命題，很像是兩位學生，就同一道作文題目，作出的兩篇個性鮮明的文章。他們在寫作過程中，不時地相與爭辯，相與碰撞，然後各自論證，各自完善論據，展開成文。對照惠子的

「歷物十事」，很可能莊子的兩篇代表作〈逍遙遊〉與〈齊物論〉就是二人「相晤論學」時期的產物，是兩人思想火花相互碰撞的結晶。

四、交情的昇華

「相晤論學」時期，莊子與惠子所處社會地位相似，思想深度、思辨才能旗鼓相當，又有共同的話題，甚至共同的遊山玩水的愛好。隨著兩人間了解與認識不斷加深，儘管在許多問題上仍見解不同，卻並不妨礙兩人惺惺相惜，建立起了深厚而獨特的友誼。其中一個著名的事例便是莊子「鼓盆而歌」。《莊子‧至樂》載：

莊子妻死，惠子吊之，莊子則方箕踞鼓盆而歌。惠子曰：「與人居，長子老身，死不哭亦足矣，又鼓盆而歌，不亦甚乎！」

惠子的話與其說是責問，不如說是困惑、不解以及對朋友及家人的由衷關切。對於惠子的心情，莊子顯然是理解的。所以他也一改一向的犀利辛辣，用十分真誠的口吻解釋說：事情並非如此啊。與自己一起生活多年的家人剛剛去世，我怎麼會毫無悲痛之心呢？不過，人的生死，就如同自然界春夏秋冬四季的執行變化一樣，有生便有死，有死便有生。生是從無到有，死是回歸自然。去世的人現在靜靜地寢臥在天地之間，假如我嗚嗚哭號，自認有違自然規律，所以我才不再哭泣了。

從莊子與惠子的這段對話中可以看出，惠子對莊子以及莊子家人的關心溢於言表，莊子對惠子的理解與信任也同樣真情滿滿。可見此時兩人的關係已經昇華，成了可以相互交流、探討甚至傾訴衷腸的朋友。

此後，這兩位從相輕相疑到相知相友的同鄉哲人就「人與情」問題展開了一場著名的論辯。這段論辯見於《莊子‧德充符》：

惠子謂莊子曰：「人故無情乎？」莊子曰：「然。」惠子曰：「人而無情，何以謂之人？」莊子曰：「道與之貌，天與之形，惡得不謂之人？」惠子曰：「既謂之人，惡得無情？」莊子曰：「是非吾所謂情也。吾所謂無情者，言人之不以好惡內傷其身，常因自然而不益生也。」惠子曰：「不益生，何以有其身？」莊子曰：「道與之貌，天與之形，不以好惡內傷其身。今子外乎子之神，勞乎子之精，倚樹而吟，據槁梧而瞑。天選子之形，子以堅白鳴。」

這應當是在惠子去莊子家弔唁之後發生的。惠子與莊子的生死觀不同，人生觀不同，對生死、自然等問題也各有自己獨到的見解。就像過去惠子不理解莊子為什麼會把相位比作腐鼠，見到從車百乘的他，要把自己手中多餘的魚都扔掉一樣，惠子也很難理解莊子所說的情與無情。這是因為惠子理解之「情」與莊子所說之「情」原本就不在同一個層次上，或者說是出自完全不同的觀察角度而得出的。儘管莊子最後一句「天選子之形，子以堅白鳴」，多多少少還有那麼一點譏諷的意味，但較之過去，其口氣語調已經委婉溫和了太多。可見此刻莊子與惠子的論辯已經完全沒有年輕時針鋒相對、相互攻擊的意思，而終於能以一顆平常心，像對待老朋友一樣，相對而坐，一邊品著酒，觀著魚，賞著山林風景，一邊直抒胸臆、開誠布公地探討學術。

五、黑暗中的那一縷陽光

莊子與惠子是諍友。所謂「諍友」，就是這樣的朋友：他們在你遇到人生難題，感到迷惑困頓，或誤入歧途而渾然不知，仍自以為是的時候，善意直言，幫你分析利害得失，與你推心置腹地分享自己的人生經驗，即便被誤解被斥責也無怨無悔。現在我們就來看看莊子與惠子是怎樣相互排難解惑的吧。《莊子·逍遙遊》載：

第二章　唯一的摯友

惠子謂莊子曰：「魏王貽我大瓠之種，我樹之成而實五石。以盛水漿，其堅不能自舉也。剖之以為瓢，則瓠落無所容。非不呺然大也，吾為其無用而掊之。」莊子曰：「夫子固拙於用大矣。宋人有善為不龜手之藥者，世世以洴澼絖為事。客聞之，請買其方百金。聚族而謀曰：『我世世為洴澼絖，不過數金。今一朝而鬻技百金，請與之。』客得之，以說吳王。越有難，吳王使之將。冬，與越人水戰，大敗越人，裂地而封之。能不龜手一也，或以封，或不免於洴澼絖，則所用之異也。今子有五石之瓠，何不慮以為大樽而浮乎江湖，而憂其瓠落無所容？則夫子猶有蓬之心也夫！」

這段對話中，雙方雖都略帶機鋒卻絲毫沒有劍拔弩張、相互攻擊譏諷的味道，而更像是在就人生難題進行的一場推心置腹的探討，甚至就連莊子最後一句「夫子猶有蓬之心也夫」，也並不像有人認為的那樣，是莊子在譏諷惠子「心地過於淺陋狹隘」，其實，莊子只不過是指出惠子思想受局限的根源在於「蓬草堵塞了思路」而已，並不帶有任何惡意。

解讀這段對話中蘊含的玄機是件有意思且耐人思索的事。

首先，惠子為什麼要提到魏王？讓我們猜想一下。此刻應該是惠子剛剛被罷相位返回家鄉宋國不久。連繫之前「惠子相梁，莊子往見之」與「莊子衣大布而過魏王」兩段軼事來看，莊子去魏國應當不只一次。當初，莊子去見惠子曾引起惠子驚恐，搜了三日三夜，鬧得滿城風雨；而那時朝堂上還有白圭、匡章之流的政敵無時無刻不在盯著惠子。惠子鬧出這麼大的動靜，是不可能不傳到魏王耳中的。那次莊子去魏國見惠子雖然在仕途上一無所獲，但利用這個機會得以向惠子表白自己，澄清誤會，想來也在一定程度上贏得了惠子的信任。後來，莊子第二次去魏國得以「過魏王」，很可能就是在惠子的舉薦下，才受到了魏惠王的召見。不過，莊子見魏王仍以失敗告終。一句「何先生之憊邪」，足以顯示魏惠王並不理解莊子。

其次，這個大葫蘆（大瓠）的隱喻也很值得玩味。惠子強調的是種子雖來自魏王，大葫蘆卻是經過他精心培育才長成的。不是他不要用這個葫蘆，實在是因為葫蘆過大，既沒地方安置，也無所可用，不得已才砸碎了之。這個大葫蘆，不就是莊子以及莊子學說的寫照嗎？我們似乎可以這樣來解讀：惠子是借大葫蘆的故事含蓄地向莊子解釋了為什麼他當年見魏王沒有任何結果，暗示這僅僅是由於莊子的主張大而無用，無法經國濟世，與惠子無關。這樣，惠子既可以為自己開脫，又向莊子表明了心跡，還順帶著替魏惠王打了個圓場。

人到中年的莊子，再不是當年嘲諷惠子為鷾鵲或者鵂鶹的莊子了，也沒有了見監河侯時那種強烈的「憤青」心態。此刻的莊子早已將往事通通拋到了腦後。特別是面對失意返鄉的惠子，他的胸襟與氣度都不允許自己再去計較惠子過去的偏狹與猜忌。不過，把話憋在肚子裡隱忍下去當然也不是莊子的性格。於是他也借題發揮，不疾不徐地講了個不龜手藥的故事，說明問題並不出在大葫蘆身上，而是由於給葫蘆種子的人還有那個種葫蘆的人都不會「用大」，也不善於「用大」。莊子在敘述過程中不露聲色，口氣和緩委婉，可見他是有意克制自己，不要刺激惠子，同時又為自己申辯。

《莊子》中記錄的許多有關莊子與人相交的言行，大都尖刻憤激，火藥味十足。估計莊子後來也意識到這其實與自己提出的「安時而處順，哀樂不能入也」（《莊子·養生主》）的平和心境相矛盾。所以此刻的莊子，雖仍改不了「愛抬槓」的脾氣，不時地要與惠子槓上幾句，心態卻完全不一樣了。過去，他只能單打獨鬥地面對一個醜惡骯髒的現實，現在他終於可以躲進思想的象牙塔，盡情遊蕩於思想碰撞所帶來的遐想，去享受智慧間的一次次較量。在莊子的一生中，似乎只有後來與惠子在一起度過的時

第二章　唯一的摯友

光，透出了一線亮色。與惠子抬槓鬥嘴也就成了莊子人生中的一大樂事，也是他一生中最陽光的時刻。

當然，莊子與惠子的論辯如果永遠都像〈逍遙遊〉中「魏王貽我大瓠之種」那樣和風細雨，他們還算不上是真正的諍友。莊子惠子兩人間的思想交鋒往往是坦率真誠卻又短兵相接，他們針鋒相對，卻不夾雜個人恩怨，去刻意抹黑對方。一次，惠子又直言批評莊子的學說大而無用。莊子立即答道，只有跟懂得「無用」的人才能談論「有用」。這一句看似無關緊要，卻首先肯定了惠子與自己對話的平等地位，然後莊子才舉例展開自己的論點。他說，大地不可謂不寬廣，可真正有用的不過是人腳下小小的立足之地。這就是「有用」。但倘若在這塊地周邊都深挖至黃泉，只留下這一小塊，現在這塊立足之地還「有用」嗎？惠子只好回答說「無用」。莊子這才推出重點，總結道，這就很明白地說明什麼是「無用之用」了。（《莊子‧外物》）

這段對話的前因是什麼，我們已無從知曉。不過，從這樣的論辯中，我們可以清楚地看到，莊子有著過人的思辨能力，他善於用先揚後抑、給對方設下陷阱的論辯方法，層層推進，引人入彀，讓論辯的對方輸得心服口服。

「無用」與「有用」是莊子與惠子時常討論的又一個中心話題。兩人曾就此展開過多次論辯。還有一次惠子把莊子的學說比喻為「大而無用」的樗樹，苦口婆心地勸告他不要落到「眾所同去」的地步。莊子深知惠子用心良苦，但他懷著同樣的善意，更帶著對理想的憧憬，向惠子展現出一幅令人陶醉嚮往的世外桃源畫面：

今子有大樹，患其無用，何不樹之於無何有之鄉，廣莫之野，彷徨乎無為其側，逍遙乎寢臥其下。不夭斤斧，物無害者，無所可用，安所困苦哉！

這，就是莊子心嚮往之的理想世界。那裡，沒有傷害，沒有困苦，人們無憂無慮、逍遙自在地仰臥於大樹之下，這是一個多麼美好的世界。至此，我們有理由相信惠子一定會為莊子所描繪的動人畫面所打動，也一定會為他超凡脫俗的追求所感染。

說到底，莊子與惠子的論辯，更多地不在於誰輸誰贏，而在於過程，在於心靈的交流、情緒的釋放所帶來的那一縷陽光。

六、「子非魚，安知魚之樂」

《莊子》中記載了幾次莊子與惠子論辯的名場面。無論他們論辯什麼話題，必定是以莊子完勝、惠子完敗告終。這種情況的出現，一來可能是因為這些記載大都出自莊子弟子或後學之手，其言辭表達往往帶有明顯的傾向性。二來可能是莊子的辯才的確高惠子一籌。不過，就辯才而言，惠子自認也是打遍天下無敵手的。《莊子‧天下》載：「惠施日以其知與之辯，特與天下之辯者為怪，此其柢也。然惠施之口談，自以為最賢，曰：『天地其壯乎。』」事實上，在戰國的辯壇上，惠子也的確戰績輝煌。他每天背靠大樹「打擂臺」，挑戰天下群士。論辯累了，也不回家，只需要在大樹下閉目養神稍作歇息便可再戰。（《莊子‧德充符》）有惠子參與的辯壇，實在是戰國時百家爭鳴的一道靚麗的風景線。莊子與惠子兩人也真算得上是棋逢對手。

隨著兩人間交往的愈加密切，論辯愈加出彩，談論的話題也越發廣泛，莊子對社會現實的洞悉、對人生價值的判斷、對人當如何生存的見解、對宇宙本源的闡釋，都在一定程度上獲得了惠子的認同，至少引起了他的某種共鳴。兩人間的連繫，也不僅僅局限於關起門來就雙方各自感興趣的話題

第二章　唯一的摯友

侃侃而談，他們還不時一起徜徉於大自然中，欣賞山林水澤、自然風光。這樣的情景，也是最能見出兩位老頑童真性情的時候。

一天，兩人來到「濠梁之上」，莊子與惠子論辯史上最精彩的名場面便在這裡誕生了，《莊子‧秋水》載：

莊子與惠子遊於濠梁之上。莊子曰：「儵（鯈）魚出遊從容，是魚之樂也。」惠子曰：「子非魚，安知魚之樂？」莊子曰：「子非我，安知我不知魚之樂？」惠子曰：「我非子，固不知子矣；子固非魚也，子之不知魚之樂，全矣！」莊子曰：「請循其本。子曰『汝安知魚樂』云者，既已知吾知之而問我。我知之濠上也。」

眼前輕鬆閒適、悠然自得的魚，一下子讓莊子沉浸在幻化的境界中，如同他「栩栩然胡（蝴）蝶，不知周也」一樣，似乎頃刻間他自己也化身為魚，與逍遙的魚同遊於水中，於是「儵魚出遊從容，是魚之樂也」便脫口而出。這是一種只有詩人、達人方可進入的心靈世界！無法與自然融為一體的人是享受不到這樣精美絕妙的人生體驗的。「相看兩不厭，只有敬亭山。」、「我見青山多嫵媚，料青山見我應如是。」、「侶魚蝦而友麋鹿。」、「寄蜉蝣於天地，渺滄海之一粟。」這些後代文人騷客的名句中多多少少折射出莊子「濠梁觀魚」的痕跡！

可惜，惠子不是詩人，也不是達人。他無法走進莊子詩意盎然的世界。他是一位講究邏輯、只會從認知的角度尋求真相的哲人：「子非魚，安知魚之樂？」在詩人聽來，面對此情此景，這樣的問題豈不是太煞風景了？可是，反過來想想，這不正是惠子的可愛之處？從惠子跟莊子講大葫蘆的故事開始，我們就可以真切地感受到，惠子是個實話實說的老實人，他態度認真，做事務實，但一句「子非魚」的反問，足見出其堪與莊子相匹敵的機敏與智慧。莊子原本是無法證明自己是否了解「魚之樂」的，但他卻

巧妙地抓住惠子立論的疏忽，採取了以其人之道還治其人之身的策略，辯解說：「子非我，安知我不知魚之樂？」這一回合，表面上看似乎是莊子贏了，其實未必。在我們看來，惠子的回答仍然是推理嚴密，無懈可擊：我不是你，固然不知道你是否知道魚之樂；你不是魚，自然就不知道「魚之樂」。至此，莊子終於只能詭辯了，他不得不偷換概念，利用「安」的多義性，把惠子的「你如何知道魚之樂」改換成「你從何知道魚之樂」，這下，惠子終於不再分辯。像惠子這樣拘泥於事實、缺乏詩人想像力的辯者，即便思維縝密、邏輯推理超強，但面對有著擁有蔥蘢的想像力、思維隨意跳躍的莊子，也只能敗下陣來。

應該說，惠子返宋，與莊子「相晤論學」的這幾年，是莊子一生中最為陽光、最為歡樂的日子，莊子最重要的著作大都完成於這一階段。遺憾的是，這樣的日子並沒有持續很久。惠子四十八歲時（西元前三二二年）回到宋國，西元前三一〇年辭世，他與莊子交遊往來的時光最多只有十二年。（侯外廬《中國思想通史‧惠施年行略表》）

十二年在人的一生中不算短，也不算長。對莊子與惠子來說，十二年已足以建立起兩人間惺惺相惜的深厚情誼。這樣的知己之情瀰漫在一部《莊子》之中，隨處可見。其中最著名的莫過於「運斤成風」的典故了，《莊子‧徐無鬼》載：

莊子送葬，過惠子之墓，顧謂從者曰：「郢人堊慢其鼻端若蠅翼，使匠石斲之。匠石運斤成風，聽而斲之，盡堊而鼻不傷，郢人立不失容。宋元君聞之，召匠石曰：『嘗試為寡人為之。』匠石曰：『臣則嘗能斲之。雖然，臣之質死久矣！』自夫子之死也，吾無以為質矣，吾無與言之矣！」

莊子對惠子的一片深情在這一段描述中抒發得淋漓盡致。他們之間互為存在，配合默契，絕對信任。一方以疾風般的速度，揮斧砍削落在對方

鼻子上的一點白灰,而對方坦然鎮定,「立不失容」,眼都不眨一下。在這個世界上,有多少人之間的心靈契合可以達到如此出神入化的地步!有朋友相互信任至此,何所求哉?難怪莊子會如此動情地說:從此,我再也沒有搭檔,再也沒有可以交談的人了。「吾無與言之矣!」這是莊子發自內心深處的慨嘆,細細品來,一股悽婉悲涼之情油然而生,這足以見出惠子在莊子心中的地位以及莊子對這段友情的珍視。正如劉向《說苑・談叢》所說:「惠施卒而莊子深瞑不言,見世莫可與語也。」

惠子去世時,莊子五十九歲。此後的二十四年,莊子是在失去惠子的孤獨寂寞中度過的。在「以天下沉濁,不可與莊語」的世界,失去了惠子的莊子,再也沒有人可以與他產生思想火花的碰撞與心靈的交流。

莊子與惠子從相交初始時的相諷相忌到後來互以為質,再到惠子身後莊子對惠子的深深懷念,可以說,惠子是唯一伴隨了莊子大半生的人。

惠子生前,也曾風雲一時。在政壇上,他出任魏相,推行新政,雖屢遭權貴排擠打壓,卻受到了平民百姓的歡迎。在思想界,惠子是名震一時的名家學派的重要代表人物。遺憾的是,惠子的言行僅散見於先秦及漢代的某些典籍中。而最能代表惠子思想的「歷物十事」全靠《莊子・天下》才得以保存。或許這竟是冥冥之中,蒼天為莊子與惠子之相交所做的一種特別安排!

七、一個大膽的猜測

作為莊子唯一的摯友,現存三十三篇《莊子》中有十篇十三段文字談到惠子與莊子的交往。而《莊子》全書涉及莊子本人的記載,總共也只有十六篇三十段而已。也就是說,在這三十段有關莊子的記述中,將近一半

的內容與惠子有關，足見惠子與莊子淵源、交情之深厚，乃至惠子死後多年，莊子經過惠子墓，一提到惠子，還是那麼痛徹心腑，悲慟不已：「自夫子（惠子）之死也……吾無與言之矣！」這一番令人動容的真情告白，倘若惠子地下有知，想必也會感動得老淚縱橫，備感「人生得一知己足矣」。

不過，值得研究的是，莊子所說的「吾無與言之矣」，究竟當如何解讀？雖然字面的意思很容易理解，但莊子所說的「言」，一定不會是兩人每天見面扯閒篇，而應該是有所專指的。漢代淮南王劉安曾將散落的莊子及莊子學派文章編纂在一起，說「惠施死而莊子寢說言，見世莫可為語者也」（《淮南子·修務訓》）。劉向甚至將莊子與惠子比作鍾子期和俞伯牙：「鍾子期死而伯牙絕弦破琴，知世莫可為鼓也；惠施卒而莊子深瞑不言，見世莫可與語也。」（《說苑·談叢》）可見由於惠子之死，莊子再沒有人可以一起探討學問，交流見解，就社會人生各種問題展開論辯了。那麼，是不是這也意味著自惠子死後，莊子就此罷筆，連文章也不寫了？

倘若果真如此的話，那莊子的文章是寫到哪章哪節的時候，惠子去世的呢？莊子〈齊物論〉告訴我們：

昭文之鼓琴也，師曠之枝策也，惠子之據梧也。三子之知幾乎，皆其盛者也，故載之末年。唯其好之也，以異於彼。其好之也，欲以明之。彼非所明而明之，故以堅白之昧終。

對這段話的解讀，歷來眾說紛紜。不過，有一點卻是學界公認的，那就是此時惠子已死，所謂「以堅白之昧終」就是說惠子至死都沉迷於「堅白」之論。

假如惠子死後，莊子真的從此擲筆，什麼都不寫了，那麼〈齊物論〉之後的五篇文章又是怎麼來的？

第二章　唯一的摯友

　　讀《莊子》的人可能都已經注意到，《莊子》內七篇文章的內容與風格之間存在著明顯的差異。〈逍遙遊〉與〈齊物論〉更接近，而後五篇，卻別具特色。前兩篇文章很明顯都與惠子有關。惠子「歷物十事」中所關注的話題幾乎都可以在〈逍遙遊〉與〈齊物論〉中尋到蹤跡。

　　前面我們已經說過〈齊物論〉與惠子思想的異同，這裡姑且不論。就是〈逍遙遊〉，也與惠子有著千絲萬縷的連繫。例如惠子談論的第一個問題是大與小，所謂「至大無外，謂之大一；至小無內，謂之小一」。第二個問題仍舊與「大」有關，所謂「無厚，不可積也，其大千里」。這樣的說法不正與〈逍遙遊〉開篇那個小到可以忽略不計的魚卵鯤，卻可化身為奇大無比的鵬相呼應？而莊子所說的遊蕩於空氣中的野馬塵埃，不也正是承襲著「至小無內」而來？比照〈逍遙遊〉與惠子的「歷物十事」，我們不能不承認〈逍遙遊〉的論題本身，甚至某些表述方式都與惠子息息相關。

　　此外，〈逍遙遊〉、〈齊物論〉汪洋恣肆的寫作風格，與〈寓言〉所說的「寓言十九，重言十七，卮言日出」十分吻合；而後五篇中，除了〈大宗師〉中有關「真知」一段文字與極富思辨的〈齊物論〉一脈相承之外，其他篇章再也沒有那樣的寫法了。

　　莊子說惠子死後「吾無與言之矣」，並不意味著他從此擱筆，再也不寫文章，而是說沒有了與惠子心靈、思想的交流，沒有了與惠子的「鬥嘴」、「抬槓」，莊子再也沒有心情寫〈逍遙遊〉、〈齊物論〉那樣需要嘔心瀝血才可能寫出的鴻篇鉅製了。退一萬步說，即便寫出來，又哪裡去找像惠子這樣的諍友，可以一起爭辯，一起欣賞，一起探討呢？

　　不管怎麼說，惠子死後，莊子還得好好地活著。於是莊子靠開學館教書，承擔起了養家餬口的重任。教學生是可以「述而不作」的。然而，像莊子這樣的寫作高手，為學生編一點教材，解說一下自己「汪洋恣肆」的

「異端邪說」，順帶傳播一下自己的人生體驗，豈不是小菜一碟？因此，我們有一個大膽的猜測，那就是後五篇文章，很可能是莊子後來用於教學的部分教材。

《莊子‧山木》中有一段記述莊子現場施教的故事，與〈人間世〉中所描述的商丘之木、櫟社樹等情景十分相似。顯然，莊子教弟子，不可能總是天南海北，什麼大鵬小魚、蜩與學鳩、朝菌蟪蛄、萬竅怒呺等如天馬行空，也不可能總是「既使我與若辯矣，若勝我，我不若勝，若果是也？我果非也邪？我勝若，若不吾勝，我果是也？而果非也邪？其或是也？其或非也邪」，總得有更多適於宣講的真才實學有更多能引人注目的故事才行。

於是，我們看到莊子與惠子論辯的文章多用辯論體，而用於教學說明事理的文章多用敘述體。我們猜想這很可能就是〈逍遙遊〉、〈齊物論〉兩篇與其他五篇文風頗為不同的原因之一。

第二章　唯一的挚友

第三章　他從哪裡來

　　要想真正認識莊子，僅僅了解他的身世、他的交遊、他的生活環境，還遠遠不夠，我們還得了解他曾接觸過什麼樣的思想潮流。如同任何一種思潮、流派的出現一樣，莊子一定也是有其師承淵源的。

　　那麼，莊子這麼一棵枝繁葉茂的參天大樹，他從哪裡來？他的根又在哪裡呢？

　　約西漢初年，淮南王劉安及其門客整理的《莊子》一行世，便被司馬遷記在了《史記‧老莊申韓列傳》裡：

　　莊子者，蒙人也，名周。周嘗為蒙漆園吏，與梁惠王、齊宣王同時。其學無所不窺，然其要本歸於老子之言。故其著書十餘萬言，大抵率寓言也。作〈漁父〉、〈盜跖〉、〈胠篋〉，以詆訾孔子之徒，以明老子之術。

　　司馬遷說莊子博採眾家，其學無所不窺，包羅永珍，但從根本上說，他的學說是從老子那裡傳承過來的。此外，司馬遷還把莊子放到了孔子及儒家的對立面，特別強調莊子詆毀孔子之徒，說這是「以明老子之術」。

　　司馬遷對莊子思想的這幾句評語對後世的影響非常大。莊子被戴上了反孔反儒的大帽子不說，還成了孔子反對派的一面旗幟。後世誰對孔子不滿意，誰想罵儒家，都會拉上莊子助陣。

　　可是問題是，莊子真的反孔嗎？莊子學說是不是真的與儒學涇渭分明、針鋒相對？歷史的真相又究竟是如何的呢？要想正本清源，釐清莊子這棵參天大樹的根究竟扎在哪裡，或者說搞清楚莊子究竟是從哪裡來的，

第三章　他從哪裡來

我們還得花點工夫,回到莊子的時代,還原莊子的生活,去了解當時的真實情況。

一、「其學無所不窺」

司馬遷在評論莊子的學術淵源時,有一句話特別重要,不容忽視,這就是「其學無所不窺」,意思是說莊子學識淵博,無所不學。這個評價確實抓住了莊子學問的根本特點。不過,司馬遷看到的《莊子》有十餘萬言,而我們今天所能見到的《莊子》只有三十三篇六萬五千餘字,司馬遷所見到的《莊子》比流傳下來的版本,字數多出了差不多一倍。唐代陸德明所見到的版本跟司馬遷見到的差不多一樣,他在〈經典釋文序錄〉中說晉郭象勘定《莊子》時,刪去了其中「或似《山海經》,或類《占夢書》」的十九篇文章。因此,我們無法得以窺見《莊子》的全貌,但僅就現存的三十三篇來看,說莊子「其學無所不窺」也是名副其實的。

莊子究竟讀過多少種書?很難估計出個數目來。我們只知道他在〈逍遙遊〉中提到志怪之書《齊諧》,此外,再沒有提及任何其他書名。但是《莊子》一書中所涉及的學問包羅永珍,涵蓋了天體宇宙、自然萬物、社會文化等人類文明的各方面,都說明莊子不但博覽群書,而且有著過目不忘的本事。沒錯,莊子的確有著蔥蘢的想像力,但《莊子》一書所涉及的內容之豐富、領域之廣闊,顯然不是僅僅憑著天馬行空般的想像就能杜撰出來的。

《莊子》一書,「寓言十九,重言十七,巵言日出」。所謂「重言」,就是歷史人物說過的話。老子的事蹟,在《莊子》中有不少記載。孔子問學於老聃,還有春秋時衛國政治家蘧伯玉的言行,以及其他一些歷史上的重

大事件,這些都顯示出莊子有著淵博的歷史知識。《莊子》中還收錄或提到了崑崙、蓬萊兩大神話系統中的上古神話傳說,如黃帝遊於赤水、伏戲氏「襲氣母」、馮夷「遊大川」、顓頊「處玄宮」、彭祖「上及有虞,下及五伯」、西王母「坐乎少廣,莫知其始,莫知其終」、渾沌無面目等。此外,早期的《莊子》還記述了相當一些與地理有關的資料,陸德明所謂「或似《山海經》」,指的就是這方面的內容。即便是後來經郭象刪節過的版本,我們也仍然可以見到有關地理記述的蛛絲馬跡。陸德明還說早期《莊子》中有「或類《占夢書》」的篇章,這從一個側面透露出《莊子》中有關夢的記述或解說很可能在一定程度上受到了《占夢書》的影響。

莊子讀書涉獵極廣,幾乎涵蓋了天下人文自然的全部學科。無論是天文地理、自然萬物,還是歷史哲學、社會心理,他無所不知,無所不曉,可謂是上窮「太極之先」,下究「六極之下」。單單看一下莊子對宇宙起源的探索與認識之深,就可以知道莊子的學問有多麼了不起了,《莊子・齊物論》載:

請嘗言之。有始也者,有未始有始也者,有未始有夫未始有始也者。有有也者,有無也者,有未始有無也者,有未始有夫未始有無也者,俄而有無矣。而未知有無之果孰有孰無也。

這段話,乍一讀是不是有一種讀天書的感覺?莊子到底要說什麼呢?字面上看,莊子好像是在故弄玄虛,把宇宙的起源與人類認知的發展關係說得玄而又玄。實際上,莊子真正要闡發的就是:從人類知道宇宙萬物有一個開始、對宇宙萬物的認知形成一個概念的時候,宇宙萬物就已經存在了。人意識到宇宙萬物的存在,宇宙萬物存在著;人意識不到它的存在,它仍然存在著。宇宙是沒有開始與終結的。在無限的宇宙中孕育著一個空空的「無」,終於在某一個剎那間,「無」產生了「有無也者」的時代,而

後才有了「有有也者」的時代，也就是現在人類生活的時代。這段話，單憑著仰望星空冥思苦想是寫不出來的。莊子一定深入研究過前人有關宇宙起源的各種詮解，特別是老子的學說，經過多方探索之後才寫出了如此深奧的文字。莊子對宇宙無限性以及人類認知的局限性的認知，即便是在今天，也足以讓人刮目相看。

更令人嘆服的是，莊子居然對醫藥學、人體解剖學、生物學也有相當的了解。他知道人體有「百骸、九竅、六藏」；還知道人的情緒與健康有關：「不以好惡內傷其身。」他還談到人長期睡在潮溼的地方便會得病，甚至半身不遂，而泥鰍生性就喜歡這種地方；人站在樹上會產生恐懼感，而猿猴卻不會；麋鹿喜歡吃草，蜈蚣以蛇為美食，貓頭鷹、烏鴉愛吃老鼠，麋與鹿可以交配，泥鰍與魚生活在一起等。

可見莊子的「其學無所不窺」並不僅僅局限於對書籍的廣泛瀏覽，他尤其善於觀察、學習書本之外的東西。在這一點上，最可見出莊子從來就不是一個循規蹈矩、按部就班、人云亦云的人。用今人的眼光來看，莊子算得上是一位最早走出書齋，打破書本束縛，從自然環境、日常生活以及人類各類生產活動中汲取知識養分，豐富、擴充自己治學領域的先驅者。

莊子的博學源於他對世間萬物都懷著一種異乎尋常的熱情與興趣。對周圍的一切，特別是那些帶點技術性的工作，莊子似乎格外著迷，觀察得特別細緻，精細入微。像陶工、木匠、漆工、屠夫、洗染工、畫匠等手藝，甚至是抓蟬這樣的活動，他都寫得唯妙唯肖，十之八九其中浸透著他自己的親身實踐與體驗。如莊子寫「輪扁斫輪」，說輻條與車轂之間的榫接，鬆了不行，緊了也不行，必須得分毫不差才能保證車輪運轉靈活自如。莊子還特別深有體會地說，這種功夫，要靠長期的實踐才能做到得心應手，用語言是無法傳授的。莊子還經常發表有關如何挑選木材的高見，

諸如哪些木材「中繩墨」、「中規矩」，適於做器物，哪些木材容易腐朽毀壞、招惹蟲蠹，什麼也做不成等，莊子本人很可能就掌握了相當高的木工技藝。這些都說明莊子對學問與知識的渴求是不拘一格的。

即便被文人士子視為低微粗鄙的工作，也仍可以成為莊子學習研究的對象。其中最著名的例子便是人所皆知的「庖丁解牛」了。莊子對牛體結構的洞悉，對庖丁用刀的精確描寫，對解牛過程的嫻熟，相信他一定是花了相當的功夫去了解「大郤」、「大窾」、「技經肯綮」以及「大軱」之所在，並從庖丁那裡獲取了大量一手解牛經驗，才真正掌握了從解牛開始的「手之所觸，肩之所倚，足之所履，膝之所踦，砉然向然，奏刀騞然」，到最後「謋然已解，如土委地」的解牛全過程。像解牛這樣的事，在其他文人士子眼中，當然算不得學問。孟子不就說過「君子遠庖廚」這樣的話嗎？不過，假如讀了孟子在此前說的「君子之於禽獸也，見其生，不忍見其死；聞其聲，不忍食其肉」（《孟子・梁惠王章句上》），就知道孟子所謂的「君子遠庖廚」其實是為了不影響自己食慾而採取的一種權宜之計。而莊子卻是把牛體的結構、解牛的流程、庖丁如何用刀等當作一門學問來探究的，因而，血淋淋的解牛之事，才能被他描繪成一場聲色並茂的精彩藝術活動。

其實，解牛之事，也不只莊子一人寫過。早於莊子的管子在《管子・制分》中是這樣寫的：「屠牛坦朝解九牛，而刀可以莫鐵，則刃遊間也。」而莊子之後的賈誼寫的是：「屠牛坦一朝解十二牛，而芒刃不頓者，所排擊所剝割，皆眾理解也。然至髖髀之所，非斤則斧矣。」（〈治安策〉）同樣的題材，出自同樣著名的寫手，可是面貌、風格卻迥然不同，其中一個重要因素不能不歸功於莊子對世間萬事萬物所具有的強烈求知欲與興趣。

總之，司馬遷對莊子「其學無所不窺」的評價，的確點出了莊子學說淵源的一個重要特點。

二、與老子貌合神離

莊子所涉獵的學問的確包羅永珍。但如果就此把《莊子》當作一部類似百科全書的「類書」來看，或者把莊子視為是一個「雜家」，認為其書的特點僅僅是「雜之廣義，無所不包」（紀昀《雜家類敘》），那就大錯而特錯了。莊子固然博採眾學，但要對其思想追根溯源，還是要追到老子那裡，其學說的核心還是落在說「道」論「德」上，正如司馬遷所言：「其學無所不窺，然其要本歸於老子之言。」在這一點上，司馬遷的確獨具慧眼，一語就點中了莊子的穴道。

老子是道家學說的創始人。「道家」最早稱作「道德家」，是司馬遷父親司馬談在〈論六家要旨〉中最早提出來的。後世「道德」一詞盛行，與司馬談「道德家」所定義的「道德」產生了歧義，於是「道德家」就被簡稱為「道家」。司馬談在他的文章中歸納了六家的主要特點，卻沒有開出一份各門各派的清單來，自然也就沒有提到老子、莊子的大名。那時「黃老」並稱，老子的名聲已經如日中天，被漢初帝王捧得很高，而莊子還是默默無聞之輩，自然也攀不上老子。後來，司馬遷作《史記》，在老子列傳後面附帶著也寫了個莊子列傳，這才開了將「老莊」並稱的濫觴。

漢初「黃老思想」被當作了治國的主導思想，可是不久「黃」就讓了位，而莊子就順理成章地排在了老子的後面，成了「道家」的代表人物。從名稱上看，老子的名氣一直壓莊子一頭，可是從魏晉開始，在文人士大夫心中，兩個人的位置就已經調過來了。

莊子學說的形成受到了老子的深刻影響是無可置疑的。老莊兩人都談「道」，老子開口就說「道可道，非常道」（《道德經》第一章），莊子也說「道不可聞，聞而非也；道不可見，見而非也；道不可言，言而非也」（《莊

子‧知北遊》）。而且兩人都注重「道法自然」，都講「道」與「自然」的關係。乍一看，莊子的「道」跟老子的「道」確實很像，但細細思索起來，老子的「道」與莊子的「道」總有些什麼不一樣的地方。原來，莊子的「道」從源頭那裡湧出不久便開始分流，與老子貌合神離了。

老子說「道生一，一生二，二生三，三生萬物」（《道德經》第四十二章），意思是說世上萬物都是「道」生出來的。莊子也說「生」，提出「道」可以「神鬼神帝，生天生地」（《莊子‧大宗師》），可是莊子更重視的卻不是「道」的「生」，而是「道」的「通」。請注意了，這可是理解莊子的一個關鍵詞！莊子認為「道」能「通」一切，所以在莊子那裡，巍巍泰山不大，秋毫之末不小；厲人不醜，西施不美；大小美醜高低貴賤，通通沒有了差別，萬物一齊。

在老子看來，「道大，天大，地大，人亦大。域中有四大，而人居其一焉。人法地，地法天，天法道，道法自然」（《道德經》第二十五章）。就是說老子心目中的人、地、天、道都大，但彼此之間卻存在著層次的不同，人無法與「道」相比，卻又遠遠高於萬物之上。而莊子說的卻是「天地與我並生，而萬物與我為一」（《莊子‧齊物論》），就是說世間萬物，包括人，都是「道」的體現，其表現形式、外在形態可以千姿百態，千變萬化，骨子裡卻是相通的，即「道通為一」。更重要的是，由於世間萬物都是「道」的體現，人與天地、人與「道」之間也就沒有了高低尊卑的區別。這是不是有點石破天驚？想必現在大家也都看出來莊子是如何與老子貌合神離的了吧？

老子與莊子同根同源的「道」在看待世界、看待人類社會的問題上，也出現了很大的偏差。老子的「道法自然」，主張「無為而無不為」，講的是君王治理國家的一種方法，甚至是駕馭群臣百姓的一種手段，「無為」

第三章　他從哪裡來

的目的是「無不為」。如果就立場來看的話，老子的屁股是妥妥地坐在了君王的一邊，他花費了五千言來為君王出謀劃策。所謂「道常無為而無不為。侯王若能守之，萬物將自化」（《道德經》第三十七章），其口吻完全是勸誡。說白了，就是為君王開出了一副治世藥方而已。因此老子的思想往往被君王視作御人之術，例如漢初文景二帝所推崇的「黃老之術」就有這個意思。

而莊子不同。莊子對這個世界看得極為透澈。他清楚知道造成黑暗混亂的根源就出在君王那裡。因此，他對現有的政治制度毫無興趣，或者說是不屑一顧。莊子與老子最大的不同在於他們所採取的立場不同。莊子完全站在了君王的對立面，他是從臣民的角度，去關注「人」在這個黑暗混亂的社會應當如何生存，如何面對紛亂複雜的社會及人事關係，如何在盤根錯節的社會中保全性命，如何做到「無己」、「無功」、「無名」，如何徜徉於「廣莫之野」、「無何有之鄉」的大樹下，逍遙自在。

所取立場的不同，也帶來了老子與莊子關注點的不同。老子關注的是治理天下的手段與策略：「是以聖人之治，虛其心，實其腹；弱其志，強其骨。常使民無知無慾，使夫知者不敢為也。為無為，則無不治。」（《道德經》第三章）老子真是智者，一眼就看穿了我們的國情與民情：老百姓只要有飯吃，身體強健，就夠了。至於心智、知識、欲望之類的，一定要千方百計地杜絕。對聰明人更是要讓他們心存畏懼，不敢妄為，這下就可以天下大治了。莊子卻從來不關注這樣的問題，更不曾像老子這樣處心積慮地為統治者謀劃。他說，當年堯讓天下於許由，許由表示「歸休乎君，予無所用天下為！庖人雖不治庖，屍祝不越樽俎而代之矣」（《莊子‧逍遙遊》）。意思是：我要天下有什麼用！廚師即便不下廚，主持祭祀的也不會越俎代庖的。許由的態度，其實也就是莊子本人的態度。

莊子對老子的政治理念完全沒有興趣，他所關注的是人應當如何活著，如何處世，如何透過「喪我」、「坐忘」，忘記個人的執念，超越現實世界對人的種種束縛，來獲取一種「無己」、「無功」、「無名」的全新的人生體驗。可以說，老子所關注的是現實的、功利的，而莊子所關注的則是理想的、精神的、超越的。特別是莊子從「道」生發開來的那種蔑視世俗權貴、獨往獨來的清高孤傲的精神，老子是沒有的。

　　總之，老子思想雖然是莊子學說的重要源頭，但分流之後的莊子又與老子貌合神離，骨子裡出現了越來越多的不同。不但老子之「道」與莊子之「道」的色彩有異，味道有別，後世所謂「道家精神」中的「道」對文人士大夫的影響，莊子的分量也比老子重了許多。

三、莊子與孔子的關係

　　司馬遷說，莊子「作〈漁父〉、〈盜跖〉、〈胠篋〉，以詆訾孔子之徒」，還說莊子「善屬書離辭，指事類情，用剽剝儒墨」，看起來莊子是反對孔子學說的。事實果真如此嗎？

　　莊子是道家的領軍人物，孔子則是儒家的開山祖師。你可能要問，莊子與孔子能有什麼關係呢？我們不妨對《莊子》中孔子及其弟子登場的情況做個大致的統計，或許可以藉此揭開莊子與孔子及其門人之間的隱祕關係。

　　《莊子》中出現的孔子及其弟子多達十人，其中孔子共出現一百八十九次，《莊子》三十三篇中有二十餘篇涉及孔子。孔子最器重的弟子顏回在《莊子》中共出現五十二次，涉及十餘篇。此外，出現十次以上的，還有子貢、曾參、子路等人。

　　數字是枯燥的，但數字往往也最能說明問題。孔子及其弟子、後學在

第三章　他從哪裡來

《莊子》中如此頻繁地高調亮相，或者以正面形象登臺演講對話，或者成為莊子代言，僅此就足以見出莊子與孔子及其弟子、後學關係之密切。想來莊子不至於是用明褒暗貶的方式來「訾訾孔子之徒」，「剽剝」儒家的吧？

如果僅僅是統計數字還不能充分說明莊子與孔子關係的話，我們還可以再來比較一下《論語・微子》與《莊子・人間世》中共同記載的「接輿之歌」一事，或許此中可以透露出更多的線索。

《論語・微子》是這麼說的：

楚狂接輿歌而過孔子曰：「鳳兮鳳兮，何德之衰？往者不可諫，來者猶可追。已而已而，今之從政者殆而。」孔子下，欲與之言，趨而避之，不得與之言。

而《莊子・人間世》記述的是：

孔子適楚，楚狂接輿遊其門曰：「鳳兮，鳳兮，何如德之衰也！來世不可待，往世不可追也。天下有道，聖人成焉；天下無道，聖人生焉。方今之時，僅免刑焉。福輕乎羽，莫之知載；禍重乎地，莫之知避。已乎已乎，臨人以德！殆乎殆乎，畫地而趨！迷陽迷陽，無傷吾行。吾行郤曲，無傷吾足。」

儘管這首民謠中隱含了譏諷孔子不識時務的語句，但孔子弟子將這首民謠收錄於《論語》時，卻沒做任何修改或文飾，可謂直錄。而《莊子・人間世》的記述方式與寫作口吻卻很不一樣。首先，這裡不僅僅為孔子唱輓歌，而更多的是批判社會的黑暗，說當今之世，能保全性命、免遭刑戮已是僥倖，災禍比大地還沉重，讓人無處可逃。生存於這樣的社會，你就是鳳凰又能怎麼樣？其次，民謠原本含有更多對孔子的譏諷，而這種譏諷之意在《莊子》中反而減弱了，代之而來的是「天下有道，聖人成焉；天下無道，聖人生焉」，字裡行間滲透著對孔子的讚美與稱頌。

三、莊子與孔子的關係

對比《論語》與《莊子》對民謠的記錄與取捨，是不是就可以看出莊子對孔子不同尋常的態度？

當然，最能顯示莊子與孔子關係的，還是《莊子・寓言》中由莊子弟子記下來的莊子與惠子談及孔子的一段對話：

莊子謂惠子曰：「孔子行年六十而六十化，始時所是，卒而非之，未知今之所謂是之非五十九非也。」惠子曰：「孔子勤志服知也。」……已乎已乎！吾且不得及彼乎！

莊子告訴惠子，孔子無時無刻不在修正自己的想法，起初所肯定的觀點，到後來又否定了它，很難說孔子六十歲時所肯定的想法或做法，不是他五十九年以來所否定的。孔子一生做到了「與世俱化」。莊子對孔子的這個評價應當說是相當公允中肯。歷史上真實的孔子，未嘗不時時經歷著內心的矛盾與掙扎。他雖然對自己的政治主張一直抱有堅定的信念，始終執著地「知其不可為而為之」，但在屢屢碰壁之後，又不能不深深感受到一種「道不行，乘桴浮於海」（《論語・公冶長》）的無奈。莊子說孔子總是在修正自己的想法，正是看到了孔子的這種不斷自我否定、自我突破的勇氣。莊子其實對孔子一直有種惺惺相惜的欣賞，不信的話，可以反覆讀一下最後這句：「已乎已乎！吾且不得及彼乎！」意思是：「罷了罷了！我還遠遠趕不上孔子呢！」難怪成玄英說「此是莊子嘆美宣尼之言」（《莊子疏》）。

當然，莊子敬佩尊崇的是孔子這個人，未必是儒家學派，更不是孔門後學。實際上，在孔子死後約二百年的時間裡，孔子的思想主張，也隨著時代的變更、社會的變化，不斷被其門人後學根據各自的需要進行調整，莊子時代的儒學已不是原汁原味的孔子思想了。

至此，我們終於可以回到司馬遷有關莊子「詆訾孔子之徒」的話題上

第三章　他從哪裡來

來,看看司馬遷所說究竟是否有根據。

我們知道《莊子》一共收錄了三十三篇文章,內容很豐富,也很繁雜。司馬遷說莊子「詆訾孔子之徒」時,特別點了〈漁父〉、〈盜跖〉、〈胠篋〉三篇,偏偏這三篇都算不上是莊子的代表作。這就不能不讓人懷疑司馬遷這樣做的動機究竟是什麼,他是否另有寄寓?甚至是否有著什麼不便明言的目的?

漢代初年,由於秦朝的苛政,加上連年戰亂,經濟一片凋零破敗。據《漢書‧食貨志》記載:「漢興,接秦之敝,諸侯並起,民失作業,而大饑饉。凡米石五千,人相食,死者過半。」在這樣的情況下,西漢朝廷推行「休養生息」政策,而「清靜無為」的黃老之術正好適應了當時的需求,也正是在黃老思想的主導下,歷史上第一個所謂的盛世「文景之治」出現了。然而,隨著帝王權力的膨脹、國力的強盛,黃老思想越來越無法適應中央專制集權統治的需求,於是好大喜功的漢武帝採取了「罷黜百家,獨尊儒術」的政策。從此,黃老之術靠邊站,代之而來的是儒家的仁義學說以及君臣倫理觀念。

這,就是司馬遷時代的大環境。司馬遷的一生恰好處在了社會主導思想由黃老道家向儒家轉型的關口,而主導這個轉型的最重要的人物恰恰是與司馬遷一生榮辱安危、生死存亡息息相關的漢武帝。司馬遷原本對漢武帝忠心耿耿:「絕賓客之知,忘室家之業,日夜思竭其不肖之材力,務一心營職,以求親媚於主上。」漢武帝也曾十分賞識司馬遷的才華。萬萬沒有想到的是,司馬遷只因替李陵敗降之事辯解了幾句而惹得漢武帝震怒,竟遭受奇恥大辱的「最下腐刑極矣」。在極度屈辱中,司馬遷身負父親的重托,隱忍苟活,終於以堅韌的信念完成了創作《史記》的神聖使命。(以上引文均見司馬遷〈報任安書〉)

三、莊子與孔子的關係

在《史記》中，司馬遷選擇為「王公大人不能器之」的莊子作傳本身，很可能就是有感於自己「深幽囹圄之中」而「交遊莫救，左右親近不為一言」（司馬遷〈報任安書〉），卻從《莊子》那裡獲得了某種感喟與共鳴。莊子同時代的文人，如名家的公孫龍子、惠子，道家的楊朱、宋銒、尹文等，都曾比莊子名氣大，他們在《史記》中或僅僅被提及姓名，或根本不著痕跡，而司馬遷獨獨選擇為莊子作傳，可見莊子在司馬遷心目中的分量。

了解了司馬遷的寫作背景，我們就不難理解為什麼司馬遷會特意舉出《莊子》中對儒家攻擊最為激烈、言辭最為犀利的三篇文章，明擺著就是要給漢武帝「獨尊儒術」的國策添麻煩，最起碼也是要製造出一些不和諧之音來。這種借莊子之口尊崇道家貶損儒家的寫法，在「罷黜百家」的形勢下，還真是需要一點勇於唱反調的勇氣的。

當然，我們也不排除司馬遷單挑這三篇文章挑毛病的另一個原因，那就是他看到十餘萬言的《莊子》時，並沒有懷疑其中有些篇章並非莊子本人所作，於是把〈漁父〉、〈盜跖〉、〈胠篋〉的著作權也歸屬了莊子。無論如何，司馬遷略過《莊子》內篇以及與內篇思想主旨更為接近的〈天地〉、〈秋水〉、〈達生〉、〈知北遊〉、〈庚桑楚〉、〈徐無鬼〉、〈寓言〉、〈天下〉等文章不選，唯獨點出這三篇，一定有自己的意圖。值得一提的是，即便像〈盜跖〉這樣直接罵孔子為喪家之犬的篇章，司馬遷仍沒說莊子「詆訾」孔子，只是說「詆訾孔子之徒」。也就是說，司馬遷心中還是有一桿秤的，他知道應該把孔子與孔子弟子、後學區分開來。

辨清了司馬遷說莊子詆毀孔子之徒的真相，不等於我們就可以繞開《莊子·齊物論》中提及的「仁義之端，是非之塗（途）」之說。的確，這兩句貌似是內篇中對儒家抨擊頗為激烈的言辭。但如果我們把這兩句還原到上下文中去，就不難發現，莊子之所以在這裡特別提到「仁義之端，是非

之塗（途）」，是呼應前文「夫道未始有封，言未始有常，為是而有畛也」而來，與「毛嬙麗姬」等一系列例子一樣，都是用來說明「大道不稱，大辯不言，大仁不仁」的道理，來揭示「是非」之爭產生的根源，而不是要刻意去抨擊儒家的「仁義」。更重要的是，莊子這裡所說的「仁義之端」的「端」，與《禮記·中庸》中所說的「舜好問而好察邇言，隱惡而揚善，執其兩端，用其中於民」的「端」同義，指的是一味誇大「仁義」之一端，甚至走向極端的儒家思想。這樣的「仁義」才是「是非之塗（途）」，而不是統而論之，認為「仁義」就是「是非之塗（途）」。我們知道，孔子一生走的都是「中庸」之道，「仁義之端」顯然也不是孔子所認可的。

另一個需要辨析的例子來自《莊子·大宗師》。其中提到儒家弟子意而子決意改換門庭，起初卻被許由以堯已在你臉上打下了「仁義」的烙印，用「是非」給你施了割鼻的刑法而加以拒絕，意思是你已經無可救藥了。儘管這裡莊子用了「黥」、「劓」這樣恐怖的字眼，但仍舊沒有把矛頭對準孔子，而是把根源追溯到上古帝王堯那裡，強調即使那些曾經深受「仁義」思想影響的人也仍然可以進入逍遙遊的境界。也就是說《莊子·大宗師》所抨擊的並不是孔子本人或者孔子的思想，針對的只是眾說紛紜卻無法判定孰是孰非的爭論，認為只有忘掉這些仁義是非，才能暢遊於無盡的「道」之境。

至此，我們認為，說莊子罵孔子，其實是受了司馬遷的誤導。事實上，莊子非但不詆毀孔子，恰恰相反，他的學說與孔子有著千絲萬縷的連繫，在某種程度上甚至可以說莊子與孔子也是有淵源的。

四、莊子・孔子・顏回

孔子一生汲汲奔走於天下，堅持不懈地推行自己的政治主張與理想，多次身陷困境，卻始終沒有得到施展政治抱負的機會，以至於他也不禁發出了這樣的慨嘆：

篤信好學，守死善道。危邦不入，亂邦不居。天下有道則見，無道則隱。(《論語・泰伯》)

飯疏食飲水，曲肱而枕之，樂亦在其中矣。(《論語・述而》)

道不行，乘桴浮於海。(《論語・公冶長》)

《論語・先進》中還記述了一件特別能見出孔子退隱心境的軼事。孔子與弟子閒坐，讓眾弟子談談各自的志向。子路說只需要三年的時間，他就可以讓一個外有戰爭內有饑饉的國家強盛起來，人們勇敢而懂禮儀。冉求的志向是用三年時間治理一個方圓六七十里的地方，讓老百姓豐衣足食。公西華說他願意做一個祭祀官，管理宗廟事務。只有曾點的志向與其他幾個人不一樣，他的理想是：「莫（暮）春者，春服既成，冠者五六人，童子六七人，浴乎沂，風乎舞雩，詠而歸。」孔子聽後，感慨地表示「吾與點也」，就是說這幾個人的志向中，最觸動孔子內心的，不是什麼關乎國家治理的大事，而是一幅暮春閒情圖。由此可見，孔子內心的確隱藏著遠離現實政治、回歸山林的渴望與嚮往。

在這裡，我們已經看不到孔子「天下有道，丘不與易也」(《論語・微子》)的執拗，相反，在他無可奈何的慨嘆中，我們卻依稀地見到了莊子的影子。

在現實世界中，孔子這種出仕與退隱之間的矛盾是無解的。孔子的理想是治國平天下。只有天下不平才需要出仕治之，假如天下已經太平還出

第三章　他從哪裡來

仕做什麼呢？這就是糾纏於孔子內心的一個無解的矛盾。正是這個矛盾，預示著儒家後學在「邦無道」的情況下，為了活下去，必須要找到一種可行的生存方式，找到一條出路。於是，孔子最得意的弟子顏回便把孔子思想中出仕與退隱這對矛盾中退隱的一面發揚光大了。

據《韓非子·顯學》說，孔子死後，儒家分為八派，其中一派是「顏氏之儒」。「顏」即顏回。顏回，字子淵，又稱顏淵，從十三歲起便一直追隨孔子左右，是孔子最為得意的門生，位列孔門七十二賢人之首。他終生未仕，始終安貧樂道，過著一種類似隱居的生活。顏回曾說，如果不能掌握道，那是自己的恥辱。如果掌握了道卻得不到重用，那是統治者的恥辱。（《史記·孔子世家》）孔子還將顏回與自己相提並論：「用之則行，舍之則藏；唯我與爾有是夫！」（《論語·述而》）

孔子極為看重顏回，顏回也極為敬重孔子，但這並不等於顏回的想法與孔子的絕對相同。「顏氏之儒」一派的出現，說明顏回與孔子以及其他孔子後學是有所區別的。不過，「顏氏之儒」的思想究竟是什麼，他的弟子又有哪些，儒家流傳下來的史料語焉不詳。幸運的是，有關顏回的很多生平軼事，卻在《莊子》中保存了下來。我們甚至可以透過對《論語》以及《莊子》中有關顏回記述的比較分析，抓出「顏氏之儒」的發展軌跡與線索。

顏回在《莊子》中是一個特別值得注意的存在，每當顏回出場，他總是扮演著極其重要的角色，有時甚至直接為莊子代言。當然，最簡單的辦法，是像一些研究莊子的學者那樣，把《莊子》中的孔子、顏回完全等同於「意而子」、「齧齒」、「女偶」等虛構人物，視為一個符號。但是，為什麼每次顏回與孔子所討論的問題、表達的看法，都代表了莊子學說的精華？莊子生活的年代距孔子、顏回在世時已經過去了二百多年，此間儒家

思想也發生了不小的變化，莊子為什麼仍要屢屢借用孔子、顏回之口來談論自己思想的核心呢？

我們要還原莊子，就無法迴避莊子與孔子，特別是與「顏氏之儒」的關係。作為第一步，我們首先需要證實的是，《莊子》中的「顏回」是否就是《論語》中的「顏回」，是否就是歷史上那個開創儒家八派之一「顏氏之儒」的顏回。

我們知道，莊子文章「寓言十九，重言十七」。何謂重言？成玄英《莊子疏》說：「重言，長老鄉閭尊重者也。」陸德明《經典釋文》說：「重言，謂為人所重者之言也。」他們都意識到《莊子》中一些記載是有史實的，也就是說《莊子》中記載了一些真實歷史人物的言行以及真實的歷史事件，這些內容有別於寓言。沿著這條重要線索，我們只需將《論語》與《莊子》中顏回的言行事蹟放在一起進行對照，就可以發現《莊子》中的顏回究竟是李逵還是李鬼了。

《論語・雍也》載：「子曰：「賢哉，回也！一簞食，一瓢飲，在陋巷，人不堪其憂，回也不改其樂。賢哉，回也！」《莊子・人間世》中也有類似的記載：當孔子要顏回齋戒時，顏回說：「回之家貧，唯不飲酒不茹葷者數月矣。」

有趣的是，《論語》中孔子只是高度讚揚顏回的安貧樂道，而《莊子》中卻詳細描述了「顏氏之儒」的修煉過程，為史料缺乏的「顏氏之儒」補上了極其重要的一筆。顏回在孔子指導下經過「心齋」所進入的「遊其樊而無感其名，入則鳴，不入則止。無門無毒，一宅而寓於不得已，則幾矣」的境界，在孔子口中是「人不堪其憂，回也不改其樂」，在《莊子》中則是「未始有回也」的「唯道集虛」的心靈世界。

對於這位最為得意的弟子，孔子從來不吝惜溢美之詞。孔子曾連用兩

第三章　他從哪裡來

個「賢哉，回也」讚揚他甘於清貧、自得其樂的人生態度。還有一次，孔子與子貢談論起顏回來：

  子謂子貢曰：「汝與回也孰愈？」對曰：「賜也何敢望回？回也聞一以知十，賜也聞一以知二。」子曰：「弗如也，吾與汝弗如也。」（《論語・公冶長》）

孔子在子貢面前說連自己也趕不上顏回，可見顏回人格之高尚，對孔門學說貢獻之大。

《莊子・大宗師》也記載了孔子對顏回類似的讚揚。顏回告訴孔子他的學問增長了，孔子要顏回詳細彙報一下，顏回說他正在逐漸忘掉過去所學的東西，進入了「坐忘」，即超脫了形體的束縛，譭棄了智慧，終於與道融為一體。聽到這裡，孔子禁不住由衷地感嘆道：「而果其賢乎！丘也請從而後也。」

這句話中的兩個「而」，意思同「爾」，指的是顏回。孔子說的意思是：你果真是一位賢人啊！你的學問已經超過我了，從此，我只好步你的後塵。

從這兩個細節的比較中不難看出，《莊子》中的顏回與《論語》中的顏回基本上就是同一個顏回。說「基本上」，是因為《莊子》中的顏回是「顏氏之儒」的代表，是一個與《論語》有連繫卻又面目一新的顏回，更準確地說，《莊子》中的顏回是自《論語》中的顏回發展而來的「顏氏之儒」的顏回。

我們從以上記載發現，顏回以及「顏氏之儒」的思想對莊子來說太重要了。例如顏回的「坐忘」、「心齋」與莊子所提出的南郭子綦的「吾喪我」、卜梁倚的「守」極為相似，甚至可以說，「吾喪我」與「守」就源自於「心齋」與「坐忘」。

孔子死後孔門弟子分為八派。這八派各自有些什麼主張，對孔子思想有過怎樣的發展，產生過什麼樣的影響，隨著孟子與稍後荀子的崛起，他們大都淹沒無聞了。相對於其他七派，「顏氏之儒」要幸運得多。由於《莊子》內篇把大量的筆墨用在「顏氏之儒」的記述上，加上《莊子》與《論語》這兩部書的相互發微，我們才得以大致理出「顏氏之儒」的發展脈絡，找到了莊子學說的另一個重要源頭。

五、「顏氏之儒」的影響

《莊子》中有關顏回以及「顏氏之儒」的記載，為揭示莊子學說與「顏氏之儒」的淵源提供了可靠的資料。

顏回軼事主要集中在《莊子·人間世》與《莊子·大宗師》兩篇之中。《莊子·人間世》幾乎用了三分之一的篇幅講述顏回在孔子教誨下的成長過程。開篇第一件事說的是顏回即將出仕衛國，準備了三套方案向孔子請教。第一套方案剛一提出來，就遭到了孔子的當頭棒喝，認為顏回這是去找死。第二套方案，是針對孔子批評的「道不欲雜，雜則多，多則擾」提出的，簡單來說，就是「端而虛，勉而一」，強調自己行事端謹謙虛、勤勉專一。第二套方案同樣也被孔子否定了。不過，這已經離莊子「虛」和「一」的重要觀念近了一大步，只是「端」與「勉」仍帶有人為的痕跡。在莊子的思想中，「虛」就要「虛」得徹底，「虛」得能容下萬物卻又不滯於物，做到一塵不染；而「一」，也要「一」得天地渾然一體、物我為一。所以說，「端而虛，勉而一」是「顏氏之儒」思想形成過程中的一個環節，象徵著顏回由注重外在世界向注重內心發展邁出了關鍵的一步。

由於「端而虛，勉而一」還不夠，顏回的第三個方案是「內直而外曲，

第三章　他從哪裡來

成而上比」，意思是表面上順從衛君，委曲求全，內心卻保留著君子應有之「德」。對衛君的暴行，最多只是用古人的事例旁敲側擊，以避免正面衝突。儘管如此，孔子認為這也僅僅可以保全自己的性命而已。至此，顏回的三個方案都已和盤托出，孔子這才開始引導顏回一步步走向「心齋」。

「心齋」聽起來很玄，其實就是一種類似冥想、沉思、坐禪的修煉過程。作為文人士子的代表，顏回的「心齋」，也是無數文人士子可能採用或已經採用的修煉方式，顏回的心路歷程，也是無數文人士子可能經歷或已經經歷過的心路歷程。一旦「心齋」完成，人的精神境界也就會得到相應的昇華，達至「虛室生白」，從此心中沒有了任何雜念，一片清澈明朗，也就進入了「無己」、「無功」、「無名」的理想境界。

《莊子·人間世》中顏回提出的三個方案，是一種象徵，反映出「顏氏之儒」是如何在孔子的引導啟發下，經歷了幾個階段才逐漸成熟的。每進入一個新階段，都意味著顏回在自己的修煉路程上又邁上了一個新的臺階，最終與莊子所憧憬的「無己」、「無功」、「無名」的逍遙遊世界融合為一。顏回的修煉過程，實際上也就是「顏氏之儒」發生、發展、成熟的過程。從《莊子·人間世》有關顏回的記述中，可以清楚地看到顏回思想發展的軌跡。顏回所經歷的處人、自處的心理變化過程，最終透過「心齋」而得「道」，恰恰可與莊子所表述的修德得「道」的途徑相互印證。在這個意義上，莊子思想的形成，的確與「顏氏之儒」密不可分。

其實，「顏氏之儒」對莊子的影響貫穿於《莊子》內七篇的每一篇文章之中。《莊子·人間世》透露出的是「顏氏之儒」發生發展成熟的過程，而《莊子·大宗師》的「坐忘」則從傳「道」方法上與「顏氏之儒」發生了連繫。

《莊子·大宗師》主要闡釋的是「道」的特質以及不同人得「道」的方

法，其中提出的與「心齋」有著同等重要意義的「坐忘」，也出自與顏回相關的軼事。「心齋」與「坐忘」這兩個重要的概念都與顏回有關，我們相信這一定不僅僅是一種巧合。莊子之所以對顏回情有獨鍾，一定是他的的確確接觸到了「顏氏之儒」有關修心養性得「道」的思想。

　　與《莊子·人間世》相似，顏回對「坐忘」的領悟也是在孔子的一步步引導下，分成幾個階段完成的。在這個過程中特別值得注意的是，當顏回終於完成了「坐忘」進入「墮肢體，黜聰明，離形去知，同於大通」的境界時，連孔子都感到驚奇，並當即表示「而果其賢乎！丘也請從而後也」（《莊子·大宗師》）。原本孔子是來引導顏回的，可是最終孔子竟然表示顏回已經比自己高明了，還說從此要追隨其後，這就很耐人尋味了。其中透露出的一個重要訊息就是，至此，「顏氏之儒」的思想已經成熟、完善，「顏氏之儒」也隨之正式誕生。而莊子所主張的修德、修煉方法正是直接受益於「顏氏之儒」的「心齋」與「坐忘」。

　　從莊子最重要的兩篇文章《莊子·逍遙遊》與《莊子·齊物論》中，我們也不時可以看到顏回思想的痕跡。《莊子·逍遙遊》說的是人不應該受到任何物質或精神的束縛，要放下所有讓人活得不自在的「己」、「功」、「名」，才能進入「至人無己，神人無功，聖人無名」的境界。《莊子·齊物論》闡發的是萬物一齊、道通為一的理論。開篇南郭子綦的「吾喪我」是莊子「齊論」、「齊物」的根據。而「吾喪我」本身與顏回的「心齋」、「坐忘」如出一轍，都是要滌蕩乾淨蒙在人心中由「己」、「功」、「名」積起來的厚厚塵垢，泯滅「是非」之心，才能進入逍遙遊的境界。這兩篇文章互為表裡，構成了莊子思想的核心。其中雖然沒有直接談到顏回，但顏回思想卻透過南郭子綦「吾喪我」後所進入的境界體現了出來。

　　《莊子》內篇後五篇文章，講的是莊子人生哲學在現實社會中的具體

第三章　他從哪裡來

運用與實踐。《莊子・德充符》中所說的「遊心乎德之和」是貫穿於各篇的主線。所謂「和」強調的就是無論外界有什麼樣的干擾，處於什麼樣的困境，人都應該保持心境如靜水一樣平和，也就是像顏回那樣「一簞食，一瓢飲，在陋巷，人不堪其憂，回也不改其樂」。

　　經過這一路分析下來，我們可以看到莊子學說是有著多重淵源的。除了老子之外，莊子與孔子、顏回以及「顏氏之儒」也有著盤根錯節的連繫。可以說，老子「道法自然」與「顏氏之儒」的「心齋」、「坐忘」的完美結合，加上莊子本人「其學無所不窺」的博採眾家萬物，才最終成就了中國文化史上獨特的莊子思想體系。

第四章　《莊子》這部書

莊子與《莊子》是不同的。

很可能你已經注意到《莊子》內、外、雜三十三篇文章呈現出來的,並不是一個完整統一、既有著哲人的智慧又有著詩人的敏感的莊子,而是一個近乎人格分裂的莊子,一個自相矛盾的莊子。有時他甚至會以「臣之劍,十步一人,千里不留行」的姿態現身,有點像走江湖的俠客,又有點像蘇秦、張儀那樣的策士。詭異的是,這面目各異的莊子竟然都來自《莊子》這部書。倘若莊子看到冠以他大名的《莊子》呈現出這樣一幅四不像的面孔,真不知道他是笑邪?哭邪?還是哭笑不得?

《莊子》的成書過程和流傳與《論語》迥然有異。孔子思想顯然更容易親近,上至朝廷,下到窮鄉僻壤,只要有人,孔子思想就能扎下根。特別在文人士大夫與朝廷的雙重推動下,記錄孔子言行的《論語》早早就被奉為經典,從未被質疑其中摻雜有他人的東西。

莊子就不同了。雖然後來他也被抬高了許多,但終究是草根出身,且又蒙塵多年,一代代學者考證來考證去,至今還是連莊子的生卒年、故里籍貫也沒有一個確定統一的說法。至於被文人士子當作心靈避難所的《莊子》一書,更如同其身世一樣,完全是霧裡看花。

然而,對莊子這個人的了解,又實實在在地與《莊子》這部書緊緊地連在一起。不了解這部書的來龍去脈,就不可能還原莊子,還原《莊子》一書的真相。《莊子》這部書,如同莊子本人一樣,在歷史上曾發生過不

第四章 《莊子》這部書

小的變化。要了解莊子，讀懂《莊子》，除了知人論世以外，還得從根上理一理《莊子》這部書到底是怎麼回事。

一、早期的《莊子》

最早說世上有部書叫《莊子》的，還是司馬遷。那已經是莊子死後一百多年了。司馬遷是不是認真閱讀了《莊子》一書，並逐字統計了全書的字數已不得而知。但很有可能，他只是選讀了其中幾篇，估算了一下，便根據所掌握的資料，完成了這二百餘字的莊子小傳。想來當時司馬遷絕沒料到這部書日後會產生如此巨大的影響，所以他既沒有記錄《莊子》這部書的總篇數，也沒有像為司馬相如、賈誼等人作傳那樣附上幾篇代表作，只是點了其中五篇文章的篇名而已。

我們知道，現存《莊子》三十三篇，只有內七篇是莊子本人所寫。莊子在世時以及死後相當一段時間也只有內篇這些文章行世。這一點，我們可以從《莊子》外、雜篇的一些文章中尋出些許端倪，如〈寓言〉就《莊子》體裁與內容做出的「寓言十九，重言十七，卮言日出，和以天倪」的概括，〈秋水〉對《莊子》博大精深的讚美，〈天下〉對《莊子》思想核心以及寫作風格的評論，都為後世所廣泛採用。外、雜篇中，最能直接證明當時確有一部名為《莊子》的書在世間流傳的記述，見於《莊子・天道》：

莊子曰：「吾師乎！吾師乎！䪠萬物而不為義，澤及萬世而不為仁，長於上古而不為壽，覆載天地、刻雕眾形而不為巧。」

這段話也見於現存內篇《莊子・大宗師》中：

許由曰：「吾師乎！吾師乎！䪠萬物而不為義，澤及萬世而不為仁，長於上古而不為老，覆載天地、刻雕眾形而不為巧。」

文字幾乎完全一樣。只是《莊子‧大宗師》中的「許由曰」在《莊子‧天道》中變成了「莊子曰」，我們推測，這個「莊子曰」中的「莊子」是書名而不是人名，也就說，當時的確有一部《莊子》在流傳。

〈寓言〉、〈秋水〉、〈天下〉、〈天道〉這幾篇文章的寫作年代不詳。據今人考訂，〈天下〉約成於荀子稷下講學之後、《呂氏春秋》成書之前，也就是西元前二六五年至前二三六年之間。[02] 這個說法大抵是可信的。

莊子離世時，荀子三十歲左右。荀子是讀過《莊子》的。他針對《莊子》提出了「莊子蔽於天而不知人」（《荀子‧解蔽》）的評論。顯然，在荀子所見的《莊子》版本中，並不存在司馬遷所列舉的那幾篇抨擊儒家以及孔子之徒的文章。否則的話，作為儒家的代表人物，荀子不可能只客客氣氣地說了那麼一句。換句話說，荀子所見到的《莊子》應該跟〈寓言〉、〈天道〉等幾位作者所看到的一樣，是一本「瘦身」的《莊子》，很可能只是我們現在所見到的內七篇。

荀子之後，另一個讀過《莊子》的人是韓非子。韓非子生於西元前二八〇年，卒於西元前二三三年，其出生晚於荀子約三十三年，是荀子的學生。韓非子曾就《莊子‧逍遙遊》中的「且舉世而譽之而不加勸，舉世而非之而不加沮，定乎內外之分，辯乎榮辱之境，斯已矣」說過「賞之譽之不勸，罰之毀之不畏，四者加焉不變，則其除之」（《韓非子‧外儲說右上》）這樣的狠話。如果不是讀過《莊子》，韓非子不大可能憑空冒出針對性如此之強的言論。

關於《莊子》的文章，韓非子也就直接說過這麼一句而已。但《韓非子‧解老》中有一大段文字，與《莊子‧大宗師》中那段著名的有關得「道」的描述驚人地相似。韓非子是這麼寫的：

---

[02]　王壘：〈〈莊子‧天下篇〉作者與寫作年代考〉，《安徽師範學院學報》，二〇一六年第三期。

第四章　《莊子》這部書

　　天得之以高,地得之以藏;維斗得之,以成其威;日月得之,以恆其光;五常得之,以常其位;列星得之,以端其行;四時得之,以御其變氣;軒轅得之,以擅四方;赤松得之,與天地統;聖人得之,以成文章。

　　而莊子說的是：

　　狶韋氏得之,以挈天地;伏戲氏得之,以襲氣母;維斗得之,終古不忒;日月得之,終古不息;堪壞得之,以襲崑崙;馮夷得之,以遊大川;肩吾得之,以處太山;黃帝得之,以登雲天;顓頊得之,以處玄宮;禺強得之,立乎北極;西王母得之,坐乎少廣,莫知其始,莫知其終;彭祖得之,上及有虞,下及五伯;傅說得之,以相武丁,奄有天下,乘東維、騎箕尾,而比於列星。

　　當然,我們不能排除莊子與韓非子的這兩段話都取材於上古神話傳說,甚至有著相同的來源,但令人費解的是,韓非子採用了與莊子完全相同的句式,所表述的意思也十分接近。至少可以說,韓非子的這段話明顯受到了莊子的影響。

　　此外,韓非子不少文章中提到的寓言、傳說、軼事,也同樣見於《莊子》外、雜篇中,這是不是可以說明,在韓非子時代《莊子》中就已經收錄了現存外、雜篇中的那些篇章了呢？

　　答案是否定的。《韓非子》中雖然出現了與外、雜篇中相同或相似的寓言、傳說、軼事的記載,但這些都屬於人人可用的「公共資料」。例如「解牛」的故事,莊子前後就有不少人提到,包括韓非子。另一個例子是《莊子・山木》中記述的「陽子之宋」。陽子是道家另一位著名代表人物楊朱。這一段寫的是陽子到宋國去,在旅店住宿時遇到旅店主人以及他的兩位妾的故事。韓非子〈說林上〉也有幾乎完全一樣的記載,只是「楊子」取代了「陽子」;「逆旅之父」取代了「逆旅小子」。類似的情況還有一些。這

類文字應當都取自於坊間的傳言，無法說清誰在前，誰在後，與前文提到的韓非子與莊子有關「道」的論述的雷同，性質完全不同。我們也就很難據此斷言韓非子見到的《莊子》中就已經包括了外、雜篇中的文章。

　　有必要指出的是，《莊子》外、雜篇中的一些篇章，雖然在韓非子時尚未收入《莊子》中，但並不等於這些篇章那時尚未問世。戰國時期出現的百家爭鳴盛況，不單單體現在士階層的崛起，私學興盛，諸子紛紛著書立說，相互詰難，還體現在對諸子百家言行軼事的記錄、流傳上。韓非子著作中提到的軼事舊聞，別人也有可能談及或引用。《韓非子》中記錄的這些與《莊子》外、雜篇相似的內容，與其說是與《莊子》外、雜篇有瓜葛，倒不如說韓非子曾有機會見到坊間流傳的莊子弟子、後學所撰寫的各類文章。

　　至此，我們可以說，莊子死後到韓非子之前，坊間應該有一部不包括外、雜篇的《莊子》在流傳。而司馬遷見的《莊子》有「十餘萬言」，其中原因，很可能是最初編纂《莊子》的人，只是想作一部「道家文章選」。由於出自莊子之手的文章所占比重比較大，而其他文章大部分沒有署名，或者無法獲知原作者的姓名，再加上那時沒有版權、著作權這一說，於是這部書便以《莊子》冠名了。

二、《莊子》的第二次結集

　　戰國末年的呂不韋做了一件中國文化史上了不起的大事。呂不韋原來是商人，但他後來成功轉型從政，當上了秦國的丞相。為了給秦國撐門面，他召集三千門客，要求「人人著所聞」，主持編纂了一部名為《呂氏春秋》的鉅著。這部書分為十二紀、八覽、六論，共計二十餘萬字，其內容

第四章 《莊子》這部書

囊括「天地萬物古今之事」，稱得上是戰國末年的一部鴻篇鉅製。

呂不韋主持編纂此書的本意是要以道家思想為主幹，熔名家、法家、儒家、墨家、農家、兵家、陰陽家等諸子百家的學說於一爐，想以此為秦大一統之後的主導思想做準備。正如東漢高誘所說「此書所尚，以道德為標的，以無為為綱紀」（《呂氏春秋·序》），可以說這是一部道家思想的集大成之作。當然，屬於「道德家」的莊子文章自然受到了《呂氏春秋》編纂者的極大關注。

事實上，我們今天所見的《莊子》與《呂氏春秋》有著極為密切的關係。據王叔岷〈《呂氏春秋》引用《莊子》舉證〉統計，兩部書中相同或相似的段落達五十餘處。[03] 兩相對照，《呂氏春秋》直接引用或化用《莊子》語句，所涉及的篇章有二十餘篇。其中涉及《莊子》內篇的文字，多半只限於抄錄隻言片語。如《莊子·齊物論》有：「其以為異於鷇音，亦有辯乎？其無辯乎？」而《呂氏春秋·有始覽·聽言》有：「其與人鷇言也，其有辯乎？其無辯乎？」但涉及外、雜篇的部分，往往是大段大段照抄。例如《莊子·山木》「莊子行於山中」一節三百餘字，《呂氏春秋·孝行覽》幾乎原封不動地全部抄錄下來。又如《莊子·讓王》一共只有十二段，《呂氏春秋》竟收錄了八段之多。再如《莊子·外物》中的這段：

外物不可必，故龍逢誅，比干戮，箕子狂，惡來死，桀紂亡。人主莫不欲其臣之忠，而忠未必信，故伍員流於江，萇弘死於蜀，藏其血三年而化為碧。人親莫不欲其子之孝，而孝未必愛，故孝己憂而曾參悲。

在《呂氏春秋·孝行覽》中是這樣的：

外物不可必。故龍逢誅，比干戮，箕子狂，惡來死，桀紂亡。人主莫不欲其臣之忠，而忠未必信。故伍員流乎江，萇弘死，藏其血三年而為

---

[03] 陳鼓應主編：《道家文化研究》第十輯，上海古籍出版社，一九九六年。

二、《莊子》的第二次結集

碧。親莫不欲其子之孝，而孝未必愛。故孝己疑，曾子悲。

其中只有個別詞語的差異，這還很可能是在傳抄過程中出現的錯訛。

與《韓非子》不同的是，《呂氏春秋·有始覽》抄錄的《莊子》中還直接出現了「莊子曰」的字樣：

莊子曰：「以瓦殻者翔，以鉤殻者戰，以黃金殻者殆。其祥一也，而有所殆者，必外有所重者也。外有所重者洩，蓋內掘。」

這段話也見於《莊子·達生》：

仲尼曰：「……以瓦注者巧，以鉤注者憚，以黃金注者惛。其巧一也，而有所矜，則重外也。凡外重者內拙。」

兩者文字基本相同。但《莊子·達生》中的「仲尼曰」在《呂氏春秋》中成了「莊子曰」，這裡「莊子曰」的「莊子」應指的是書名而不是人名。這也說明《呂氏春秋》中的這段話是來自《莊子》這部書的。而且，這段文字收錄在《莊子》的外篇中，這也從一個側面透露出《呂氏春秋》引用時，《莊子》這部書已經包含了現存外、雜篇中的一些篇章，也就是說，這個時候，第二次結集的包含有外、雜篇的《莊子》已經問世了。

在這一時期，誰最有可能承擔《莊子》第二次結集的使命呢？據我們的分析，荀子和韓非子，雖然其著作中有類似於《莊子》外、雜篇的內容，但是他們看到的仍然是僅有內篇的《莊子》，而《呂氏春秋》所引用的《莊子》就已經包含外、雜篇的文章了，那麼，是呂不韋或其門客為《莊子》結集的嗎？

呂不韋，約生於西元前二九二年，卒於前二三五年。《呂氏春秋》的編纂始於西元前二四七年，歷時八年才終於於西元前二三九年成書。書成之後，呂不韋拿出了他當年經商的看家本事，為這部書大為造勢，曾叫人

第四章　《莊子》這部書

把全書抄寫於布匹上，張貼在「咸陽市門」，遍請天下文人士子，號稱有任何人可增刪一字，即可獲千金賞金。（《史記・呂不韋列傳》）其聲勢不可謂不大，書的品質也不可謂不高。呂不韋及其門客的確花費了巨大心力，博採諸子百家學說，兼收並蓄，確保書的可信。

書成約一年後，荀子去世；約四年後，呂不韋去世；約六年後，韓非子去世。在《呂氏春秋》編纂初期，荀子、韓非子都還活著。這麼浩大的工程，加上呂不韋擅長的商業炒作，荀子、韓非子不可能一無所聞。假如此時，《莊子》新版本已經行世，荀子、韓非子也不會在他們的著作中隻字不提，由此可見，在《呂氏春秋》編纂之初，流行於世的還是僅有內篇的《莊子》。但是，《呂氏春秋》對《莊子》一些內容的引用，如「《莊子》曰」的出現，證明在《呂氏春秋》成書之際《莊子》已經是包含有外、雜篇某些文章的新版本了。

這樣的話，我們又一個大膽的推斷產生了。那就是說，參與編纂《呂氏春秋》的三千門客中應該有莊子弟子、再傳弟子或莊子後學，他們在參與編纂《呂氏春秋》的同時，也將收集到的與莊子有關或觀點相近的篇章，甚至有些就是他們自己撰寫的相關文章編纂在一起，結整合了一部新的《莊子》。如果這個推論成立的話，《莊子》的第二次結集應當在《呂氏春秋》編纂期間，也就是在西元前二四七至前二三九年之間。隨著新版本的《莊子》出現，莊子學說開始引起越來越多人的注意。

根據《呂氏春秋》所引用、抄錄的《莊子》篇章的情況來看，戰國末年出現的這部《莊子》還遠遠不是司馬遷所見到的那部「十餘萬言」的《莊子》，距班固著錄的五十二篇《莊子》也還十分遙遠。

三、第三部《莊子》的問世

第二次結集的《莊子》版本，早已失傳。不過，將《呂氏春秋》中涉及《莊子》的句子、段落統計下來，可知現存《莊子》的三十三篇，其中有二十六篇出現在《呂氏春秋》中，分別是內篇的〈逍遙遊〉、〈齊物論〉、〈養生主〉、〈人間世〉、〈德充符〉、〈大宗師〉、〈應帝王〉，外篇的〈胠篋〉、〈在宥〉、〈天地〉、〈天道〉、〈天運〉、〈刻意〉、〈達生〉、〈山木〉、〈田子方〉、〈知北遊〉，雜篇的〈庚桑楚〉、〈徐無鬼〉、〈則陽〉、〈外物〉、〈讓王〉、〈盜跖〉、〈漁父〉、〈列禦寇〉以及〈天下〉。《莊子》內篇的七篇在《呂氏春秋》中都有涉及，外篇中只有〈駢拇〉、〈馬蹄〉、〈繕性〉、〈秋水〉、〈至樂〉五篇不見於《呂氏春秋》，雜篇中只缺〈寓言〉與〈說劍〉兩篇。

應該說，《呂氏春秋》的編纂者的確蒐集到了當時所能見到的與莊子思想相近的全部篇章，並且將他們認為最能體現《呂氏春秋》編寫主旨的內容全部收錄於這部鉅著中。與此同時，他們又將與莊子學說相關的所有文章結集成書，這就有了第二個版本的《莊子》。第二次結集的《莊子》在漢初文人如賈誼等人的作品中都有所反映。當然，賈誼、張衡、揚雄等都是著名文學家，文學創作當然與《呂氏春秋》那樣的整段抄錄有著本質的不同。他們多是引用、借用或化用《莊子》中所表現的思想意趣，也就是後世所謂「用典」，與版本研究無關。

不過，也有一個例外，那就是張衡的〈骷髏賦〉。〈骷髏賦〉的創作靈感顯然產生於《莊子‧至樂》中「莊子之楚，見空骷髏」的故事。兩段故事的結構幾乎完全一樣，表達的思想意趣也一脈相承，只是《莊子‧至樂》更體現了哲人對生與死的洞悉、對人生存在意義的思考以及對獨立精神的嚮往，而〈骷髏賦〉則是以抒情的筆觸描繪了一個堅冰消融、春水蕩漾、無聲無形、與自然融為一體的自由世界，卻又流露出對現實社會無可奈何

第四章 《莊子》這部書

的哀嘆之情。無論如何，可以肯定的是張衡的〈骷髏賦〉源自於《莊子‧至樂》。值得注意的是，《呂氏春秋》並沒有提及的《莊子‧至樂》在張衡作品中露面了。

現存《莊子》三十三篇，《呂氏春秋》未涉及的只有七篇。這七篇中，外篇的〈至樂〉、〈秋水〉，雜篇的〈寓言〉、〈說劍〉都直接記述了莊子的言行，特別是其中的〈寓言〉篇，在莊子研究史上占有重要地位。

〈寓言〉不但精確地概括了《莊子》一書的體裁特徵，而且記載了莊子與惠子的交遊，化用了〈齊物論〉中「罔兩問景」的故事。那麼，為什麼這幾篇文章不見於《呂氏春秋》呢？推測起來，大概有兩種可能：一是當時這幾篇文章已經出現，但呂不韋的三千門客未能蒐集到，屬於「漏網之魚」；二是這幾篇文章出現於《呂氏春秋》成書之後。

《莊子》一書所收篇章由少而多，說明人們對莊子的了解越來越深，也說明莊子的影響越來越大。於是，《莊子》一書也進入了它的第三個發展階段。

漢初淮南王劉安大概是要仿效呂不韋編纂《呂氏春秋》的做法，也召集門客編了一部大書《淮南子》。《淮南子》原有內篇二十一卷，中篇八卷，外篇三十三卷，規模宏大，但現在只有內篇存世。《淮南子》援引古書之多，遠遠超過《呂氏春秋》。就拿《莊子》來說，據王叔岷統計，《淮南子》引用《莊子》之文達二百二十三條，現存《莊子》三十三篇中，僅〈說劍〉一篇沒有涉及。[04]

《淮南子》成書時間與《呂氏春秋》相隔約一百年。在這約一百年中，莊子弟子及後學的更多文章逐漸被人們發現。在編纂《淮南子》時，大量

---

[04] 王叔岷：〈《淮南子》引《莊》舉隅〉，載陳鼓應主編《道家文化研究》第十四輯，三聯書店，一九九八年。

與莊子學說相關的篇章連同之前編纂的《莊子》一起為人所收集、引用。在這樣的情況下，經劉安及門客所整理編纂的第三個《莊子》版本便出現了。

說劉安及其門客曾整理出一部新的《莊子》，有一個很有力的證據，那就是劉安曾作〈莊子解〉、〈莊子後解〉與〈莊子要略〉。遺憾的是，劉安這三部（篇）作品都遺失了。〈莊子解〉連一點痕跡都沒有留下，幸好〈莊子要略〉與〈莊子後解〉的佚文在其他文獻中還能見到，如《文選》中的張協〈七命〉李善注說：

《莊子》曰：「庚市子肩之毀玉也。」淮南王〈莊子後解〉曰：「庚市子，聖人無慾者也。人有爭財相鬥者，庚市子毀玉於其間，而鬥者止。」

《文選》中任昉〈齊竟陵王文宣王行狀〉李善注說：

淮南王〈莊子要略〉曰：「江海之士，山谷之人，輕天下，細萬物，而獨往者也。」司馬彪注曰：「獨往自然，不復顧世。」

根據上面這兩段話推測，可以知道淮南王劉安曾註解《莊子》。而要為《莊子》作注，首要的條件就是一定要有一本他自認為權威的《莊子》版本。劉安最可能使用的，當然就是他參與整理的《莊子》了。

劉安生於西元前一七九年，比司馬遷大三十四歲，卒於西元前一二二年。《淮南子》成書時，司馬遷約六歲。也就是說，司馬遷寫《史記》的時候，淮南王劉安編纂整理的《莊子》已經行世三十來年。身為太史令的司馬遷看到的「十餘萬言」包括〈漁父〉、〈盜跖〉、〈胠篋〉、〈畏累虛〉、〈亢桑子〉在內的《莊子》，應該就是劉安整理的這部《莊子》。

正是由於這部《莊子》引起了司馬遷的注意，莊子才被司馬遷寫進了《史記》，並有了那二百來字的莊子小傳，大大提高了莊子的知名度，讓人

第四章 《莊子》這部書

們對他有了更多的了解。當然，不容否認的是，與此同時，對莊子的誤解也與日俱增，使得莊子與《莊子》變得更加撲朔迷離。

四、五十二篇本的《莊子》

劉安編纂整理《莊子》，對《莊子》一書的傳播功不可沒。可是他也給我們留下了一個懸案，就是這部《莊子》究竟有多少篇？這部《莊子》是不是就是班固《漢書·藝文志》中著錄的五十二篇本《莊子》？

唯一可靠的線索，我們還是只能從《淮南子》中去尋找。

在《淮南子》全書中，只有一次提到過「莊子曰」這三個字，後面便是〈逍遙遊〉的引文。那麼，這裡的「莊子」是人名還是書名呢？如果這裡的「莊子」是書名，那為什麼《淮南子》引用《莊子》數百處，都不見標明「莊子」二字，而偏偏引用內篇首篇〈逍遙遊〉中的文字時要冠以「莊子曰」？

對於這個疑問，我們有一個大膽的假設，那就是最初僅有內篇的《莊子》版本，並沒有七篇之分，更沒有諸如〈逍遙遊〉、〈齊物論〉這樣的篇名。第一部《莊子》結集傳播期間，內篇所有文章是作為一整篇長文流傳的，這也是為什麼《莊子·寓言》、《莊子·天下》的作者以及司馬遷評價《莊子》時都沒有提到內篇的任何篇名。正因為如此，《莊子·天道》、《淮南子》才以「莊子曰」的形式引用《莊子》內篇中的話而不是「〈逍遙遊〉曰」。

這樣來看，劉安版《莊子》中的內篇還是一篇完整貫通的長文，並沒有分成今天所見的七篇。這一點，也能從外、雜篇中〈寓言〉、〈秋水〉、〈天下〉對莊子所作的總體評價，特別是司馬遷所說的「善屬書離辭，指事類情」、「其言洸洋自恣以適己」中見出端倪。就我們今天所見到的三十三

篇而言，只有內篇才擔得起如此重的分量，也最具有「洸洋自恣」的風格特色。而〈胠篋〉、〈盜跖〉、〈漁父〉等，顯然與《莊子》內篇文風不一致，〈畏累虛〉、〈亢桑子〉又「皆空語無事實」，所以司馬遷才把這五篇單獨抓了出來。

劉安版的《莊子》，加上司馬遷說的〈畏累虛〉、〈亢桑子〉，以及劉安自己作的〈莊子解〉、〈莊子後解〉、〈莊子要略〉，還有陸德明《經典釋文序錄》提到的〈閼弈〉、〈意修〉、〈危言〉、〈遊鳧〉、〈子胥〉等已經佚失的篇章，通通算在一起，仍與五十二篇的數目相距甚遠。而只有將內篇一分為七，才離五十二篇本的《莊子》近了些。那麼，這一分為七的內篇大分割又出自何人？五十二篇本的《莊子》又是如何編定的呢？一連串的問題接踵而來。

要回答這些問題，我們首先應該探索一下內七篇篇名的命名特點。

文章篇目的命名形式與語言文體的發展密切相關。先秦時期，文章篇名多取自文章的頭兩個字或者第一句話中的某兩個字，如《論語》中的〈學而〉、〈堯曰〉，《孟子》中的〈離婁〉、〈萬章〉，《荀子》中的〈勸學〉、〈非相〉等；以三個字為篇名的多為人名，如《論語》的〈衛靈公〉、〈公冶長〉，《孟子》中的〈滕文公〉、〈梁惠王〉等；或者採用文章的頭兩字加上文體，如《韓非子》中的〈內儲說〉等，這裡的「說」指的是論說文體。到了漢初，以三字為篇名的文章大量湧現，如《淮南子》中的〈原道訓〉、賈誼的〈鵩鳥賦〉、張衡的〈骷髏賦〉等，但其中的「訓」、「賦」等仍只是用於標明文體，還應視為是兩字為名的篇名。

像《莊子》內篇那樣使用高度概括內容的三個字作為文章篇名的方式，至少到劉安時期還未曾在歷史文獻中出現，而是到了西漢中晚期，伴隨著讖緯之學的流行才逐漸出現的。那麼，《莊子》內篇篇名是從什麼

第四章　《莊子》這部書

時候開始才有記載的呢？據我們現在所能見到的材料，《莊子》內篇篇名的出現，最早可追溯至班固。據唐陸德明《經典釋文》引晉崔譔的話說：「〈齊物〉七章，此連上章，而班固說在外篇。」與此可相與發明的是，《藝文類聚》也收有班固〈難莊論〉殘文。對照來看，可知班固不僅注釋過《莊子》，還論說過《莊子》。

儘管後人對崔譔這句話的具體內涵有不同的解讀，但從研究《莊子》版本流傳的角度來看，這句話所透露的資訊量相當可觀。首先，我們可以確定，當時的《莊子》內篇已經被分為七篇；其二，內七篇有了諸如〈齊物〉這樣的篇名；其三，班固注釋的《莊子》至少有了內、外篇之分。班固《漢書‧藝文志》著錄的「《莊子》五十二篇」，應該就是他注釋的這部《莊子》。

崔譔作《莊子注》直接引用班固的註文，說明崔譔是見過這個《莊子》版本的。而與崔譔同時期的司馬彪也曾作《莊子注》，據陸德明《經典釋文序錄》說司馬彪注本有二十一卷五十二篇，分為內篇七、外篇二十八、雜篇十四以及解說三篇。司馬彪的這個版本是否就是班固的版本？如果是的話，那麼，早在班固時代，《莊子》就已經被分為內、外、雜篇三部分了。

從劉安版的《莊子》到班固時的五十二篇本《莊子》，其間經過了約二百年。在這約二百年中，據史料記載，整理過《莊子》的人，只有劉向。

劉向，生於西元前七七年，卒於西元前六年，其活動時期距劉安版《莊子》成書約百年。漢成帝河平三年（西元前二六年）到漢哀帝建平三年（西元前四年），劉向、劉歆奉詔校書，編寫了官修書目《別錄》與《七略》。這兩本書是中國最早的目錄學專著，班固《漢書‧藝文志》就是在此基礎上增刪修訂而成，也就是說，班固著錄的「《莊子》五十二篇」實際上來自劉向父子。

如果說當年劉安編纂整理《莊子》時，主要是將門客所收集到的莊子以及其弟子後學的文章編纂成書的話，那麼，劉向父子受命校訂群書時，其中一項重要使命便是《莊子》的校訂。而一直單獨成章的內篇與其他篇章相比，篇幅顯然過於龐大，劉向在校訂過程中將其分篇也是情理之中的事了。劉向文學素養極高，且博覽群書，他既然能為《莊子》內篇分章，為篇章命名自然也不在話下。況且，劉向時期，讖緯之學盛行，受讖緯影響而以三字為《莊子》內七篇命名也是極有可能的。我們推測，班固見到併為之作注的五十二篇本，應該就是劉向整理的《莊子》。

　　五十二篇本《莊子》的完善，為魏晉時期出現的「莊子熱」奠定了基礎。

五、《莊子》的「瘦身」

　　《莊子》從最初的單篇文章，到戰國末期的呂氏本，再到淮南王劉安本，經劉向之手終於成為一部完整的五十二篇本。這個版本的《莊子》就是後來班固、司馬彪、孟氏注的《莊子》，應該也是唐陸德明、宋黃庭堅看到過的《莊子》。[05] 五十二篇本《莊子》的問世，宣告了《莊子》文章結集的完成。這部內容龐雜的《莊子》也成為研究莊子生平和莊學思想的最重要的資料。

　　一部《莊子》經過幾百年的逐步完善發展，直至漢末仍然沒有引起很多人的注意。《漢書·敘傳上》記載了東漢經學家桓譚向班固的伯父班嗣借《莊子》而遭拒絕一事，說明當時《莊子》的流傳範圍多麼狹窄。

　　然而到了魏晉，玄學興起，一切都變了。《莊子》被高高地抬起，成

---

[05]　黃庭堅〈致政王殿丞逍遙亭〉：「漆園著書五十二，致意最在逍遙遊。後來作者逐音響，百一未必知莊周。幽人往往泥出處，俗士不可與莊語。」

第四章 《莊子》這部書

為「三玄」之一，紅到了極點。當時的風流名士幾乎個個都是莊子的膜拜者，他們不但紛紛撰文為莊子大唱讚歌，而且將莊子特立獨行、清高孤傲、絕塵脫俗的人格精神發展到了極致。他們放浪形骸，率性任誕，縱情山水，風流不羈，形成了中國文化史上獨一無二的「魏晉風度」。隨之而來的，是《莊子》研究的興盛，各式各樣的《莊子》解讀、注本層出不窮。陸德明《經典釋文序錄》著錄了魏晉時期流行的《莊子》注本九種。在陸德明所列的《莊子》注本中，只有司馬彪與孟氏的兩種為五十二篇，而分內、外、雜篇的只有司馬彪與郭象的版本，其他注本或只有內、外篇或不分內、外、雜篇，或語焉不詳。

這是一個很有趣的現象。同一部書被分為三類大約始自《淮南子》，《淮南子》就有內篇、中篇、外篇之分。劉安雖然編纂整理過《莊子》，卻並沒有將《莊子》劃分為內、外、雜篇，這從司馬遷談及《莊子》時，所列舉的「〈漁父〉、〈盜跖〉、〈胠篋〉」三篇的排列順序上可見一斑。

〈漁父〉、〈盜跖〉見於雜篇，〈胠篋〉在外篇。倘若司馬遷時《莊子》已有內、外、雜篇區分的話，〈胠篋〉應當排在〈漁父〉、〈盜跖〉之前。

近百年之後，劉向定《莊子》為五十二篇，班固所看到的應該就是這個版本。約兩百年之後的司馬彪作《莊子注》，全書五十二篇，並分為內、外、雜篇，想必他承襲的應該就是劉向所整理的版本。由此也可推知，《莊子》分內、外、雜篇應當也出自劉向之手。

劉向將《莊子》分為內、外、雜篇，一定程度上透露出他對《莊子》文章孰重孰輕的傾向性。陸德明著錄的魏晉時期《莊子》注本，除司馬彪與孟氏的《莊子注》外，其餘都更像所謂「選本」。在《莊子》紅極一時的魏晉，大多注家只注「選本」而不注全本，這個取捨現象本身也很能反映出注者對每一篇文章真偽的判斷與態度。

五、《莊子》的「瘦身」

五十二篇本《莊子》唐代尚存。陸德明《經典釋文序錄》有一段話對了解《莊子》一書的流傳過程十分重要：

然莊生弘才命世，辭趣華深，正言若反，故莫能暢其弘致；後人增足，漸失其真。故郭子玄云：「一曲之才，妄竄奇說，若〈閼弈〉、〈意修〉之首，〈危言〉、〈遊鳧〉、〈子胥〉之篇，凡諸巧雜，十分有三。」《漢書·藝文志》「莊子五十二篇」，即司馬彪、孟氏所注是也。言多詭誕，或似《山海經》，或類《占夢書》，故注者以意去取。其內篇眾家並同，自餘或有外而無雜。唯子玄所注，特會莊生之旨，故為世所貴。

陸德明首先從莊子其人才華蓋世、其文深邃隱晦的特點說起，指出後人對《莊子》進行增刪而失真的主要原因所在。然後特別肯定了郭象（字子玄）三十三篇注本的價值，認為郭象是最理解莊子思想意旨的，因而他的注本也最為世人所器重。在郭象看來，五十二篇本中〈閼弈〉、〈意修〉、〈危言〉、〈遊鳧〉、〈子胥〉等屬於「妄竄奇說」、「凡諸巧雜，十分有三」，就是說郭象已經意識到《莊子》中十分之三的篇幅屬於「偽作」，因而將其刪除。被郭象刪去的這些篇章，陸德明是看過的，所以他才說其「言多詭誕，或似《山海經》，或類《占夢書》」。所謂「注者以意去取」，指各位注家根據自己對莊子的理解，對五十二篇文章進行了篩選。顯然，這是《莊子》版本史上第一次對《莊子》的辨偽活動。「內篇眾家並同」，說明內篇出自莊子之手是大家公認的，同時這也從一個側面證實，《莊子》內篇原本就是一篇連貫而下的文章，即便被分成了七篇，也無法把其中任何一篇劃到外篇或雜篇去。因此我們可以說，魏晉時期各注家對五十二篇本《莊子》的篩選，實際上是一個「去偽存真」的過程。

陸德明對當時的主要選本進行了比較，特別是比較了最為流行的司馬彪五十二篇本與郭象三十三篇本，他最為推崇的還是郭象本。稍後，另一

位莊子研究大家成玄英又為郭象《莊子注》作《莊子疏》。有了這兩位大學者的「背書」，三十三篇本《莊子》遂廣泛流傳，而五十二篇本從宋代開始便逐漸失傳了。從此，一般莊學家都將《莊子》三十三篇文章的著作權全部歸屬於莊子。

如果說，劉向在莊學史上發起了第一次「革命」，那麼，魏晉時期眾多《莊子》注本特別是郭象《莊子注》的出現，形成了莊學史上的第二次「革命」。經過這一次「辨偽」，《莊子》中有十九篇文章被剔除，《莊子》一書也「瘦身」了，今天我們所看到的《莊子》就是郭象所刪定的版本。

六、蘇軾點明真相

郭象本《莊子》三十三篇就真的全部出自莊子之手嗎？其中是否仍然存在「偽作」？直到北宋年間，才有人終於出來點明真相。

他，就是大名鼎鼎的蘇軾。

蘇軾並沒有注過《莊子》，也沒有專門寫過有關《莊子》的文章。但蘇軾對《莊子》的領悟可稱得上是古今第一人。打個比喻，別人是把《莊子》裝在腦子裡，體現在自己的文字中，失意時便用《莊子》來安慰自己，在驚濤駭浪中找到一個避風港，一塊寧靜地。蘇軾不是。蘇軾是把《莊子》融化在了血液裡，體現在他獨自的精神世界中。讀蘇軾詩文，恍然間，有一種時隔千年之後，莊子靈魂、精神再現的感覺。蘇軾稱得上古往今來得《莊子》真髓的第一人，他那些膾炙人口的詩、文、詞，無不滲透著莊子精神！

成就蘇軾者，莊子也；成就莊子者，蘇軾也。

所以，當蒙城縣令祕書丞王兢建莊子祠堂請蘇軾作記時，蘇軾憑著他

對《莊子》的獨特領悟，糾正了司馬遷說莊子「詆訾孔子之徒」的傳統說法，提出莊子對孔子是「陽擠而陰助之」的見解，並由此指出：

> 然餘嘗疑〈盜跖〉、〈漁父〉，則若真詆孔子者。至於〈讓王〉、〈說劍〉，皆淺陋不入於道。

蘇軾認為〈讓王〉、〈盜跖〉、〈說劍〉、〈漁父〉四篇文章是竄入《莊子》中的偽作。雖然蘇軾並未就此展開深入的考證與探討，但是，從蘇軾開始，莊學界小心翼翼地開始了對《莊子》文章的辨偽考訂。經過眾多學者從莊子思想體系、文字風格以及材料運用等多方面的辨析，特別是近代學者在傳統義理考據研究成果基礎上，廣泛採用了新的研究方法包括時代驗證、詞彙發展使用考訂等，已基本確定《莊子》內篇為莊子所作，外、雜篇為莊子弟子、後學以及道家學派其他成員所作。至此，有關《莊子》內、外、雜篇文章辨偽問題總算以達成以上共識而告一段落。

蘇軾對《莊子》版本研究所做出的又一個貢獻是，他還對《莊子》的「分章名篇」提出了一個重要看法：「凡分章名篇，皆出於世俗，非莊子本意。」認為把《莊子》一書分成章節並加上篇名，都是莊子之後「世俗」之人所為，並非莊子本意。蘇軾的這個看法，主要是基於〈寓言〉篇末的「陽子居西遊於秦」一段到〈列禦寇〉開篇「列禦寇之齊」一段語義、文氣相連，他認為這應該是一篇文章，不應分開。蘇軾的這個論據顯然有失偏頗。特別是根據近現代《莊子》的研究成果，證明三十三篇文章完整連在一起絕無可能。而且外、雜篇不但不是莊子本人所作，而且也不是出自一人一時。無論如何，蘇軾提出的有關「分章名篇」的看法的確為解讀《莊子》開闢了一條新的思路，極具啟示意義。

蘇軾啟發我們去思索，在現存分內、外、雜篇的三十三篇《莊子》本以外，莊子在世時，是否曾存在一部不分章、沒有篇名的《莊子》版本？如

果內篇原本就是七篇文章,按照晚出的外、雜篇的命名方式,其篇名依次當為「北冥」、「南郭子綦」、「有涯」、「顏回」、「兀者王駘」、「知天」、「囓齒」才是。然而,我們現在所見的內篇篇名,雖高度概括了每一篇文章的內容,可是篇名三字卻全然不見於文章之中。那麼,那位精通《莊子》、深諳莊子心思的大手筆,既然能給內七篇命名,為什麼不能以同樣的方式給後二十六篇(或者四十五篇)也取一個精當且高度概括的篇名?

我們認為其中一個最大的可能性就是為內篇命名者是先將內篇「分章」而後才「名篇」的。也就是說《莊子》內七篇原本並不「分章」,實為一篇。

七、內七篇的本來面貌

內七篇最初真的只是連貫而下的一篇長文嗎?這是我們這一章最需要還原的問題。

在談論五十二篇本《莊子》時,我們已經從內七篇篇名出現的時間、先秦時期文章篇名的命名特點及方式,說明內七篇最早是以一篇長文行世的。除了這些從考據角度來看的證據外,內篇所表述的思想內容之間的內在邏輯以及行文的組織結構、段落之間的銜接方式也可以成為內篇是一篇文章的重要依據。

首先,我們看〈逍遙遊〉與〈齊物論〉之間的行文關係。〈逍遙遊〉在文章結構上存在一個很大的疑問,就是為什麼莊子解釋了「神人無功」與「聖人無名」,卻閉口不談「至人無己」?

〈逍遙遊〉是內篇的首篇。開篇便是「水擊三千里」、「搏扶搖而上者九萬里」的氣勢磅礡的鯤鵬,繼之寫「決起而飛」、「翱翔蓬蒿之間」的蜩、學鳩與斥鴳,然後又大力渲染「舉世而譽之而不加勸,舉世而非之而不加

沮」的宋榮子、「御風而行，泠然善也」的列子，經過這層層鋪排，最終落在這一系列動物、植物、人物都屬於「猶有所待者也」上。也就是說他們都算不上「逍遙遊」。莊子真正所要表述或者傳達的思想只是這幾句而已：

  若夫乘天地之正，而御六氣之辯，以遊無窮者，彼且惡乎待哉！故曰：至人無己，神人無功，聖人無名。

  「天地之正」是自然，「六氣之辯」還是自然，至人、神人、聖人放下了身上的「己」、「功」、「名」重負，與自然融為一體。人在「無己」、「無功」、「無名」之後就沒有了任何執念，不會糾結於任何結果，一切順應自然，遊於「無窮」，這才是「無待」的境地，也才是「逍遙遊」的世界。這幾句話，不但是莊子「逍遙遊」思想的精髓，也指出了進入「逍遙遊」境界的途徑，自然也成為莊子後文所要闡發的起點。

  於是，莊子以「堯讓天下於許由」以及「堯治天下之民，平海內之政，往見四子藐姑射之山，汾水之陽，窅然喪其天下焉」解釋什麼是「聖人無名」。又以藐姑射之山神人解釋「神人無功」。此後，按照行文的邏輯，當解釋「至人無己」才是。奇怪的是，內篇中闡釋最多、也是莊子最為關心的「至人無己」在〈逍遙遊〉中卻不見了著落。接下去的兩段，是莊子與惠子有關「用大」的爭辯。然而倘若跳過這兩段，進入〈齊物論〉，不難發現，〈齊物論〉開篇寫的南郭子綦「吾喪我」以及「三籟」一段，正是呼應「至人無己」而來。所謂「己」，就是南郭子綦「嗒焉似喪其耦」的「耦」、「今者吾喪我」的「我」以及後文所說的「成心」。而喪「我」的南郭子綦，正是一位「無己」的至人。如果說「聖人無名」的境界是「窅然喪其天下焉」，「神人無功」的境界是「孰肯以物為事」，那麼，「至人無己」的境界就是「喪我」的「天籟」之境。至此，莊子才將他的「逍遙遊」思想闡述、發揮完整，為「至人無己，神人無功，聖人無名」做了清晰的界定。

第四章　《莊子》這部書

　　至於現存〈逍遙遊〉最後莊子與惠子關於「用大」的兩段文字，不僅思路與行文上與上文不相連貫，銜接突兀，更重要的是，古時「子」為後學對師長的敬稱。而在《莊子》中，莊子是以「莊周」或「周」自稱的，不可能自稱莊子。因此，我們認為，這兩段之所以被編纂於〈逍遙遊〉中，有兩種可能：一是莊子後學在整理莊子文集時，認為這兩段與「宋人資章甫而適諸越，越人斷髮紋身，無所用之」相呼應，因而移入；二是為內篇「分章名篇」者感覺難以將〈齊物論〉中南郭子綦與「三籟」一段全部劃入〈逍遙遊〉中，而如果在「堯治天下之民……窅然喪其天下焉」處作結，「至人無己」在〈逍遙遊〉中便全然無解，於是移入此二段來解說「至人無己」。殊不知，如此編纂，不僅使這兩段文字成了「附贅縣（懸）疣」，也破壞了〈逍遙遊〉的整體結構與行文的完整。

　　除了〈逍遙遊〉與〈齊物論〉外，其餘各篇之間都存在原文連線而被切割的痕跡。如果我們將七篇文字連在一起讀的話，不難發現，從「北冥有魚，其名為鯤」開篇，到「南海之帝為儵，北海之帝為忽，中央之帝為渾沌。……日鑿一竅，七日而渾沌死」作結，從行文到思想邏輯，內七篇構成了一個不可分割的整體。從行文上說，「渾沌之死」的故事以南海呼應〈逍遙遊〉的「南冥」，以北海呼應「北冥」，以「渾沌」呼應那個「培風背，負青天」、「將圖南」的大鵬，文章首尾環環相扣，不僅表述了莊子所憧憬的理想世界的幻滅，而且也透露出了莊子對人間世「卜梁倚」一類君主的絕望，以及他對人類歷史發展與現實世界的深刻思索。而在思想邏輯上，「從〈逍遙遊〉到〈應帝王〉，莊子從純精神的逍遙遊境界最終回到了實實在在的現實社會，並把改變社會現實的希望重新放在了帝王身上，呼喚帝王回歸『無為名屍，無為謀府；無為事任，無為知主』的『泰式』時代，卻又不得不以『渾沌之死』這個充滿悲劇性卻又荒誕的結局結束《內篇》是極富深意的。一方面，說明莊子哲學的落腳點並不是如人所誤解的那樣，只

是在追求一種純精神的逍遙遊；另一方面，也說明莊子已經深刻地了解到當今之社會已如『渾沌之死』一樣無法挽救」。[06]

據此，我們是否可以說，從內篇文章的內容表述、邏輯論證以及行文的起承轉合等幾個方面來看，《莊子》內篇最初是以一篇文章的形式流傳於坊間的，直到劉向整理《莊子》，內篇才被「分章名篇」了。這樣，也就解釋了為什麼內篇文章與《莊子》外、雜篇有著明顯的不同，而且一直以來都是以一個相對獨立的「單元」隨著《莊子》一書流傳。

總之，從《莊子》內篇的單獨行世，到呂不韋及其門客的第一次編纂，到劉安版《莊子》的出現，劉向對《莊子》內、外、雜篇的劃分及分章名篇，再到郭象的去偽、蘇軾的真相揭示，直到今天有關《莊子》一書來龍去脈的一系列的考訂，兩千多年來，莊子與《莊子》經歷了無數的風風雨雨。無論如何，只有《莊子》內篇，才是莊子思想的集中代表，才是莊子思想的承載者，也只有透過內篇，我們才可以了解、認識一個真實的莊子與《莊子》。

---

[06] 王景琳、徐匋：《莊子的世界》，中華書局，二〇一九年版。

第四章 《莊子》這部書

第五章　致意最在逍遙遊

　　「逍遙遊」是中國文化史上最令文人士子嚮往的一種境界。一部《莊子》以「逍遙遊」開篇，整個內篇都緊緊圍繞著這個中心點向四面放射出去。「逍遙遊」包含了莊子對人生、處世，特別是生存的深刻思索，寄寓了他對一個理想、完美世界的憧憬，表現了他對尋找安身立命的精神家園的終極追求。「逍遙遊」，可以說是開啟莊子學說奧祕的一把鑰匙，是了解莊子心路歷程的起點。不了解「逍遙遊」的理想，是很難真正明白莊子所經歷的極度的孤獨、寂寞與痛苦，也很難理解他對現實的徹底的否定、絕望與憤激。

　　但具體來說，怎樣才是「逍遙遊」？誰又能「逍遙遊」？「逍遙遊」的境界又是怎樣的呢？就像對莊子思想的理解一樣，一千個人讀《莊子》，莊子就會呈現出一千種面貌。對「逍遙遊」的理解也是如此。儘管可以「仁者見仁，智者見智」，每個人有每個人的理解，但歸根結柢，這畢竟是莊子的思想，我們還得先了解莊子本人到底是怎麼說的，不是嗎？

一、「逍遙」與「遊」

　　說起來很有意思，「逍遙遊」，作為莊子學說中如此重要的一個概念，又是《莊子》第一篇的標題，這三個字連用不僅在〈逍遙遊〉一文中從未出現過，在整個內篇甚至外、雜篇中也不見蹤跡。除了外篇〈天運〉中「古之至人，假道於仁，托宿於義，以遊逍遙之虛……逍遙，無為也」的「遊

第五章　致意最在逍遙遊

逍遙」，似乎與我們所熟悉的「逍遙遊」最為接近以外，《莊子》一書中只有〈逍遙遊〉的篇目用到了這三個字。

所以要理解「逍遙遊」，我們就不得不先把《莊子》一書中出現的「逍遙」與「遊」這兩個詞各自抓出來，從特定的語境中，去領悟其內涵與意義。

「逍遙」這個詞語並不是莊子的發明。早在《詩經》中就有「所謂伊人，於焉逍遙」、「羔裘逍遙，狐裘以朝」、「二矛重喬，河上乎逍遙」了。屈原〈離騷〉中有「折若木以拂日兮，聊逍遙以相羊」，〈哀郢〉中有「去終古之所居兮，今逍遙而來東」這樣的句子。《詩經》中的「逍遙」多是描述人悠然閒適、緩慢從容的樣子，而屈原的「逍遙」則帶有漂泊遊蕩的意思在內。這裡的「逍遙」描述的都是人的行為，而不是人的內心境界。

「逍遙」這個詞第一次現身於《莊子》，是在〈逍遙遊〉最後一節莊子與惠子的對話中。惠子用一棵大椿樹比喻莊子的學說，說這樣的樹「大而無用」，無法為世所容。莊子回答道，你與其為大樹的無用而操心，不如把這棵大樹種在「無何有之鄉，廣莫之野」，然後「彷徨乎無為其側，逍遙乎寢臥其下」，這樣的話，大樹雖然無用，卻不會因受斧頭砍伐而夭折，也不會受到任何其他東西的傷害，也就不會有任何困苦了。這裡所說的「彷徨」與「逍遙」意思相同，都是無拘無束、無為自得的意思。

「逍遙」第二次在《莊子》中出現，是〈大宗師〉中子桑戶死那一段。子桑戶死了，他的朋友孟子反、子琴張「臨屍而歌」，又是鼓琴，又是唱，這讓受孔子派遣前來幫忙辦理喪事的子貢大感困惑，也十分反感。他憤怒地指責了二人。子貢回去向孔子彙報，對孟子反、子琴張的所作所為大加指責。沒想到孔子倒先檢討了自己，說自己原本就不該派子貢去幫忙，並特別指出孟子反等人都是逍遙自在地遊於塵世之外、自然無為之境

一、「逍遙」與「遊」

的人，自然不會遵循世俗的禮儀。

《莊子》內篇中只有以上兩段講到「逍遙」。此外，「逍遙」這個詞還見於〈天運〉：「古之至人，假道於仁，托宿於義，以遊逍遙之虛……逍遙，無為也。」〈達生〉：「子獨不聞夫至人之自行邪？忘其肝膽，遺其耳目，芒然彷徨乎塵垢之外，逍遙乎無事之業，是謂為而不恃，長而不宰。」〈讓王〉：「日出而作，日入而息，逍遙於天地之間，而心意自得。」

在《莊子》語境中，「逍遙」的意思很明確，那就是無為自得，不刻意，不勉強，不違逆於本心，不糾結於俗務，順應自然，隨遇而安，悠然閒適。莊子的「逍遙」與《詩經》、《楚辭》中「逍遙」的最大不同在於，莊子看重的不是人漫步、遊蕩的行為，而是人內心的無羈無絆，純粹無物，是內心不受任何束縛的逍遙。用現代中文來說，就是人的精神自由無障礙。「逍遙」，是一種心境。

而「遊」卻是動態的。「遊」是一種行為方式、一種活動方式，也是一種處世方式。在《莊子》中，「遊」的概念比「逍遙」更為重要。從語法的角度來看，「逍遙」是修飾語，是修飾「遊」的。就詞義表達來說，「逍遙」表示「遊」的狀態，「遊」才是「逍遙」的落腳點，是「逍遙」的目的。在《莊子》中，「逍遙」一詞一共出現了六次，而「遊」卻出現了近百次。除去用於表示游泳、遊學、遊覽的十幾處以外，大多指的是遨遊、優遊、遊心、處世的意思。如〈養生主〉中的「以無厚入有間，恢恢乎其於遊刃必有餘地矣」，〈人間世〉中的「若能入遊其樊而無感其名，入則鳴，不入則止」，〈德充符〉中的「遊於羿之彀中」、「今子與我遊於形骸之內」，都是指人與萬物、人與這個世界打交道的行為方式，有遊世的意思。但莊子的「遊」又不僅僅是一種行為方式，更是一種精神或思維活動的方式，如〈逍遙遊〉中的「若夫乘天地之正，而御六氣之辯，以遊無窮者」，〈齊物論〉

第五章　致意最在逍遙遊

中的「乘雲氣，騎日月，而遊乎四海之外」、「無謂有謂，有謂無謂，而遊乎塵垢之外」，〈大宗師〉中的「彼方且與造物者為人，而遊乎天地之一氣」等。「遊」是莊子人生哲學中的一個重要理念，也是莊子獨創的一種處世方式。當「遊」與「逍遙」結合在一起的時候，一種「逍遙遊」的獨家品牌也就隨之問世了。

莊子的「逍遙遊」，本質上就是以不受拘束的「心」隨心所欲地「遊」於現實、精神、意念中的各種境地，沒有禁區，沒有限制，無往而不「遊」，無境不可「遊」。也就是說，莊子並不主張人去有意地避世逃世，而認為人是可以「遊」於現實社會之中的，但在精神上又要「遊乎塵垢之外」，保持自己人格的獨立自在。值得一提的是，莊子的「逍遙遊」與近代西方所倡導的「自由」表面上看似乎有那麼幾分相似，但其內涵卻完全是莊子的，是中國文化特有的，與西方「自由」概念的語境完全不同。

通覽《莊子》全書，我們知道莊子本人並沒有把「逍遙遊」三字連用，那麼，是誰把「逍遙」與「遊」撮合在了一起？這個已經成為莊子研究中的關鍵詞又是怎麼來的？

這大概就要歸功於整理出五十二篇本《莊子》、並且為內篇分章名篇的劉向了。應該是劉向在整理《莊子》的過程中，看中了〈逍遙遊〉中「逍遙乎寢臥其下」與「以遊無窮」這兩句最能概括莊子思想的句子，從中提取出「逍遙」與「遊」這兩個關鍵詞，組合在一起，並以「逍遙遊」為《莊子》內篇第一篇命名。從此，這個並非出自莊子，卻最能代表莊子思想的「逍遙遊」便與莊子結下了不解之緣，成為莊子思想最具代表性的概括。

二、被誤讀的鵬

　　要說透莊子的「逍遙遊」，我們還得把話題扯得遠一點，來個不大不小的「撥亂反正」、「正本清源」。我們都知道〈逍遙遊〉中最受矚目的，莫過於大鵬。鵬，一直是人們心目中「前程遠大」的象徵。誰不希望自己的子孫後代，鵬程萬里，大有作為！可是，如此勵志的鵬真的就是莊子的本意嗎？如果不是，莊子的鵬又怎麼會成為今天這個樣子？

　　溯其源頭，還得從莊子剛紅起來的魏晉時期說起。那時，有七個文人名氣很大，他們常常聚在竹林肆意歡宴，世稱「竹林七賢」。這七人都熱衷於讀《莊子》，尤以阮籍為甚。阮籍有一點像〈大宗師〉中的意而子，早年跟所有文人士子一樣深受仁義道德的薰染，日子久了，他覺得這樣活得很不自在，於是改換門庭，崇拜上了莊子，還頗有心得地寫下了〈達莊論〉、〈大人先生傳〉兩篇與莊子靈犀相通的文章。單是瞥一眼這兩篇的題目，便可嗅到濃濃的《莊子》氣味了。受阮籍影響，他的從孫阮修也喜歡讀《莊子》。不過，阮修跟阮籍比起來，眼光差得可不是一星半點。阮籍看到的是莊子「萬物一齊」、「死生為一貫」（〈達莊論〉），欣賞的是莊子淡定坦然、無拘無束的「逍遙遊」。可是阮修讀《莊子》卻讀得走了眼，迷上了大鵬起飛時攪得天翻地覆、海浪滔天的巨大排場，還特意寫了篇〈大鵬贊〉，讚美大鵬「志存天地，不屑唐庭」，把莊子的鵬與志向遠大、要幹一番驚天動地的大事業硬扯到一起。阮修的心思其實很明瞭，他盼望的就是「好風憑藉力，送我上青雲」。

　　阮修算不上名家，所以他的話自然也沒引起多大的反響。但數百年之後的唐代，大詩人李白也格外垂青莊子的鵬，結果可就大不一樣了。青年時代的李白以他對莊子的獨特感悟，寫出了「大鵬一日同風起，扶搖直上九萬里。假令風歇時下來，猶能簸卻滄溟水。世人見我恆殊調，聞餘大言

第五章　致意最在逍遙遊

皆冷笑。宣父猶能畏後生，丈夫未可輕年少」（〈上李邕〉）這樣雄心勃勃又頗有幾分狂妄自大的詩句，為莊子的鵬抹上了一層嶄新的色彩。中年之後，李白偶讀阮修〈大鵬贊〉，有感於其文辭粗淺鄙陋[07]，再次激發起創作靈感，重作〈大鵬賦〉，以大鵬自喻，極盡鋪張地描繪大鵬豪氣沖天、無所拘束、自由自在的神采。唐代的李白，對莊子的感悟顯然浸透盛唐的少年氣概，帶著一種雄壯的盛唐氣象。李白儘管如此欣賞莊子，卻始終未能參得莊子之「三昧」，他一直懷著「一生欲報主，百代思榮親」（〈贈張相鎬二首〉其一）的志向，嚮往的是功成身退，「苟無濟代心，獨善亦何益」（〈贈韋祕書子春〉），而他筆下的大鵬則成為他遠大抱負與豪邁氣概的象徵。

自此，大鵬便徹底偏離了莊子設想的航線，沿著阮修、李白指引的方向，飛進了一代代人的心裡。這樣的大鵬當然是很勵志的，對有抱負的青年才俊有著很強的鼓動性，於是乎，李白再創造的大鵬，便成了眾人追捧的偶像。

不過，這樣的大鵬絕非莊子〈逍遙遊〉中原生態的大鵬。就像《莊子》外、雜篇中的一些文章一樣，貌似莊子，骨子裡的精氣神卻差得遠了。

莊子的大鵬，是用來解說「逍遙遊」思想的。〈逍遙遊〉開篇，莊子便以極大的聲勢說北海有條叫鯤的魚，後來變成了有幾千里之大的鵬鳥，奮起一飛，翅膀便如同遮天蔽日的雲層。大鵬花費如此大的氣力，費盡周折，飛得這麼高，這麼遠，看起來很像莊子是要借大鵬讚頌遠大理想，或者是要教人蓄勢以待，有朝一日噴薄而發。可是這還真不是莊子的本意。南冥，與鯤鵬原本居住的北冥並沒有什麼兩樣。只不過一個在北方，一個在南方。莊子引經據典，一會兒說大鵬憑藉著扶搖而上的颶風，飛向九萬里高的天空；一會兒說天空中的遊氣、塵埃，都是大自然中的生物以氣息

---

[07]〈大鵬賦〉：「及讀《晉書》，睹阮宣子〈大鵬贊〉，鄙心陋之。」

相互吹拂。他又說我們所見到的湛藍的天空就是天本來的顏色嗎？還是因為天太高遠無法看到天的盡頭？而大鵬在九萬里之上向下看，是否也有同樣的感受？說了半天，莊子終了也沒有交代這「水擊三千里」的大鵬是不是真的飛到了南冥。如果僅僅到此為止的話，鯤鵬的形象的確很容易被人誤讀為阮修、李白心目中的大鵬。可是莊子的智慧也正在這裡。他輕輕鬆鬆地就把我們都帶了進去。原來，他把大鵬之飛渲染得如此聲勢浩大，讓大鵬顯得氣場十足，並不是要為我們樹立什麼楷模，什麼典範，他真正要說的是，別看大鵬如此龐大，僅僅憑藉牠的一己之力，是無法飛上九天的。一旦離開了海運的大風，大鵬就算再奮力地「怒而飛」，也無法逃脫跌下來的命運。可見，莊子心目中的大鵬只是個悲劇的象徵。大鵬雖大，卻無時無刻不受環境的約束，不得不依賴他人和外物而生存，為外力所左右。

遺憾的是，很多人都被莊子這種刻意製造的假象矇騙了，誤把莊子使用的「道具」當成了「主角」，甚至誤認為莊子是以大鵬寄託其逍遙遊理想的。就連對《莊子》研究頗有心得的郭象也沒能逃脫莊子這種「正言若反」或者是「反言若正」的慣用「圈套」，說高飛九萬里的大鵬與撲棱在樹叢間的蜩與學鳩、斥鷃等，都是逍遙遊的代表。[08]

三、南徙的鯤鵬逍遙嗎？

莊子在〈逍遙遊〉中費盡心思地為鯤鵬造勢，卻既不把鯤鵬說成是逍遙遊者，也不認為「鯤鵬之遊」就是「逍遙遊」。這真的很令人費解。如此

---

[08] 劉義慶《世說新語・文學》劉孝標注引：「向子期、郭子玄逍遙義曰：『夫大鵬之上九萬，尺鷃之起榆枋，小大雖差，各任其性，苟當其分，逍遙一也。然物之芸芸，同資有待，得其所待，然後逍遙耳。』」

第五章　致意最在逍遙遊

氣勢磅礴的大鵬，振翅一飛，便「水擊三千里」，直上九萬里高空，這難道還不足以成為「逍遙遊」的典範？還算不上是「逍遙遊」嗎？莊子究竟想要說什麼？

其實，這正是莊子的獨特之處。他很少直截了當地表述他的意思。莊子最擅長的是正話反說，反話正說。所以讀《莊子》，一定要有高超的閱讀技巧，要善於從他的話中讀出話外音來。

就說這個鯤吧。鯤，原本是一個小小的魚卵，生活在北冥，但牠不滿足於自己的渺小，也不甘心一輩子只有魚的形骸，於是決意脫胎換骨，蛻變為大鳥鵬，要遷徙到享有「天池」美譽的南冥去。但是，鵬並不能憑藉自己的力量飛到南冥，「是鳥也，海運則將徙於南冥」。顯然，這裡的「海運」兩字並不是莊子隨隨便便就放在這裡的，而是說你這隻鳥無法憑藉自己的力量成行，你還得等待時機，等著海運的大風。這個「則」字很重要，它強調了鵬起飛的條件，唯有「海運」的大風才能保證鵬的遠行。甚至就是海運的大風真的到了，鵬也不能輕而易舉一撲稜翅膀就飛起來，還得拚足了力氣「怒而飛」、「水擊三千里」才行。一個「怒」字，一個「水擊三千里」，充分表明鵬之行既不「逍遙」，也不輕鬆，是要經歷一番驚心動魄的打拚才能成行。讓我們再來看看莊子描述的鵬此行所用的所有動詞，「怒而飛」的「飛」，「徙於南冥」的「徙」，「水擊」的「擊」，「摶扶搖而上者」的「摶」和「上」，「去以六月息者也」的「去」和「息」，「而後乃今培風」的「培」，「負青天」的「負」，「乃今將圖南」的「圖」等，通通與「逍遙遊」無關，可見莊子並不看好鵬的遠行，對鵬的「南徙」並不以為然，更完全沒有把鵬之行業作「逍遙遊」來設定或構想。

因此，莊子一方面特別突顯了鵬對大風的依賴，「風之積也不厚，則其負大翼也無力，故九萬里則風斯在下矣。而後乃今培風，背負青天而莫

之夭閼者，而後乃今將圖南」[09]。意思是說鵬無法依靠自身的力量自然而然地振翅高飛，不但起飛時必須憑藉海運產生的大風，就是飛上了九萬里高空，也需要有強而有力的大風托舉，騎在大風背上，才能向南飛行。這就很清楚了。鵬大是大，卻並不獨立自在，能否飛，如何飛，都不能隨心所欲，一切都必須藉助於外在的力量才行。另一方面，莊子對南冥之行的意義也表示了質疑。鯤在化為鵬之前，偏居北冥一隅，只能自下而上仰視天空，「天之蒼蒼，其正色邪？其遠而無所至極邪」，蒼蒼茫茫的藍天，那是天的本來顏色嗎？還是因為天太高遠我們無法看到天的本來面貌？化身為鵬之後，飛上了九萬里的高空，終於可以自上往下看了，卻發現原來天上地下並沒有什麼兩樣：「其視下也，亦若是則已矣。」可見莊子其實是要告訴我們的是，折騰出如此大動靜的南冥之行，原來毫無意義。對於鯤鵬的行為，莊子是否定的。這裡莊子貌似給了我們一個「逍遙遊」的人設，然後卻又把這個人設徹底打破，把鵬既不「逍遙」，也無法「遊」的真實面目一層層地剝給我們看。

　　莊子另一個重要的思想「齊大小」，也讓他認為鯤鵬之舉並不「逍遙」。「天下莫大於秋毫之末，而太山為小；莫壽於殤子，而彭祖為夭。」（《莊子·齊物論》）在莊子看來，大與小都是相對的，大小之間並無根本的區別。世上無所謂大，也無所謂小。大，可以逍遙；小，同樣也可以逍遙。鯤在化而為鵬之前，不可謂不小；化而為鵬之後，又不可謂不大。但是小也好，大也罷，鯤與鵬都得依賴外力，因而也就都不逍遙。反而是天空中飄浮的遊氣與塵埃，這些幾乎看不見的微小的東西，卻能輕輕、不著痕跡、順應自然地在空中飄動，「野馬也，塵埃也，生物之以息相吹也」。遊

---

[09] 王景琳、徐匋《莊子的世界》：歷來為〈逍遙遊〉斷句者，都認為「而後乃今培風背負青天而莫之夭閼者」中的「背」字下屬下句。其實，把「背」字屬上句，文理才更完整。這一句的句讀應該是：「而後乃今培風背，負青天而莫之夭閼者，而後乃今將圖南。」中華書局，二〇一九年，第九頁。

氣、塵埃與鵬，看起來，完全無法相提並論，可是莊子卻說，無論大小，它們所見的完全一樣，沒有什麼分別。這就是「齊大小」的眼光！所以千萬不要認為「培風背，負青天」、「搏扶搖而上者九萬里」的鵬就是最厲害的，是自由自在的，是活出了真我。恰恰相反，鯤鵬的命運，其實更像南宋詞人辛棄疾所警示的那樣：「似鯤鵬，變化能幾？東遊入海，此計直以命為嬉……嗟魚欲事遠遊時，請三思而行可矣。」（〈哨遍·池上主人〉）

莊子寫鯤鵬，實是寫人的不安分，對此，明代魏光緒有一個很精闢的評論，他說「鯤鵬變化，高飛遠徙，以喻人心靈變無方」（《南華詁》），一語道破人見異思遷的本性。而莊子主張「安時而處順」，他一生很少挪動地方，充其量就是年輕時為謀生去過魏國與楚國，後來便一直居住故里，即便有人許以高官厚祿，莊子也還是覺得住在蒙地更好。或許這也是他從鯤鵬南徙所獲得的感悟吧。

四、蜩與學鳩的意義

鯤鵬不是「逍遙遊」，那麼，既能在空中悠閒地飛翔又能在陸地盡情地跳躍的蜩與學鳩，會不會距離「逍遙遊」更近一些？

莊子筆下的蜩與學鳩確實真實可愛。牠們想飛就飛，能飛多高就飛多高，飛不上去、飛累了就落在樹枝草叢間，跟朋友說說閒話，聊聊家常，生活愜意自得。牠們似乎從不曾有過任何野心或抱負。這幾位被稱為「蟲」的小傢夥沒有興趣像鯤鵬那樣「水擊三千里」，也不會去企盼那可以讓人直上九天的「大風」，只要有柴米油鹽醬醋茶的平凡生活，就夠了。牠們從不曾打算做時代的跟風者，一直本本分分地生活在灌木叢中，自得其樂，輕鬆閒適，似乎生來就可以「逍遙遊」的。

然而，在莊子看來，蜩、學鳩同樣不是「逍遙遊」者。別看牠們好像活得別無所求，悠哉遊哉，一旦超出「蓬蒿之間」的生活範圍，蜩、學鳩與斥鷃的不「逍遙」或者說「不安分」也就顯示出來。蜩與學鳩偶然發現了鵬的「南徙」，對牠們來說，這簡直太不可思議了。於是，這件事也就成了牠們茶餘飯後的話題，竟笑起鵬來：我們倏忽飛起，跳躍而上，不過也就是幾丈高而已，飛到榆樹、檀樹樹梢上，有時候飛不上去也無所謂，落在地面上就是了。這鵬到底要到哪裡去呢？我們能夠翱翔於樹枝草叢之間，已經是飛的極致。這鵬究竟想要做什麼？為什麼非要飛上九萬里高空到南冥去呢？難怪這幾位小「蟲」後來成為目光短淺、胸無大志、孤陋寡聞卻又沒有自知之明的反面形象。雖然這並不是莊子的本意。

　　比較早歧視這幾個小傢夥的，還是阮籍的從孫阮修。他把自己比作大鵬的同時，也不忘使勁挖苦蜩、學鳩與斥鷃一番，在〈大鵬贊〉中說：「蒼蒼大鵬，誕自北溟。……志存天地，不屑唐庭。學鳩仰笑，尺鷃所輕。超然高逝，莫知其情。」不得不說，阮修讀書不仔細，不僅誤讀了大鵬，還誤讀了蜩、學鳩與斥鷃。其實，莊子在〈逍遙遊〉中，並未表達過大鵬有「志存天地，不屑唐庭」的意思，當然，也看不到莊子對蜩與學鳩蔑視的眼神。可惜的是，在這個問題上，李白又一次站在了阮修一邊，〈大鵬賦〉：「……而斥鷃之輩，空見笑於藩籬。」意思是說大鵬飛上了遼闊的天空，而斥鷃一類的小鳥，因囿於自己的見識，只會對牠們發出嘲笑。

　　就這樣，蜩、學鳩、斥鷃也跟鯤鵬一樣被人誤讀，成了見識短淺、胸無大志的代名詞。這樣的解讀，不僅僅是鵬的悲哀，蜩與學鳩的悲哀，更是莊子的悲哀。其實，在莊子心目中，鵬何曾有那麼遠大的志向，蜩、學鳩與斥鷃也絕沒有卑微到只配做反面教材的地步。莊子真正要說的是，蜩與學鳩生活於自己的「蓬蒿之間」，想做什麼就做什麼，餓了出外覓食，

第五章　致意最在逍遙遊

閒了便在樹間跳躍嬉戲，本來可以恰然自樂，可是牠們偏偏喜歡對別人的事說三道四，自以為是地嘲笑別人，從而招惹出是非來。是己而非人同樣也是「逍遙遊」的一大障礙！

莊子寫鯤鵬、蜩與學鳩這兩類至大與至小的形象，是要說「逍遙遊」與大小無關。而大與小之間的差異，恰恰是各自所處的生活環境所致，受到自己生存狀態的制約。所以莊子在描述了蜩與學鳩之後，馬上解釋說：「適莽蒼者，三餐而反，腹猶果然；適百里者，宿舂糧；適千里者，三月聚糧。之二蟲又何知？」就是說，人懂得根據路途的遠近，即根據不同的生存需求準備行路所需要的食糧。「適莽蒼者」不同於「適百里者」，而「適百里者」又不同於「適千里者」。這樣複雜的「知」，是蜩與學鳩這樣的「蟲」所無法企及的。

那麼，我們當如何理解這段話中的「之二蟲又何知」呢？這一句，應該說是理解莊子究竟如何看待蜩與學鳩的關鍵。一般人都認為這是莊子用反問句來表示對「之二蟲」的否定。事實果真如此嗎？如果我們結合上下文來看，就不難看出莊子真正要說的是：

小知不及大知，小年不及大年。奚以知其然也？朝菌不知晦朔，蟪蛄不知春秋，此小年也。楚之南有冥靈者，以五百歲為春，五百歲為秋；上古有大椿者，以八千歲為春，八千歲為秋。而彭祖乃今以久特聞，眾人匹之，不亦悲乎！

這裡特別需要指出的是，許多注本把「不及」解作「不如」，這其實是一種誤讀。這裡的「及」是「趕上」或者「到」的意思，在莊子看來，「之二蟲」屬於「小知」，牠們的「知」是無法趕上「大知」之「知」的。就像朝生暮死的菌類不會有白天黑夜的概念，夏生秋死的寒蟬不知道一年中有春季和秋季一樣。與朝菌、蟪蛄相比，以五百歲為春、五百歲為秋的大樹冥

靈，當然得算是長壽的「大年」，但是與以八千歲為春、八千歲為秋的大椿相比，冥靈又算不上是長壽的「大年」了。由於生命長短的局限，人們無法知曉自己生命之外的時空。彭祖，是傳說中的長壽者，據說活了八百歲。想長壽的人都將八百歲的彭祖作為自己追求的目標。豈不知，與冥靈和大椿相比，彭祖又算得了什麼呢？有鑒於此，莊子才由衷地感慨道：「眾人匹之，不亦悲乎！」就是說，那些不顧自身情況，一味求「大」而輕「小」之人，不是也很可悲嗎！這，才是莊子的態度！

莊子認為，事物的秉性、人的天賦、視野與格局各不相同，由此而造成了人智慧的大小、壽命的長短、成就的不同。由於自身的限制，小知不可能追及大知，小年也不可追及大年。大小之間是不可以也不需要比較的。這就如同地上的水不夠深的話，大船就不可能浮起來；也如同在堂前窪地上倒上一杯水，一粒草籽可以輕鬆地漂浮，但放上一個杯子，就動不了了。所以人要懂得隨遇而安，自在隨緣，凡事不必強求。這就是莊子所說的「此小大之辨也」的意思。簡單來說，世間萬物不但在形態上存在著大小的區別，事物的特性也存在大小的不同。但是，莊子並不是要透過「小大之辨」貶小褒大，比較出大與小的高下來，而是要透過「大」與「小」之間的強烈反差，說明齊大小、萬物一齊的看法。

鯤鵬和蜩與學鳩之間的確存在著「小大」的明顯差異，卻沒有高低貴賤之別，牠們的存在都是合理的，其生活方式也各有價值。「其翼若垂天之雲」、「其背不知幾千里」的鵬「徙於南冥」，需要有海運的機遇，要待「積」之「厚」的大風讓它可以騎上以「圖南」，那是鵬的事。而「搶榆枋」、「騰躍而上」、「翱翔蓬蒿之間」，則是蜩、學鳩與斥鴳的事。世上萬物只有安於各自所處的環境，自得其樂，知足安分，保全自己的天性，才不會為外界所累，也不會被外物所傷，也只有這樣，人才能避免各式各樣的悲劇命運。

第五章　致意最在逍遙遊

五、為什麼不逍遙

　　至此,我們可以看到,莊子極盡筆墨渲染的鯤鵬不逍遙,寥寥數筆勾畫出的蜩與學鳩也不逍遙。那麼,怎樣才是逍遙?誰才算得上是逍遙遊者呢?難道莊子就是要讓我們越讀越是一頭霧水嗎?顯然不是。莊子之所以是寫作高手,就在於他善於用聲東而擊西的方式,設定一個個的謎團,讓我們去揣測,去想像,然後再來一層層為我們解密:

　　故夫知效一官,行比一鄉,德合一君,而徵一國者,其自視也亦若此矣。而宋榮子猶然笑之。且舉世而譽之而不加勸,舉世而非之而不加沮,定乎內外之分,辯乎榮辱之境,斯已矣。彼其於世未數數然也。雖然,猶有未樹也。

　　那些「知效一官,行比一鄉,德合一君,而徵一國」的人,他們看待自己,就如同蜩、學鳩看待自己一樣,自視甚高,自鳴得意。對他們,宋榮子不禁付之一笑。為什麼呢?因為宋榮子的境界比這些人又高了一層。他能做到即便全天下的人都讚譽他,他也不會因此而更加奮進,即便全天下的人都詆毀他,他也不會因此而更加沮喪。他很清楚地意識到自我與外物之間的區別,也能很清晰地辨明榮譽與恥辱之間的界限。在我們看來,宋榮子已經十分了得了。有多少人能夠像宋榮子這樣榮辱不驚,不為世俗所牽制,不矯飾自己,不苛求他人,即便被天下人所非難仍然無動於衷,堅持自己理念的呢?這得需要多少的定力、內心得有多強大才可以?即便如此,莊子還是很苛刻地說,宋榮子也不過就是如此。他只是對於世上的事,沒有拚命去追求而已,仍然沒有達到逍遙之境。

　　根據我們的分析,宋榮子的問題很可能出在他那一「笑」上。這一「笑」,恰恰步了蜩與學鳩的後塵,暴露出宋榮子的內心深處仍有榮辱的評

判，仍為外界所動，仍有「我」也就是「己」的概念，還沒有真正進入「吾喪我」，形如槁木、心如死灰的境地。難怪莊子要說他「猶有未樹也」，還算不上是「逍遙遊」者了。

　　既然如此，那麼還有人能比宋榮子更精進一些嗎？居然還真有。接下去，莊子推出了一位比宋榮子更高的高人列子。列子是一位名副其實的「遊」者：他不乘車，不騎馬，駕風而行，對世上的福報，從來不汲汲以求。這樣的人，應該很逍遙了吧？可是莊子說，列子雖然已經不受「行走」的制約，但仍像鵬一樣，需要風的托舉，也就是「猶有所待者也」。莊子認為只要「有所待」，或者說是有求於人或需要藉助於外物，那就不是「逍遙遊」。也就是說，莊子「逍遙遊」的一個重要評判標準就在於是否能萬事不求人、不依賴任何外在的力量而獨往獨來。

　　至此，我們不難看出，在莊子心目中，鯤鵬、蜩、學鳩、斥鴳、宋榮子、列子通通都不是逍遙遊者。不過，他們之間又有所不同。如果細細劃分的話，大致可以把他們分為兩類：一類是鵬與列子這樣的，他們有不少可引人注目、讓人欣羨的獨到之處，能夠「免乎行」，能夠「搏扶搖而上者九萬里」，卻仍「有所待」。另一類是蜩、學鳩、斥鴳和宋榮子這樣的，他們貌似不需要憑藉外力，能夠安於現狀，不追求外在的榮辱、功名，但他們卻無法擺脫對他人的評判，無法超脫於是非之辨，缺乏真正逍遙的心境。

六、誰是逍遙遊者

　　一篇〈逍遙遊〉至此，莊子已經洋洋灑灑用了一連串的否定說明為什麼鯤鵬、蜩、學鳩、宋榮子、列子等都不是逍遙遊者。經過這一系列的

第五章　致意最在逍遙遊

「破」，現在，莊子終於要告訴我們他心目中的「逍遙遊」了：

　　若夫乘天地之正，而御六氣之辯，以遊無窮者，彼且惡乎待哉！故曰：至人無己，神人無功，聖人無名。

原來這才是真正的逍遙遊者。這樣的人順應天地萬物的自然本性，合乎陰陽、風雨、晦明六氣的自然變化，自由自在地遊於無限的境地。不違逆，不扭曲，不受時間、空間的束縛，不再需要依賴任何東西。前面四句，字面意思不難理解，但具體內容過於抽象，實施起來難以下手。想必莊子自己也覺得這樣說太抽象，很難讓人抓住要領，所以他才用「故曰」後面的三句話給了些具體的指點，說明「逍遙遊」的關鍵在於「至人無己」、「神人無功」、「聖人無名」。這三「無」，才是真正走入迷宮般的「逍遙遊」的途徑。

「至人」、「神人」、「聖人」究竟指的是什麼人，歷來眾說紛紜，我們暫且不論。這段話中，最重要的就是理解「無己」、「無功」、「無名」。不過，莊子雖然第一句就提出了「至人無己」，可是現存〈逍遙遊〉中並沒有對「至人無己」的任何說明，而只談到了「神人無功」與「聖人無名」。那我們就先從這兩條開始說起。

什麼是「聖人無名」？莊子講了兩個有關堯的故事。其一說堯要把自己的君主之位讓給許由，許由拒絕了。許由的理由有點繞，卻很有意思，一語就擊中了堯的要害——名，許由說：「子治天下，天下既已治也。而我猶代子，吾將為名乎？名者，實之賓也。吾將為賓乎？」您治理天下，已經達到了大治。而我並沒有做過什麼，就讓我來替代您接受大治的天下，我豈不是盜用了您的名聲？這樣，您和我便都有名實不符之嫌。這裡的「名」指的是君主的「名聲」、「功名」。堯要讓「名」，而許由卻不圖「名」，不稀罕「名」。「名」，對許由來說，純屬身外之物。許由所追求的，是活

得逍遙自在，不需要當誰的影子。因此，他輕鬆而瀟灑地拒絕了堯：您老還是回去吧。天下，對我毫無用處。這，就是逍遙遊者的風範。

其二說堯去藐姑射之山見了四個人，他們之間發生了什麼，已不得而知。只知道堯離開四人下山之後，像換了個人一樣，顯出「窅然喪其天下」的樣子。「喪」就是「忘」，此刻，堯已經忘記了自己的「天下」，忘記了「名」，進入了「聖人無名」的逍遙遊境界了。

莊子用這兩個故事告訴我們，「聖人無名」不是聖人沒有名，而是聖人已經有諸如「日月」、「時雨」之名，卻不以此名為「名」，忘掉了「名」，心中沒有「名」的觀念，看透了「名」的虛妄，自然也就不會為「名」而消耗自己的身家性命了。

什麼是「神人無功」？莊子是透過接輿與連叔的對話來回答這個問題的。神人最大的特點是「使物不疵癘而年穀熟」。在以農業為本的社會，能讓萬物茁壯生長，五穀豐登，這可是天大的功勞。可是神人卻絲毫不以有功自居，神人對於「功」的態度是「孰弊弊焉以天下為事」、「孰肯以物為事」，意思是說神人怎麼會把建立功業、治理天下這樣的俗事放在眼裡，怎麼會稀罕去建什麼「功」呢！可見「神人無功」強調的是為世、為民有功，卻不以功為「功」，就像聖人有名而忘了「名」一樣，神人是有功而忘了「功」。

按說，下面莊子應該講什麼是「至人無己」了，可是現存〈逍遙遊〉中卻不見「至人無己」的相關內容。這是為什麼呢？我們前邊已經說過內篇本來是一整篇的文章，是劉向將其劃分為七個章節，而他在分章時未能充分領會莊子的構思，便把「至人無己」劃到〈齊物論〉中去了。其實，這也不能全怪劉向。只因莊子的構思實在太過縝密，闡發「至人無己」的「吾喪我」與〈齊物論〉中的「三籟」，就文意的連貫性來看，實難分割。於

第五章　致意最在逍遙遊

是，劉向就將原本應劃入〈逍遙遊〉的「吾喪我」以及解說「逍遙遊」境界的「三籟」兩段，都放在了〈齊物論〉中。

〈齊物論〉開篇描述的就是「吾喪我」。顏成子游來上課，發現南郭子綦靠几案而坐，緩緩地呼吸，似乎進入了忘我的境界。顏成子游見老師這副慵懶的樣子便說：「您今天的神情跟往常很不一樣啊。您的身體像一段乾枯的木頭，心靈寂靜如同死灰一樣，您怎麼了？」南郭子綦說：「你問得好啊，現在我喪失了我心中的那個『我』了。」在這段描述中，「我」就是〈逍遙遊〉中「至人無己」的「己」。「吾喪我」的「喪」與堯「窅然喪其天下」的「喪」的意思相同，都指「忘」。

堯忘了天下，忘了「名」是「聖人無名」，神人忘了「功」是「神人無功」，南郭子綦忘了「我」，忘了「己」，那就是「至人無己」。只有徹底忘掉諸如「名」、「功」、「己」等一切外在的東西，人的內心才不會再有任何罣礙，才不會為任何世間俗事所糾纏打擾。這樣，就可以「乘天地之正，而御六氣之辯，以遊無窮」了，這樣的人才是真正的逍遙遊者。現在我們終於可以清楚地看到，「逍遙遊」與「外邊」的東西無關，與做什麼、怎樣做都不相干。「逍遙遊」是一種內心的、精神的活動，是「裡面」的事。「逍遙遊」就在人的心中，是人的心在「遊」，所以哪裡都可以去，不受任何時間、地域的阻礙，不依賴於任何的外力，不受任何的羈絆，不為任何俗事所動，因而也就「無待」。

「無待」是「逍遙遊」的根本。「無功」、「無名」、「無己」而後「無待」，而達到了「無待」也就獲得了心靈的、精神的絕對自由，也就進入了形如槁木、心如死灰的「逍遙遊」境界。莊子透過鯤鵬、蜩、學鳩、斥鷃、宋榮子、列子等一系列故事告訴我們，一個人追求的目標越大、越高，受到的束縛也就越大、越深，忘掉一切欲望，忘掉對「功」、「名」的追求，忘掉自

我，甘於簡單平淡的生活，一簞食，一瓢飲，住陋巷，無慾無求，功名富貴奈我何？死生利害又能奈我何？這，也就是現實社會生活中的「逍遙遊」。

七、「天籟」就是逍遙遊

讀到這裡，你很可能會對形如槁木、心如死灰的「逍遙遊」狀態感到困惑。這樣的「逍遙遊」是不是與「致意最在逍遙遊」那個令人心嚮往之的「逍遙遊」相距也太遙遠了？別急，莊子好像早就料到你會這麼想的，所以請你不妨接著把〈齊物論〉讀下去。

南郭子綦對顏成子游描述了自己「吾喪我」的狀態之後，開始用「三籟」為例去講解「逍遙遊」，讓人透過具象的「聲音」去體會「逍遙遊」的境界：「女（汝）聞人籟而未聞地籟，女（汝）聞地籟而未聞天籟夫！」、「籟」是用竹管做成的類似竹簫的樂器。「人籟」是人吹竹管發出來的聲音，「地籟」是風吹各種竅穴發出的聲音。唯有「天籟」，莊子沒有細說，卻讓顏成子游透過對「人籟」、「地籟」的體驗去體會、感受「天籟」。

明明要說的是「天籟」，可是莊子偏偏不直接講「天籟」，卻細緻入微地對「地籟」做了淋漓盡致的描摹：

夫大塊噫氣，其名為風，是唯無作，作則萬竅怒呺，而獨不聞之翏翏乎？山林之畏佳，大木百圍之竅穴，似鼻，似口，似耳，似枅，似圈，似臼，似窪者，似汙者。激者，謞者，叱者，吸者，叫者，譹者，宎者，咬者，前者唱于而隨者唱喁。泠風則小和，飄風則大和，厲風濟則眾竅為虛。而獨不見之調調之刁刁乎？

「大塊噫氣」是天地吐出來的「氣」，那就是風。風不吹則已，一旦勁吹，就會使形態各異的竅穴發出千奇百怪的聲音。聽起來各個竅穴發出的

第五章　致意最在逍遙遊

聲音迥然有異，但風是同樣的風，風自身並沒有聲音，那些聲音不過是竅穴在風的作用下，隨風應和「唱喁」而產生的，又由於竅穴的形狀、大小、高低位置不同而導致了聲音的千變萬化。一旦風停了，所有的竅穴也就回歸寂然無聲，「眾竅為虛」。「獨不見之調調之刁刁乎」，是說那些隨風搖曳的細枝弱條在風停之後還在搖動的情景。這裡表面上說的是風與細枝弱條，實際上仍然說的是人心的躁動，就像那「二蟲」的「笑」一樣，儘管見識有限，卻喜歡自以為是，有機會便要秀一下存在感。

「人籟」、「地籟」說那些因自身局限無法掙脫現實社會種種羈絆的人，都是由於不能「喪我」所致。而只有「天籟」才是「逍遙遊」的境界：「夫吹萬不同，而使其自己也。咸其自取，怒者其誰邪？」、「天籟」原本很簡單，指的就是「萬竅怒呺」停止後一片寧靜杳然空靈的境界。可是自郭象作《莊子注》以來，「三籟」的解釋五花八門，甚至有說「三籟」都是一樣的。特別是「咸其自取，怒者其誰邪」一句，更是解釋得讓人不知所云。

其實，無論「人籟」、「地籟」，聲音都是來自於「吾喪我」的「我」，也就是「至人無己」的「己」。這個「怒者」，指的就是人心。「咸其自取」，是說這一切聲音都是你們自己弄出來的，「是非」都是你們自找的！沒有了「怒者」，心靜如止水，還會有雜音嗎？

換句話說，也就是「人心」有「己」，就免不了「萬竅怒呺」，「人心」無「己」，便沒有了任何聲音，只剩下一片空明，這就是「天籟」。這種以無聲為最高之聲的境界，才是莊子所推崇的。宣穎曾就「三籟」一段說：「初讀之拉雜奔騰，如萬馬奔趨，洪濤洶湧；繼讀之稀微杳冥，如秋空夜靜，四顧悄然。」（《南華經解》）從「拉雜奔騰」突然消失之後反襯出來的「稀微杳冥」、「秋空夜靜，四顧悄然」，這就是「吾喪我」、「至人無己」之後的「逍遙遊」境界。難怪黃庭堅會有「致意最在逍遙遊」的感慨了。真正

理解了「喪我」、「忘我」、「無己」，也就等於讀懂了〈逍遙遊〉，讀懂了一部《莊子》。

最後，我們還不得不指出的是，儘管「逍遙遊」是如此完美的理想境界，然而在現實生活中，又有幾個人真正領略到莊子所認可的「逍遙遊」的奧妙？就像《紅樓夢》中〈好了歌〉唱的那樣：「世人都曉神仙好，唯有功名忘不了！古今將相在何方？荒塚一堆草沒了。世人都曉神仙好，只有金銀忘不了！終朝只恨聚無多，及到多時眼閉了。世人都曉神仙好，只有嬌妻忘不了！君生日日說恩情，君死又隨人去了。世人都曉神仙好，只有兒孫忘不了！痴心父母古來多，孝順兒孫誰見了？」人生，無時無刻不處於兩難境地之中。諸多的「忘不了」實在是「逍遙遊」之難的最生動、也最現實的註腳。

第五章　致意最在逍遙遊

第六章　『道』的迷失

　　如果說「逍遙遊」是莊子所創造的一個賴以安身立命的理想世界，那麼「道」就是莊子學說的靈魂，是他的一切論述的出發點，是其博大精深的哲學思想的基礎。

　　「道」在現存《莊子》三十三篇中一共出現了二百六十多次，涉及其中的三十一篇。僅有兩篇不見論「道」的篇章，一篇是〈說劍〉，這篇本來就不著調，大概是因為其主角名「莊子」才被誤收《莊子》一書的，不說「道」也就不足為奇。而另一篇絕對讓人意想不到，竟然是〈逍遙遊〉！如此重要的〈逍遙遊〉不但通篇不見一個「道」字，即便接著往下讀，看過〈齊物論〉的前幾段，直到南郭子綦以「天籟」的「無聲之聲」描繪罷「逍遙遊」的境界，「道」字也仍然沒有現身，這就太令人費解了。

　　不過，如果認真讀完《莊子》全書，再回過頭來重讀〈逍遙遊〉，便不難發現，〈逍遙遊〉雖通篇不見「道」，卻處處有「道」蹤「道」影在。「逍遙遊」，很像是一個用「道」搭建起來的舞臺，各式各樣相關的人物都得以在這舞臺上表演一番，走個過場。這個時候，你才能看出來「道」才是逍遙遊的根本。沒有「道」，不得「道」，無論是誰也逍遙不起來，令人嚮往的「逍遙遊」大門也不會對你敞開。

　　「道」就像是莊子手中的一件利器，逢山開山，遇河搭橋，所向披靡，宇宙萬物與現實世界中的所有問題，無一不在「道」的面前輕而易舉地得以化解。「道」可以齊萬物、齊是非、齊大小、齊死生、齊美醜⋯⋯那麼，「道」究竟是怎麼回事？莊子之「道」又是什麼呢？

第六章 『道』的迷失

一、莊子之「道」

《莊子・大宗師》中談到「真人」如何傳「道」時說：

夫道，有情有信，無為無形；可傳而不可受，可得而不可見；自本自根，未有天地，自古以固存；神鬼神帝，生天生地；在太極之先而不為高，在六極之下而不為深，先天地生而不為久，長於上古而不為老。

按照莊子的解說，「道」是一個真實而又可信的存在，它無所作為，沒有形體。「道」可以以心相傳卻不可以口授；人可以得到它卻不可以看見它。「道」是自己的本，也是自己的根；天地形成之前，「道」就已經存在。「道」使天地之間有了鬼神與上帝；「道」產生了天與地。「道」極其高深，在太極之上而不算高，在六極之下也不算深；「道」還極其悠久，生於天地之前不算久，長於上古卻不算老。

這是《莊子》一書中對「道」闡發最為詳盡也最為完善的文字了。猛然一看，這段論述，說得很玄，有時甚至不免給人自相矛盾的感覺，就像是成心不想讓人明白「道」究竟是個什麼「東西」一樣。例如前句說「道」、「有情有信」，好像「道」具有人的特徵，至少是個有生命的東西，看得見摸得著，是世間存在的一個實體；然而後句馬上又說「道」、「無為無形」，這一下，這個原本好像可觸可感的「道」立刻消失得無影無蹤。原來，「道」不僅什麼都不做，連個影子也沒有。還有「可傳」，明明說的是「道」可以像老師傳授知識一樣「傳」給他人，可是緊接著又說「不可受」，也就是無法被他人接受；假如「道」真的不可「受」的話，那麼與下面所說的「可得而不可見」就更相矛盾了。總之，在短短七十七個字的論述中，莊子肯定了再否定，否定了再肯定，翻來覆去地說，不過是要強調「道」的根本特性。第一，「道」是一個實實在在的存在，但這個存在又是看不見

摸不到的。第二,「道」無所不在,無時不在,卻是獨特的、唯一的,不同於任何其他的「東西」,「道」就是「道」自己。第三,「道」只可以感悟、領會,而無法透過語言傳授。第四,「道」的歷史很悠久,生於天地形成之前;「道」又高深莫測,「在太極之先而不為高,在六極之下而不為深」。莊子如是說,就是要告訴一切想理解「道」、感悟「道」、想得「道」的人,「道」是天地宇宙萬物的總根源,也是天地宇宙萬物的本體。「道」又存在於萬物之中,無所不在,無時不在,天下萬物都是道的體現,所以萬物一齊。顯然,莊子的「道」凝聚了莊子對宇宙萬物、人生以及人的存在的最深刻的哲學思考。

先秦諸子幾乎人人談「道」。孔子、孟子、荀子、韓非子等人的「道」,核心就是「仁禮合一」的政治理想,也就是所謂的治國平天下。即便是老子之「道」,講的雖是「道法自然」,其目的卻是告訴統治者如何以「無為無不為」的手段達到天下大治。老子的「道」仍與政治有著扯不清的關係。

而莊子的「道」卻不同。莊子的「道」是一種更純粹的哲學意義上的「道」,更接近《易經・繫辭上傳》所謂「形而上者謂之道,形而下者謂之器」的意思。要徹底了解莊子的「道」,我們不得不把話題扯得再遠一點,先理解什麼是哲學。

據說至今哲學界對什麼是哲學並沒有一個公認的標準答案。英國著名哲學家羅素說:「哲學,就我對這個詞的理解來說,乃是某種介乎神學與科學之間的東西。它和神學一樣,包含著人類對於那些迄今仍為科學知識所不能肯定之事物的思考;但它又像科學一樣,是訴之於人類的理性而不是訴之於權威的,不論是傳統的權威還是啟示的權威。一切確切的知識(羅素認為)都屬於科學;一切涉及超乎確切知識之外的教條都屬於神學。但介乎神學與科學之間還有一片受到雙方攻擊的無人之域,這片無人之域

第六章 『道』的迷失

就是哲學。」(《西方哲學史・緒論》)國學大師胡適則提出:「凡研究人生切要的問題,從根本上著想,要尋一個根本的解決:這種學問叫做哲學。」(《中國哲學史大綱・導言》)

就這樣的定義來說,莊子之「道」是最具有哲學意味的,因為它表達了莊子對人類尚不能肯定的事物的一種理性思考,它要研究的是人最切要的生存問題,是要從根本上找到人生存的理由,找到這個世界之所以如此的一個合理的解釋。在這個層面上,我們可以毫不誇張地說,莊子學說包含了對人生、社會乃至宇宙萬物各方面的思索,是可以讓人安身立命的,這也是為什麼我們讀《莊子》總會有一種心動的感覺。

既然莊子的「道」是教人一種生存方式,教人如何應對這個讓人無可奈何的社會,他就不可能只講述深奧精粹的形而上的哲學。莊子的世界裡也有混跡於街頭巷尾的販夫走卒,如支離疏、申徒嘉、叔山無趾、哀駘它。對於這樣的普通人,莊子把他對「道」的講述轉換成了街頭巷尾人人都能聽懂的話,他在《莊子・知北遊》中說:

東郭子問於莊子曰:「所謂道,惡乎在?」莊子曰:「無所不在。」東郭子曰:「期而後可。」莊子曰:「在螻蟻。」曰:「何其下邪?」曰:「在稊稗。」曰:「何其愈下邪?」曰:「在瓦甓。」曰:「何其愈甚邪?」曰:「在屎溺。」東郭子不應。

東郭子與莊子的對話,可以說是對「夫道,有情有信,無為無形……」那段著名「道」論的生動風趣的註解。從中我們可以知道,道存在於萬物之中。萬物不同,道的表現形式也就不同;道無高低貴賤親疏遠近之分,因而萬物也就沒有高低貴賤親疏遠近之別,這就是「以道觀之,物無貴賤」(《莊子・秋水》)的道理。天地是「道」的體現,帝王將相、販夫走卒也是「道」的體現,即便是螻蟻、稊稗、瓦甓、屎溺無一不是如

此。這就是「道」，這也就是「道通為一」的深刻含義。翻翻古往今來的典籍，有誰能把一個抽象深奧的「道」解釋得如此淋漓盡致！又有誰能把這個無所不在的「道」說得如此通俗易懂！

二、人人皆可得「道」

莊子之「道」就是這麼獨特。

雖然它「無為無形」，卻可以一代代往下傳，也可以讓人用心去感受。但這種「相傳」與「感受」卻不像一本書或禮品那樣隨手就可以給人，而是要靠人自己去「悟」，去體會。這就是莊子所說的「道」是「可傳而不可受，可得而不可見」的真正含義。

荀子曾批評「莊子蔽於天而不知人」，完全是從儒家積極入世的角度看問題，所以他不可能看到莊子作為哲人所特有的悲天憫人的情懷，更無法理解莊子是如何站在「道」的高度，去解說這個創造了萬物卻又包羅永珍，與萬物一齊，同時存在於人心之「道」，自然也無法理解莊子強調「道」、「可傳」、「可得」，人人皆可得「道」的真正原因。其實，莊子對人的深切關懷，是透過他對「道」的詮解，道「可傳」、「可得」的闡發體現出來的。所以莊子在解說了「道」的根本特徵之後，首先開出了一個得「道」者的名單，說明「道」是人人可得的，《莊子・大宗師》載：

狶韋氏得之，以挈天地；伏戲氏得之，以襲氣母；維斗得之，終古不忒；日月得之，終古不息；堪壞得之，以襲崑崙；馮夷得之，以遊大川；肩吾得之，以處太山；黃帝得之，以登雲天；顓頊得之，以處玄宮；禺強得之，立乎北極；西王母得之，坐乎少廣，莫知其始，莫知其終；彭祖得之，上及有虞，下及五伯；傅說得之，以相武丁，奄有天下，乘東維，騎

第六章 『道』的迷失

箕尾，而比於列星。

豨韋氏得到它，得以開天闢地；伏戲氏得到它，能夠合陰陽元氣；北斗星得到它，永遠不會錯失方位；日月得到它，始終執行不息；堪壞得到它，可以掌管崑崙；馮夷得到它，可以遊遍大河大江；肩吾得到它，可以穩居泰山；黃帝得到它，得以登上雲天；顓頊得到它，居住進了玄宮；禺強得到它，便能立足北極；西王母得到它，得以安居少廣山；彭祖得到它，可以從上古有虞時代一直活到五霸時期；傅說得到它，用以輔佐武丁，統轄天下。

讀莊子一口氣開出的這一系列得道者名單，我們馬上就可以切身地感受到「道」的威力了。其中，有些是地位高貴的，如伏戲氏、黃帝、顓頊、武丁等，他們曾經是傳說中的人間帝王。有些是普通甚至貧賤的。例如，堪壞曾經是畸形人，得「道」後成為人面獸身的崑崙山神（成玄英《莊子疏》）；西王母曾經「其狀如人，豹尾虎齒而善嘯」（《山海經‧西山經》），得「道」後成為至高無上的女神；馮夷，「弘農華陰潼鄉堤首里人」，曾是一位在鄉下種地的村夫，得「道」後成為河神（成玄英《莊子疏》）；傅說，早先只是一個築牆的奴隸，得「道」後成為商朝名相（成玄英《莊子疏》）。

這一位位得「道」者在得「道」之前，來自社會各個領域，涵蓋了眾多的行業，是一個頗具代表性的社會縮影。這裡有帝王、權貴，也有普通人、殘疾人，有農夫勞工，還有半人半獸的神話人物，無論其地位高低，相貌醜美，貴賤貧富，窮達賢愚，最終都能得「道」。也就是說，在「道」的面前，人與人之間是平等的，不存在任何差別。

《莊子‧知北遊》中有一個小故事對人人都可得「道」做了精彩的描述。齧齒向被衣請教「道」。被衣說，你端端正正地坐著，不要東張西望，也

別胡思亂想，大自然的和諧狀態很快就會來到；收斂你的心智，專注你的思緒，神明就會進入你的心靈。「德」會讓你顯現出完美，「道」會居住在你的心中。從此，你的眼睛天真無邪就像初生的小牛，再也不會去想其他任何事情了。被衣的話還沒說完，齧缺竟已進入了夢鄉。被衣非但沒有生氣，反而十分高興。他邊走邊唱道：齧缺得道了，他形如枯木，心同死灰，純樸棄知，回歸本真，並不以此自矜。從此，他內心渾沌一片，再沒有心機與人謀事。這就是得「道」的人啊！

原來，得「道」竟可以如此簡單！只要什麼都不想，徹底失去心機，收斂起心智，「無己」、「喪我」，既不擾人，也不讓他人來攪擾，就如同踏踏實實、甜甜美美地睡上一覺一樣，渾渾沌沌，心不在焉，就可得「道」，就可以進入「道」的世界。

這不正是「逍遙遊」的境界？

被衣與齧缺的這個小故事極其生動地把「得道」與「逍遙遊」連繫在了一起。我們可以透過被衣的解說、莊子的描述，真切地領悟、感受到得道者是如何透過「得道」而進入「逍遙遊」，從而獲得精神上的自由。

相對於先秦諸子其他各家的「道」，莊子之「道」與現實社會中的各種政治理念完全扯不上瓜葛，他是站在一個高屋建瓴的哲學層次上，教人在一個無可奈何的黑暗社會如何選擇，如何超脫於現實社會的困頓，獲得內心的安寧和清明，保持自我的初心。從莊子所強調的「道」可「傳」、可「得」的看法中，我們可以清楚地看到，莊子之「道」是為普通人，特別是文人士子提供的一個讓人賴以生存、立足的精神家園。

三、被「虧」的「道」

莊子說「道」無處不在，人人皆可得「道」，可是，在現實生活中，我們卻又難尋「道」的蹤跡，這是為什麼呢？原來，由於受到各種「物」、「是非」、「喜怒」、「愛恨」的誘惑，原本就在我們心中的「道」漸漸被蒙上了塵垢，越來越受虧損，越來越遠我們而去。為了闡釋「道」是如何被「虧」的，莊子追溯得很遠很遠，他從宇宙的起源以及人類的遠古時期說起。

莊子說，時間是沒有開始，也沒有終結的。人們意識到時間的時候，時間存在著；人們沒有意識到時間的時候，時間仍然存在著。在無限的時間內的某一時刻，突然發生了一次巨大的「變化」，於是產生了「無」。這個「無」是一個與「有」相對的「存在」，是一個使「有」有一個「存放」空間的「無」。有了「無」以後，天地萬物就有了一個生存的空間，於是在「無」中產生了「有」，產生了天地萬物。（《莊子·齊物論》）這時的天地萬物還都處於渾沌的狀態。莊子認為這個處於渾沌狀態的天地萬物就是「道」創造的，同時又是「道」的不同形態的表現。

莊子又說，與經過漫長的時間產生了「無」，又經過漫長的時間在「無」中產生了「有」的過程一樣，「有」在發生發展的過程中又開始慢慢地發生了變化。這個變化是從「古之人」那裡開始的。《莊子·齊物論》載：

古之人，其知有所至矣。惡乎至？有以為未始有物者，至矣，盡矣，不可以加矣！其次以為有物矣，而未始有封也。其次以為有封焉，而未始有是非也。是非之彰也，道之所以虧也。道之所以虧，愛之所以成。

「古之人」曾經歷了對「物」的認知的三個階段。第一個是「以為未始有物」的階段。在這個時代，人與物雖然共存，但這時的人並沒有意識到物的存在。或者說人根本沒有人與物有所不同的觀念。人與天地萬物同生

同長，和諧相處，人與人、物與物、人與物之間沒有概念上的分別，更沒有上下尊卑貧賤富貴的概念。這個時代的人「飽食而敖遊，泛若不繫之舟」（《莊子·列禦寇》），沒有是非，沒有爭辯，人們純樸真實。這是一個「道」從未遭到「虧損」的「道全」的時代，是一個至善至美的時代。

「以為有物矣，而未始有封也」是人類認知史發展的第二個階段。這個時代的人已經意識到人與物、「我」與物的不同，知道此物與彼物的差別，但還沒有將萬物的界限分別開來，人並不在意物與物的區別，也不在意人與物、人與人的不同。在這個階段，人們對物的認知仍然是沒有分別的，也是朦朧的、模糊的，在人與物、物與物、人與人之間並沒有劃出一個清晰的界限。

「以為有封焉，而未始有是非也」是第三個階段。在這個時代，人們已經比較清晰地意識到物與物、人與人、人與物之間的區別，但也僅此而已，人們並沒有產生高低貴賤美醜的觀念，沒有對人與物、物與物或人與人之間做出任何是非判斷。

以上三個階段人們對人與物的認知雖然存在著程度上的差異，但仍然是「道」之未「虧」的時代，也就是莊子所說的「古之人」時代。

此後，隨著人們對人與物的認知不斷深化，人與物、物與物的界限劃分得越來越清晰，人們對物的實用性、目的性的追求也就隨之而生，於是就有了對物的是非功用的判斷。一旦是非觀念出現，人與物的關係也就徹底改變了。人對物的認知越清楚，是非判斷越明確，對「道」的「虧損」也就越多，對「道」的遮蔽也就越嚴重，就越使「道」不能完滿地呈現出來。這是一個令莊子感到最為無奈也最為絕望的「是非之彰也」的時代，也是一個代表著人們開始背離「道」的時代。

從此，高低貴賤的觀念也就越來越分明，各式各樣的「愛恨情仇」也

第六章　『道』的迷失

就隨之而生，人的欲望也就變得越來越複雜，《莊子・齊物論》載：

> 喜怒哀樂，慮嘆變熱，姚佚啟態。樂出虛，蒸成菌。日夜相代乎前，而莫知其所萌。

這個時代的人們或欣喜，或憤怒，或悲哀，或歡樂，或憂思，或放縱，或恐懼，或張狂，種種心境情態日夜不停地變換，內心不得安寧，卻不知道為什麼會這樣。「喜怒哀樂」是人最基本的內心活動，也是人最基本的情態表現，但產生的原因卻與人在外在世界中的得失輸贏、是非判斷密切相關。「慮嘆變熱」指人內心的不安與思慮，既有對以往成敗的算計，也包含對未來取得更大成功與利益的謀劃。「姚佚啟態」說的是人在現實社會中面對各種誘惑所產生的各種欲望以及對欲望的追求與滿足。

莊子眼看著是非愛恨這樣日夜不息地糾結於人心，「道」日益「虧損」，卻從未有人思考探索這一切從何而來，緣何而生，禁不住發出了這樣的感慨：「已乎！已乎！旦暮得此，其所由以生乎？」[10] 意思是，算了吧！算了吧！人們日日夜夜被各種喜怒哀樂的情緒困擾，難道人活著的目的就是這樣嗎？莊子對天下芸芸眾生不理解生命真諦的感喟深含其中。

從莊子對人與「道」的關係由「滿」到「虧」的歷史演變的講述中，我們不難看到，「道」的喪失，並不是「道」離開了人，而是由於人心變了，人的「是非」之心「虧損」了「道」，人的所謂「聰明」、「智慧」導致了「道」在人心中的迷失。「古之人」那種沒有是非觀念的純樸之心，被代之以「日以心鬥」、「與物相刃相靡」的是非之爭，於是，「道」漸漸被遮蔽，被「虧損」了。

---

[10] 郭注、成疏都認為「其所由以生乎」的「生」說的是「喜怒哀樂，慮嘆變熱，姚佚啟態」皆為「自生」。陳鼓應《莊子今注今譯》也把此句譯作「豈能找出這些情態變化所以產生的根由呢」。若依照此解，「旦暮得此，其所由以生乎」與前文的「日夜相代乎前，而莫知其所萌」在意思上幾乎完全重複。所以，這裡的「生」當解作「生存」、「生活」。

莊子以人們日常生活中無處不在的「是非」為例告訴人們，是非之爭的起源可能就是些雞毛蒜皮的小事，可是這些小事一旦發生，就能虧欠人心中原本存在的能夠讓人逍遙的「道」。一旦踏上是非之爭這條不歸路，人的一生就會掙扎在「是非」的漩渦之中欲罷不能，甚至葬身其中。

四、「道」輸給了小成與榮華

「是非之辨」的出現導致了「道之虧」，而「道之虧」又加劇了「是非」、「利害」、「榮辱」等諸多有損「道」的觀念出現，彼此間形成了一個惡性循環。因此，要恢復「道」的圓滿，就要找到一切可能造成「道之虧」的因素，根治一切讓「道」蒙垢的毒瘤。於是，莊子在〈齊物論〉中提出了一個「成心」的概念：

夫隨其成心而師之，誰獨且無師乎？奚必知代而心自取者有之，愚者與有焉。

莊子認為，無論你是智者、普通人還是愚人，人人都有「成心」，「成心」就是人心中形成的判斷外在事物的標準，這樣的標準存在於每個人的心中。對「成心」的理解，在莊子學者中出現了兩種截然不同的看法。一派認為「成心」是產生「是非」、「彼我」的根源，「成心」就是「一家之偏見」或者「封執之心」（成玄英《莊子疏》）。另一派則認為，「成心」是指人沒有受到外物損壞的自然之心，是明辨是非的「真心」。那麼，莊子是怎樣理解「成心」的呢，他究竟是肯定還是否定？

我們接著讀下去，就可以看得比較清楚了：

未成乎心而有是非，是今日適越而昔至也。是以無有為有。無有為有，雖有神禹且不能知，吾獨且奈何哉！

第六章　『道』的迷失

「未成乎心」，是指「成心」尚未在人的心中形成。這幾句話的意思是：人心中有是非，是由於有「成心」。如果有人說他的是非觀念不是來自於「成心」，就如同說今天他準備去越國而昨天就到了一樣荒謬可笑。這樣的說法就如同把「無」說成是「有」。如果把「無」說成為「有」，即便神明如大禹，都無法理解，何況我呢！（王景琳、徐匋《莊子的世界》）

其實，莊子的意思就是，人都免不了有先入為主的成見，都會對萬事萬物作出自己的判斷，而這個判斷的標準就是自己的「成心」，是一家之偏見。每個人根據自己的「成心」去評判同一事、物或人，當然是各說各話。儘管人是有一些所謂的公認的道德觀念，並以此作為衡量是非的標準，但是站在各自不同的立場、出於不同的動機、有著不同利益的人得出的結論也不盡相同。人人都認為自己的評判是「以仁心說，以學心聽，以公心辨」（《荀子·正名》），可是，所謂「仁心」、「學心」、「公心」又是以什麼標準去判斷的呢？還是莊子看得透澈，他認為任何「心」都是「我」之心，都是一「己」之心，任何冠冕堂皇的「公心」都出於標準制定者的「成心」，沒有人可以確定到底什麼是「是」什麼是「非」。

那麼，這種出於「成心」的言論又是怎麼產生的呢？莊子說：

道惡乎隱而有真偽？言惡乎隱而有是非？道惡乎往而不存？言惡乎存而不可？

莊子的話有時候的確很繞，論「道」的話尤其如此。這裡所謂「言惡乎隱而有是非」的「言」到底是什麼意思？一般《莊子》注家都解作「言論」、「言辭」，如果這樣理解的話，那麼「言惡乎隱而有是非」的意思就是「言論被遮蔽而後有是非」。可是莊子分明多次說過「言」就是「是非」，所以，這裡的「言」應當還另有其義。

在這段話中，「道」與「言」對舉，「真偽」與「是非」對舉，所以這裡的

四、「道」輸給了小成與榮華

「言」的意思應該與「道」相仿，指的是真理，也就是〈齊物論〉中莊子自己代「道」所說「今且有言於此，不知其與是類乎？其與是不類乎？類與不類，相與為類，則與彼無以異矣。雖然，請嘗言之」中的「有言」之「言」。這才是正解。實際上，莊子在這裡給人們提出了這樣幾個問題：「道」究竟是被什麼所遮蔽，才造成了真偽難辨，造成了是非之爭？「道」又去了哪裡？為什麼「道」不再存在於人們的心中？得不到人們的認可？莊子認為一個重要原因就是：

道隱於小成，言隱於榮華。

就是說「道」被眼前微小的成就所掩藏，真理被榮華富貴所遮蔽。人人都只看到自己的成功，自以為是，從而失去了「道」；人人都追求榮華富貴，從而忘記了真理。所以人們才會以「成心」作為衡量是非的標準，追求「小成」與「榮華」所帶來的欲望的滿足。這裡我們有必要說明一下，有關「榮華」的解釋，一般認為指華美的辭藻。其實這是一種誤解。這兩句也是沿襲上文而來的。其中的「道」依然與「言」對舉，而「小成」自然也當與「榮華」對舉。既然「小成」是遮蔽「道」的所謂「成功」，為莊子所否定，那麼，「榮華」就不應該指華美的辭藻，而應與「小成」的意思相仿，指榮華富貴，就像〈田子方〉中「子三為令尹而不榮華，三去之而無憂色」的「榮華」的用法一樣。

值得一提的是，「道惡乎隱而有真偽」中的「道」，是「道」這個重要概念第一次在《莊子》中出現。而「道」首次露面就與「真偽」、「是非」有關，可見在莊子心目中，「真偽」、「是非」對「道」的損害是何等嚴重！莊子一向對「道」一往情深，對「道之虧」更是有著切膚之痛，所以他第一次談論「道」，便以一種極為沉重的語氣，一針見血地指出，現在的人為了追求「小成」與「榮華」而放棄「道」，背離「道」，實際上也就等於放棄了

第六章 『道』的迷失

人的「根本」,是典型的捨本而逐末。

讀到這裡,我們再回過頭來品味莊子拒絕楚王的千金之聘而自甘清貧的往事,猛然發現,原來清貧的生活對莊子來說並非是被迫的,而是他的主動選擇。他不是不可以享受榮華富貴,也不是沒有機會享受榮華富貴,但是莊子聽從自己的內心,選擇了清貧,從而也就選擇了「道」,自覺放棄了「小成」與「榮華」。他是要身體力行地恢復「道」,實踐「道」,重新使「道」完滿。也正是基於這樣的信念,莊子才對曹商、「宋人」、惠子等對榮華富貴的追求、炫耀極為不以為然,認為他們只是貪圖「小成」、追逐「榮華」而已。在他們身上,莊子感受到的是「道」的虧損與迷失,「道」輸給了小成和榮華。

「道」是天下萬物的本源,也是萬物的「真相」;而「言」,就是反映「真相」的大實話。古往今來,有多少人能選擇堅持「道」的原則,堅持「真相」,堅持說「實話」,在可以享受榮華富貴的情況下,卻選擇清貧?在這個意義上,莊子實在是太了不起了。他在兩千多年前,就看透了問題的癥結所在,並且在實際生存環境中堅守自己的信念。就憑這一條,誰能說莊子不是一個對人生、對世界格外認真的人?

總之,「道」沒有變,變的只是人心,是人心對「小成」與「榮華」的渴望越來越無止境,離「道」越來越遠。這已經令莊子感到悲哀。然而,更可悲的還在於,分明圖的是一己之「小成」與「榮華」,卻還要將黑說成是白,振振有詞地說出一番貌似出於「公心」的大道理來迷惑眾人。在這樣黑白難辨、無法確認一個判斷真理的標準的情況下,莊子不得不指出,離開了「道」,這個世界上不可能找到一個可以衡量「是非」的標準。他在〈齊物論〉中說:

既使我與若辯矣,若勝我,我不若勝,若果是也,我果非也邪?我勝

若,若不吾勝,我果是也,而果非也邪?其或是也,其或非也邪?其俱是也,其俱非也邪?我與若不能相知也,則人固受其黮闇。吾誰使正之?使同乎若者正之?既與若同矣,惡能正之!使同乎我者正之?既同乎我矣,惡能正之!使異乎我與若者正之?既異乎我與若矣,惡能正之!使同乎我與若者正之?既同乎我與若矣,惡能正之!然則我與若與人,俱不能相知也,而待彼也邪?

假如我和你展開辯論,就算你勝了我,或者我勝了你,你或者我果真就是對的或者錯的嗎?還是你和我都是錯的或者都是對的呢?判斷的標準是什麼?誰來做評判?無論是你還是我都無法判斷究竟誰對誰錯。不但當事的你和我不可能判斷,即便有第三方,也同樣無法裁定孰對孰錯。假如第三方與你的看法相同,或者與我相同,或者與你我的看法都不同,無論同與不同,第三方的「成心」決定了你我相辯論的問題是沒有對與錯的。這是由於人本身總是受到自己偏見的矇蔽。因此人與人之間是不可能相知的。

這裡,莊子實際上指出了一個十分現實而又極為深刻的社會問題,也是一個哲學問題。在這個社會上孰是孰非的問題是無解的。離開共同的世界觀、人生觀、價值觀,是不可能有一個公認的、可以讓所有人接受的評判是非的標準的。這樣的表述,一方面表露出莊子對這個社會、這個時代所感到的無奈,另一方面,至少在客觀上,也代表了沒有話語權的多數人對「權威」的一種否定。

儘管如此,莊子也仍然渴望有人能夠理解他的「道」,理解他的選擇,可是他又清楚意識到這樣的人,不會出現在當世,也不會出現在不遠的未來。莊子幾乎是在絕望,更確切地說是在一種無奈的心境中,抱著一線希望憧憬著。他在《莊子・齊物論》中說:「萬世之後而一遇大聖,知其

解者，是旦暮遇之也。」既然這是一個「以天下為沉濁」的時代，道已迷失，那就只好等待著萬世之後或許會有一位聖人出現。莊子只能在「旦暮遇之」的期盼中，等待著「知其解者」的到來。

五、「萬物一齊」與「道通為一」

莊子清楚意識到，「是非之爭」導致了「道之虧」，「成心」的偏見使人與「道」漸行漸遠，「小成」與「榮華」則造成了「道」的迷失。世上並不存在一個可為所有人接受的辨別真理的標準，而那個可以「知其解者」更是一個可遇而不可求的存在。儘管如此，莊子仍然不遺餘力地推行著「道」，闡發著「道」，試圖讓更多的人理解「道」，走進「道」。

從「道」無所不在的根本特性出發，特別是針對由於「成心」而造成的人與人、人與物、物與物之間的種種是非與不公，莊子提出了「萬物一齊」、「道通為一」的思想，要以「道」來「齊」、「是非之爭」，「齊」萬物，而這一切又要先從「齊」人心開始。只要沒有了「成心」，沒有了先入為主的偏見，人就不再會以「一己之心」看人、看物。人心一「齊」，「是非之爭」也就會隨之蕩然無存。

當然，莊子的「齊萬物」、「齊是非」、「齊人心」不是封人之口，不讓人說話。莊子只是站在了超越現實的高位，掙脫了現實的種種制約，去俯視人生、俯視世界、俯視人的存在。他要人回歸至「道」的原點，去理解人與人、人與物、物與物之間存在著的共性，思考人當如何生存這個根本性的哲學問題。天地萬物雖然呈現出千姿百態的外在形態與功能，但那只是「道」不同的表現形式，究其本質，人與人、人與物、物與物之間都是一樣的，沒有差別，因而用現代眼光來看，也都是平等的，這就是「道通

五、「萬物一齊」與「道通為一」

為一」的思想。

「道通為一」決定了「萬物一齊」。但「齊萬物」比「齊是非」在客觀上更具有挑戰性，也更難以為人所接受。畢竟自從人有了「成心」，看到周圍事物的第一眼便會立刻意識到其間的不同。現代哲學家不是也說過世上沒有兩片相同的樹葉？特別像美醜、大小、貴賤、貧富等觀念，在人們心目中分明就是針鋒相對的兩極，但莊子卻全然否定了這其中存在任何的不同。

要說透「道通為一」與「萬物一齊」，還必須理解莊子有關「道」與「物」關係的論述。《莊子・齊物論》中第一次提到兩者關係時說：

　　道行之而成，物謂之而然。

意思是道執行於萬物之中才稱其為道，物這樣稱呼它才有了這樣的物。基於此，下面的幾句話也就容易理解了：

　　惡乎然？然於然。惡乎不然？不然於不然。惡乎可？可於可。惡乎不可？不可於不可。物固有所然，物固有所可。無物不然，無物不可。

這幾句主要描述「物」的形態的千差萬別及其由來：為什麼是這樣？是由於它原本就是這樣的。為什麼不是這樣？是由於它原本不是這樣的。每一物本來就是這樣形成、這樣存在著的，每一物本來就是這樣被認可的。萬物都有自己存在的形態，萬物都有被如此認可的原因。

在莊子看來，雖然萬物名稱不同，功用不同，但都是「道」的體現，「道」存在於萬物之中。在〈大宗師〉和〈知北遊〉中，我們看到「道」不僅存在於天地、日月、人之中，也存在於螻蟻、稊稗、瓦甓、屎溺之中。「道」本身不存在高低貴賤，因而萬物也就沒有高低貴賤之分，「以道觀之，物無貴賤；以物觀之，自貴而相賤；以俗觀之，貴賤不在己」（《莊子・

第六章 『道』的迷失

秋水》)。人將萬物分作高低貴賤大小，完全是由於被「成心」所迷惑而偏離了道。由此出發，莊子認為，從本質上來說，「天下莫大於秋毫之末，而太山為小；莫壽於殤子，而彭祖為夭」(《莊子·齊物論》)。大小、壽夭本身就是人給予萬物的一種概念而已。倘若沒有這些概念，何來泰山之大、毫末之小的分別？沒有死生的區分，又何來殤子夭而彭祖壽的不同？

這貌似荒謬的說法其實恰恰是莊子思想的精華。如果你真的以為莊子不懂大小、壽夭的分別，或者是故意混淆大小、壽夭，只能說你還沒有讀懂莊子的「齊物」。莊子的「齊物」，就萬物的本源而言，他要「齊」的不是萬物的形式，而是萬物的實質或者說是本源。《莊子·齊物論》載：

> 故為是舉莛與楹，厲與西施，恢恑憰怪，道通為一。

「舉莛」是說輕輕一舉就可以舉起的小草，「楹」是屋的大梁；「厲」是極醜之人，西施是美女；「恢恑憰怪」指人間萬物千奇百怪的形態。在有「成心」的人眼中，莛與楹、厲與西施是涇渭分明、截然對立的，然而，在莊子看來，莛不小，楹不大，厲不醜，西施不美，它們之間並沒有什麼根本的不同，它們都是「道」的體現，都是「道」的一種存在方式，這就是所謂的「道通為一」。

莊子不僅看到「道」通萬物為「一」，即便是同一物，也可以今天是此形狀，明天變成彼形狀，但無論外形如何變化，其本質始終如一：「其分也，成也；其成也，毀也。凡物無成與毀，復通為一。」(《莊子·齊物論》)在莊子看來，無論「成」還是「毀」，「物」仍然是「物」，其形態雖有不同，但都是「道」的一種體現。從「道」的意義而言，「成」與「毀」沒有差別，而是相通為一的，無所謂「成」與「毀」。

「萬物一齊」與「道通為一」不但強調了萬物的「一齊」，更在於揭示了「我」與天地萬物「一齊」。有了這樣的眼界，才可能理解莊子人生哲學的

真諦。莊子說:「天地與我並生,而萬物與我為一。」(《莊子・齊物論》)天地萬物與我同生共死,我與天地萬物為一體。在這個意義上,我們還需要區分什麼?還有必要天天糾纏於是與非、生與死、貴與賤、貧與富這些背離「道」的東西嗎?一個人,當他能夠與天地萬物同呼吸、共命運的時候,他就能真正擺脫世俗的桎梏,用一種坦蕩、無畏的態度面對世界。

「天地與我並生,而萬物與我為一」,不但在莊子的時代是一個夢囈,就是在莊子身後的兩千多年中,不過也就是在失意文人那裡喚起一點內心深處的共鳴而已。「古之人」的時代是永遠回不去了。莊子自己也清楚地知道,這一切一如他的「廣莫之野」、「無何有之鄉」一樣,只存在於哲人的心靈世界。所以他說「無適焉,因是已」(《莊子・齊物論》)。這既是莊子的無奈,也是他想喚醒眾人而不得的一種悲哀。然而,就是莊子的這個夢囈,卻喚起了後人對人性的了解、對人的平等的嚮往。在他身後兩千多年,終於有人意識到了莊子「天地與我並生,而萬物與我為一」的價值,「齊物者,一往平等之談也」(章太炎《〈齊物論〉釋》)。

六、畸人、兀者與「道」

莊子心中的「道」是一個完美無缺的存在。然而,在《莊子》一書中,我們卻不難發現如此多的「得道」者,是畸人或是因受刑而形殘的兀者。他們相貌怪異,身體殘缺,如〈養生主〉中獨腳的右師,〈人間世〉中的畸人支離疏,〈德充符〉中獨腳的王駘與申徒嘉、奇醜無比的哀駘它、跂腳身殘沒有嘴唇的闉跂支離無脤、身上長著巨大腫瘤的甕㼜大癭,〈大宗師〉中腰彎背駝的子輿,〈達生〉中佝僂承蜩的老人等。清人宣穎在《南華經解》中稱讚莊子寫法新奇、出人意想:「劈頭出一個兀者,又一個兀者,又

第六章　『道』的迷失

一個兀者，又一個惡人，又一個闉跂支離無脤，又一個甕㼜大癭，令讀者如登舞場，怪狀錯落，不知何故。」他認為這是由於莊子要說明「德充」是裡面的事，與形貌無關，才設計出這許多的畸人與形骸殘缺之人。宣穎這樣理解固然不錯，但是莊子為什麼對這些畸人、形殘之人格外鍾情？他在這些畸人、形殘之人的身上究竟寄寓了怎樣的深意？

讓我們先從《莊子・天地》中的一個小故事說起。據說有一位相貌奇醜的「厲之人」半夜生了孩子，等不及天亮，就急急忙忙舉火來照看，唯恐孩子長得像自己。細想一下，為人父母，卻因自己相貌醜陋而生怕孩子長得像自己，這該是怎樣的一種悲哀？這一逼真生動的情節透露出莊子並不是意識不到美與醜的分別，恰恰相反，正是由於他看到了醜人、畸人在生存中不得不面對被歧視的現實，才要特別強調像厲人那樣醜陋的人與美貌的西施，在本質上不存在任何差異。無論你是醜厲人，還是美西施，在「道」的面前都一樣，沒有任何分別。

正是出於這種以「道」觀之「萬物一齊」的思想，形形色色的畸人、醜人、兀者成了莊子世界中「道」的實踐者的主體。他們往往由於形殘、醜陋而少受人世間「是非」、「榮華」、「功名」等「成心」的約束，反而得以按照自己的自然本性去求生存。〈人間世〉中的支離疏，他的臉緊貼著肚臍，兩肩高過頭頂，髮髻朝天，五臟腧穴朝上，兩條大腿和兩邊的胸肋並生在一起，簡直集各種殘疾、畸形於一身。在帶著「成心」的世人眼中，這樣的人就是「無用」之人，是「不材」的「散木」。然而，莊子認為支離疏是有用的，他可以自食其力，養活自己，同時，他還能夠幫助別人，「鼓筴播精，足以食十人」。莊子在這些畸人、兀者身上，寄寓了他對世人「成心」與偏見的挑戰與蔑視，也顛覆了人們將「有用」與「材質」僅僅局限於入仕從政的傳統觀念。

莊子對畸人、兀者的格外垂青，主要是看中了他們「德有所長，而形有所忘」，從而也就對「道」領悟得更為透澈、獨到。形體殘疾的人，德性卻很可能是健全的；而形體健全的人，在精神上卻未必健全，其德性很可能是殘疾的！〈德充符〉中的六位畸人之一王駘因受刑而成為獨腳的兀者，但他完全破除了人對形骸健全的執著，絲毫不以自己形骸殘缺為意，看待自己失去的一隻腳猶如遺棄了一把泥土一般，始終「遊心乎德之和」。追隨著他求學的門徒跟孔子的一樣多，甚至孔子都表示「夫子，聖人也……丘將以為師……丘將引天下而與從之」。還有那個對子產的歧視視而不見、充耳不聞，最終令子產對他心悅誠服的兀者申徒嘉，把名聲視為精神桎梏的叔山無趾，都是遊於形骸之外、內心極為強大、同於大道的人。

　　〈德充符〉的六位畸人中，最引人注目的還是那位相貌奇醜的哀駘它。據說其相貌醜陋得使天下人驚駭，而且他毫無權勢，沒有任何能力解救他人於危難之中，更無錢財養活他人，更別說給他人帶來絲毫的物質利益與好處了。以世俗的眼光來看，哀駘它沒有絲毫有用之處，可是他不但贏得了眾多男女的傾慕愛戴，甚至連身為君主的魯哀公與他相處之後，都被他的人格所折服，想聘請他為魯國的相國，把一國之事都託付給他以示對他的器重與信任。莊子用哀駘它的形象再一次顛覆了人們的偏見，彰顯「德充符」的主題：真正具有魅力且能讓人產生最強烈震撼的，不在「形骸之外」，而在「形骸之內」，也就是人的精神。

　　一邊是完美無缺的「道」，一邊是身體有殘缺的畸人、惡人與兀者，這兩者之間究竟有沒有關係？如果有，又是一種什麼樣的關係？

　　畸人者，畸於人而侔於天，故曰：天之小人，人之君子；人之君子，天之小人也。

第六章　『道』的迷失

　　這是〈大宗師〉中孔子對什麼是「畸人」的回答。原來，莊子心目中的畸人就是不同凡俗而合於天、合於道的人。對天或對道來說，是小人的人，實際卻是人間的君子；而人間的君子，對天或對道來說，卻是小人。這幾句話為我們解開莊子矚目於畸人、兀者之謎提供了最可靠的線索。在莊子看來，這些形體上的畸人、兀者，他們在心靈上卻最接近於道，最容易體悟到道，而那些形體健全者，由於被世俗種種「成心」所束縛，遠離了道，反而有可能是精神的、心靈的畸人。至此，我們才算理解了莊子「憑空撰出幾個形體不全之人，如傀儡登場，怪狀錯落，幾於以文為戲，卻都說得高不可攀，見解全超乎形骸之外」（劉鳳苞《南華雪心編》）的真正用意。

第七章　生死與夢覺

　　人生最大的困惑，莫過於生死。生是什麼？死又是什麼？人從哪裡來，又到哪裡去？為什麼萬事萬物似乎都有選擇，唯獨生死卻是如此變幻莫測，絲毫由不得人做主？面對這個人生終極問題，我們的先賢大都選擇了只談生，諱言死。即使不得不談到死，也只是著眼於應當如何善待死者：「生，事之以禮；死，葬之以禮，祭之以禮。」（《論語·為政》）「事死如事生，事亡如事存。」（《禮記·中庸》）面對這個人生難題，莊子卻能坦然面對，不但提出了「死生一齊」的生死觀，而且還描述出了一個令人嚮往的、美好的死亡世界。

　　這，就是莊子的與眾不同。

　　在現實世界，人自從出生的那一刻起，便在走向死亡，這是沒有人可以逃避的命運。但人的本能卻是貪生怕死的，人人都渴望永生不死。於是，就有了秦始皇派徐福率領童男童女入海尋找長生不老之藥，有了幾千年煉丹術的延綿不絕，有了至今仍方興未艾的養生熱。然而，無論是帝王將相，還是平民百姓，最終沒有誰可以免得了一死，「縱有千年鐵門檻，終須一個土饅頭」（范成大〈重九日行營壽藏之地〉）。在這樣冰冷的現實面前，莊子生死觀的意義才突顯了出來。如果說莊子的「逍遙遊」意味著生的極致，那麼他的「蝴蝶夢」則是死的化境。一生一死，人生的兩個境界就這樣在莊子的世界中化為了一體。人類最困惑、最沉重的難題，也隨之被輕易地化解了，而這一化解的融合劑，便是莊子思想的精髓「道通為一」。

　　「道」，可以通大小，通美醜，通天地萬物；「道」，也能通死生。

第七章　生死與夢覺

一、面對死生

關於生死，儘管先秦諸子各有各的生死觀，但整體而言，論「生」遠多於論「死」。當孔子的學生季路問到死的時候，誨人不倦的孔子馬上一反常態，板起面孔嚴肅地教訓他說：「未知生，焉知死？」（《論語·先進》）強調不要追問死後之事，要關心生而不必想到死。孔子忌諱談死，但對死卻又十分敏感。伯牛病重，孔子去探望，隔窗拉著伯牛的手說：「亡之，命矣夫！斯人也而有斯疾也！斯人也而有斯疾也！」（《論語·雍也》）孔子最得意的弟子顏回早亡，孔子極度傷心，連連悲嘆道：「噫！天喪予！天喪予！」（《論語·先進》）

對於死，孔子表露出的是一種無可奈何的悲觀情緒，他只能將死亡歸結為命運的安排，無法違抗。孔子雖諱言死，但他並不怕死，他是一個為了自己的政治理想不惜犧牲生命的人：「志士仁人，無求生以害仁，有殺身以成仁。」（《論語·衛靈公》）在這一點上，我們不應該對孔子有任何的誤解。

在生死問題上，老子曾三十九次談到生，只有十八次談到死。儘管老子曾提出「出生入死」這樣的經典名言，把生與死相提並論，視生死為一種自然現象、一個過程，但他更看重的還是人當如何活著，所以他特別注意到長壽的人只有人口的十分之三，短命早死的卻占了十分之三，而自己尋死的也占十分之三。老子把這些現象的產生歸結於人求生的欲望過強。（《老子》第五十章）並且透過關注人是怎麼死的，告誡人們當如何更好地生。

荀子對死生問題的看法與老子大致相仿。他也視生死為一個過程：「生，人之始也；死，人之終也。終始俱善，人道畢矣。」（《荀子·禮論》）

他認為人的生是始，死是終，善始善終才是「人道」的最高境界。

　　老子與荀子雖然談生死比孔子談得更直接一些，也更多一些，但他們所著眼的並不是人應當如何去面對死，更沒有去探索死後的世界，在他們那裡，生是生，死是死，生或死是一個相對獨立的話題。而莊子對於死，雖然也說「死生，命也」（《莊子‧大宗師》），類似於孔子說的「死生有命」（《論語‧顏淵》），但莊子卻少了孔子無可奈何的慨嘆。莊子所謂的「命」有命運的意思在，但更多的還是指「自然」。他是說，人的死生變化猶如自然界的變化一樣，不是什麼稀奇事，人應該順從自然的變化，所以他緊接著說「其有夜旦之常，天也」，意思是說生死就像黑夜與白天相互交替一樣，是一種常態，死不是「終」，生也不是「始」，死與生是一個無始無終的循環。他還說，生與死不僅是自然執行的一種必然，還跟人生中可能遇到的種種際遇一樣無法避免：「死生存亡，窮達貧富，賢與不肖毀譽，飢渴寒暑，是事之變，命之行也。」（《莊子‧德充符》）

　　莊子雖然也把生死看作一個過程，但他的看法與老子的「出生入死」、荀子的「善始善終」有著明顯的差異。老子、荀子都把死看作生命的終結，像是一個句號，所以勸人要善於保全生命，好好地活著。而莊子把句號變成了逗號，認為人死後還有另外一個世界，死不是生命的終結，而是生命的一個起點，是一個新的循環的開始。他曾用一個很生動的比喻說明生死之間的奧祕：「指窮於為薪，火傳也，不知其盡也。」（《莊子‧養生主》）脂膏作為燭薪燃燒之後就會燒盡，然而火種卻會傳續下去，永不熄滅。人死了，形體在這個世界上消失了，卻會在另一個世界裡繼續存在。站在這樣的高度來看待生死，人還需要恐懼什麼，還有什麼放不下的呢？

第七章　生死與夢覺

二、如同故鄉的死後世界

　　傳統的生死觀往往把生與死看成對立的兩極，而莊子卻把這兩極完美地融合在了一起。莊子的生死觀產生於他獨特的「道」的學說。在莊子看來，世間萬物都是「道」的體現，生死也不例外。生與死之間只有形式上的變化，並不存在本質的差別。生也好，死也罷，不過是同一物的兩面，彼此之間永遠不停地轉換，循環往復，無始無終，如同自然界的花開花落、四季更替一樣。況且「人生天地之間，若白駒之過隙，忽然而已」（《莊子‧知北遊》），生死的變化，相對於宇宙天地，不過是一瞬間，當然也就生不足喜，死不足悲了。於是，莊子在〈齊物論〉中針對人們對於死亡的恐懼發出了振聾發聵的詰問：

　　予惡乎知說生之非惑邪！予惡乎知惡死之非弱喪而不知歸者邪！……予惡乎知夫死者不悔其始之蘄生乎？

　　意思是我怎麼能夠知道貪生不是世人的一種困惑？我怎麼能夠知道怕死不是流落他鄉的遊子不知返回故鄉的心態？……我怎麼能夠知道人死之後不會後悔自己當初的貪生怕死呢？在這裡，莊子把一個人從生到死的過程比喻為奔波疲憊的遊子回歸故里的旅途，我們看到莊子不但不懼怕死，反而對那個人人恐懼的死後世界帶有幾分嚮往，所以他說也許人死過之後才會後悔當初自己不願去死。

　　莊子視死如遊子還家的比喻，不禁讓人聯想到管子與韓非子視死如歸的說法。兩者字面意思極為相仿，但其中所包含的意義卻截然不同。管子、韓非子的「視死如歸」是讚賞士兵在戰場上奮勇殺敵、勇於為國捐軀的大無畏精神，但是在莊子的世界，死真正成了流浪在外的遊子對家鄉的回歸，死不再是一件讓人感到可怕或者無可奈何的事，而讓人感到溫馨、

感到親近。

不但如此，莊子甚至將死的世界描述得比生的世界更為美好。《莊子·至樂》記述了這樣一個故事。莊子在去楚國的途中遇到了一個骷髏，他覺得這個人被拋屍荒野一定另有隱情，於是用馬鞭敲打著骷髏問道：「你是因為貪生背理犯了罪還是因為國破家亡遭人殺戮才成為這樣的？或者你是因為做了錯事怕給家人增添恥辱而羞愧自殺才成為這樣的？還是由於凍餓致死的？或者你就是因為壽終正寢才成為這樣的？」晚上，莊子枕著骷髏睡著了。在夢中，骷髏告訴莊子：「你說的那些事都是活人的累贅，你想不想聽聽人死之後的快樂？在死後的世界，上無君王，下無臣子，沒有四季的勞作，人們怡然自得地生活於天地之間，就是當君王也比不過這裡的快活啊！」莊子不相信骷髏的話，表示自己可以讓司命之神恢復他的生命，讓他重返家鄉與家人團聚。骷髏聽罷，竟然眉頭緊蹙，十分憂慮地回答：「我怎麼會捨棄君王一樣的生活而重回人間去遭罪呢？」

生的世界充滿了殺戮、勞苦，等級森嚴，自然是恐怖、黑暗的，而死的世界卻無君無臣無勞役，是一種至樂。在這兩個世界的對比中，莊子雖然反覆申明在「道」的面前，生與死之間並不存在任何差異，但他在渲染死的世界的美好時，實際上是很難在內心深處始終保持冷眼旁觀的態度，也無法對現實中種種的不堪視而不見。這也使骷髏所描繪的死亡世界與莊子的終極理想家園「逍遙遊」竟有了幾分相似之處。這大概也是莊子之所以能夠輕輕鬆鬆地談死，坦然地面對死，達觀地看待生死的原因之一吧！至此，我們是不是可以說，在莊子心中，死後的世界，就是「逍遙遊」的世界？

第七章　生死與夢覺

三、活著才是王道

　　莊子把死亡世界渲染得如此美好，認為「死生存亡之一體」，但如果你由此得出莊子厭世重死的結論，那就大錯而特錯了。實際上，莊子非但不輕視生，而且對人當如何去生、如何活著有著極為獨到的見解。一部《莊子》，特別是內七篇，無論是講逍遙遊，講齊物，講生死一體，講養生，講人間世，講無用之用，還是講安時而處順，歸根結柢還是教人如何好好地活著。莊子把死的世界說得那麼炫人耳目、光輝燦爛，真正的目的其實只有一個，那就是要人放下對死的恐懼，勸誡人們不要把有限的生命耗費在無休止的是非之爭或因貪生怕死而自我折磨上，人應該更多關注如何保全自己的生命，如何在這個黑暗混亂的世界活下去。莊子甚至說，能夠終其天年，充分享受自己的壽命，不死於非命，不半道夭折，那才是最高的智慧。（《莊子‧大宗師》）所以，在先秦諸子中，莊子雖然講死講得最多，對死的境界也描述得最為美麗，但同時對生也看得最重。每當論及「死」，莊子總忘不了講「生」。

　　在莊子的時代，「死生」並非是一個常用詞。莊子之前，「死生」連用只在《詩經》與《論語》中各出現過一次。《詩經‧邶風‧擊鼓》：「死生契闊，與子成說。」《論語‧顏淵》：「商聞之矣：死生有命，富貴在天。」老子、孟子一次都沒有連用過，荀子用過四次，但在《莊子》中卻用到二十餘次，這足以說明莊子在正視死、讚美死的世界的同時從來沒有忽視過生。特別是莊子的〈養生主〉是專門談論人當如何保全自己生命的，而這一篇又緊緊排在〈逍遙遊〉、〈齊物論〉之後，這種編排本身也顯示了莊子對生的重視。

　　於是，我們看到，莊子在〈齊物論〉終結處剛剛以莊周與蝴蝶的「物化」描述了讓人不捨的「栩栩然」逍遙夢幻的世界，一轉身就又在〈養生

主〉中大談無論處於多麼惡劣的生存環境，人都要想辦法活得順順當當，活得有滋有味，實實在在地講出了一篇「養生經」。

〈養生主〉開篇便說：

> 吾生也有涯，而知也無涯。以有涯隨無涯，殆已；已而為知者，殆而已矣。為善無近名，為惡無近刑。緣督以為經，可以保身，可以全生，可以養親，可以盡年。

人的生命是有限的，而「知」卻是無限的，以有限的生命去追尋無限的「知」，那太危險了。在莊子的「養生經」中，「知」被列為了養生的頭號「殺手」。「知」，其實就是是非，執迷於「知」必然陷身於是非的糾纏，讓人心力交瘁，生命受摧殘。那是一條危險的不歸路。

那麼，怎樣才能好好地活著呢？莊子舉了兩個例子：做好事與做壞事。他要人做好事不要貪圖名聲，一出名麻煩便會接踵而來。做壞事也得做得「得當」，盡可能避免遭受刑罰的傷害。說白了就是，你好事可以做，壞事也可以做，只要「不近名」、「不近刑」，就可以「養生」。讀到這裡，你可能會問，難道莊子認為人可以「為惡」嗎？沒錯，回答是肯定的。但這並不等於莊子提倡「為惡」。我們知道，在莊子的哲學世界，原本就沒有所謂善惡，至少莊子從來不認同這樣的倫理道德。在莊子看來，什麼善惡名刑，通通都是「外物」強加於人的。為什麼在莊子所推崇的人中，有那麼多受過刑的兀者？顯然，這是莊子刻意為之的，他就是要對所謂善惡表示出極度的蔑視與徹底的顛覆，他要明確地向這個世界宣布，就算是受過刑又怎麼樣？

除了「為善無近名，為惡無近刑」以外，莊子還給出了一個「緣督以為經」的養生祕訣。那麼，怎樣做才能「緣督以為經」呢？這就是「庖丁解牛」所要回答的了。

第七章　生死與夢覺

「庖丁解牛」的寓言，人所皆知。龐然大物的牛，「技經肯綮」，盤根錯節，就如同人類所生存的社會一樣錯綜複雜。而人要想在這樣複雜的環境中不受傷害地活下去，就必須練出像庖丁那樣「以神遇而不以目視，官知止而神欲行」的高超本領，必須用「臣之所好者道也，進乎技」的思路去了解、認識這個社會，「依乎天理……因其固然」地「遊」走於社會的夾縫間，只有這樣才可以「以無厚入有間，恢恢乎其於遊刃必有餘地」。請不要對莊子太過苛求，認為他的生存方式不講原則，不擇手段。在「方今之時，僅免刑焉」的社會，侈談原則、道德，更像是「事不關己」的大話空話。既然社會衝突如此殘酷激烈，環境如此黑暗惡劣，只有保全個體生命，保證自己的身體不受傷害，好好活著。除此之外，難道還有更好的辦法嗎？

正是出於如此的考量，莊子在誇讚了庖丁之刀「是以十九年而刀刃若新發於硎」之後，突然話鋒一轉，開始強調庖丁解牛時極為慎重警覺的另一面：即便技高如庖丁，「每至於族」，則「怵然為戒，視為止，行為遲，動刀甚微」，沒有絲毫的掉以輕心，唯其如此，才可保全自己的身家性命。

雖然莊子希望人們可以「無近名」、「無近刑」、「緣督以為經」，但現實卻是「遊於羿之彀中」，「不中者，命也」，總會有人由於命運不濟而遭受刑罰。所以緊接「庖丁解牛」之後，莊子講了一個「右師之介」的故事。他說那些不幸「中的」的形殘之人，倘若能將人為的遭際歸於天意，以一種「安之若命」的態度，坦然處之，從此「忘形」，理解人的形貌、遭際通通出自於天，與人無關，就仍然可以全生、養生。不僅如此，莊子還提出形殘並不可怕，最可怕的還是人精神的殘缺，那才是對生命的真正威脅。所以在「右師之介」之後，莊子又講了一個「澤雉之神」的故事。他說沼澤地中的野雞走十步才能啄到一口食，走百步才能喝上一口水，儘管生活如

此艱辛困苦，卻並不希望被豢養在籠中。豢養在籠中的家禽，雖然生活無憂，卻不可以自由走動，最終的結局很可能是慘死在砧板上。莊子將這樣的例子都作為「養生」的祕訣來傳授，可知在莊子眼中，心的自在、精神的無拘無束是遠遠超越於物質的。倘若為貪圖衣食無憂而失去自主的心靈，造成精神的殘缺，非但不是養生，反而會傷生、殘生、害生。這也是為什麼莊子拒絕了楚王的重金聘用，寧肯「曳尾於塗中」，也要保持自己精神的獨立，享受自在隨意的生活。

至此，我們可以清楚地看到，莊子雖然視生死為一體，坦然面對死，但同時又十分重視個體生命的價值，他是站在維護生命價值的基點上，來談「保身」、「全生」、「養親」、「盡年」的，唯其如此，他才可以超越道德的「善惡」，完全忽略世俗的刑罰，對形體的殘缺視而不見，而專注於人的心靈與精神的健全。在莊子看來，只有好好活著才是王道，這也是莊子貴生、重生、養生的最重要的內容。

四、「鼓盆而歌」

先秦諸子都很重視生，莊子也不例外。但是莊子之所以是莊子，更在於他對死這個別人不願觸及的話題，提出了獨一無二的見解。

既然在莊子眼中，死亡是一個「南面王樂，不能過也」的世界，面對死亡他竟會萌發出一種「遊子返鄉」的急切之情，那麼當死亡真正降臨的時候，莊子又是怎樣顯示出他的「異類」特質，表現出他的不同凡響呢？

我們見到的第一位人物是《莊子·養生主》中的秦失。老聃死，作為好友的秦失前往弔唁。秦失帶眾弟子來到老聃靈堂，僅「三號」便退了出來。秦失的「號」可不是今人的嚎啕大哭，而是在靈前呼叫了三聲老聃的

第七章　生死與夢覺

名字。秦失的意思很明確，他此行的目的只是來知會老聃一聲：「您老先走一步，我呢，暫且還留在這裡，不過，很快我們就會見面的。」這種有悖人情的弔唁方式，自然引起了弟子的不解。於是，秦失給弟子上了一堂如何看待生死的課。他說：「我本以為前來弔唁的人都跟我與老聃一樣，對死有著不同於常人的理解，現在看來並非如此啊。我發現來弔唁的人大致可分為兩類：一類是由於老聃之死觸發了心中隱藏著的失去親人的傷痛，所以他們就像老人哭自己的孩子，或者年輕人哭自己的父母一樣，發自內心地感到悲慟。而另一類人本來不想說什麼，也不想哭，可是在這種情況下卻不得不跟著哭泣，不得不應和著跟人說幾句表示難過的話。無論是哪種人，無論是說真話的還是說假話的，無論是真哭的還是假哭的，都違背了自然之道，忘記了人的自然秉承，是『遁天倍情，忘其所受』。」

那麼，人，到底應當怎樣對待生死呢？用秦失的話說：

適來，夫子時也；適去，夫子順也。安時而處順，哀樂不能入也，古者謂是帝之縣（懸）解。

意思是該來的時候，老聃來了；該走的時候，老聃走了。老聃順應自然而生，也順應自然而死。我們活著的人不必因為看到他生就快樂，看到他死就悲傷。忘掉哀樂，不讓哀樂之情侵入自己的心，讓心保持虛空，這才是「縣（懸）解」。所以，生不是「懸」，死也不是「解」，真正需要解救的是人心，讓人心不再受到任何哀痛哀傷之情的攪擾，這才是古人所說的「帝之縣（懸）解」。

除了秦失以外，另外兩位在對待生死問題上與莊子息息相通的是〈大宗師〉中的孟子反與子琴張。這兩位和子桑戶三人是「莫逆於心」的好友。子桑戶死後還沒有下葬，孟子反與子琴張二人，一人編曲，一人彈琴，竟然相和著唱了起來：「子桑戶啊子桑戶，現在你已經返本歸真了，而我們

還活著啊。」好友故去，一般人都會哀傷哭泣，而孟子反、子琴張卻面對屍體又是奏樂又是歌唱，難怪子貢責備他們不懂禮儀，斥責他們「都是些什麼人啊」。可是他們只是相視一笑，回答子貢道：「我們怎麼會懂你所說的禮呢？」

孟子反、子琴張和子桑戶都是得「道」者，對他們來說，死，不是生命的結束，而是新生命的開始。在他們眼中，世俗的一切都是虛假的，是與天道相違逆的，而只有心的世界沒有隔閡，沒有束縛。無論是生還是死，不過都是天命，是自然，又有什麼可哭泣的呢！

像孟子反這樣的人，遊於世俗世界之外，把活著視為「附贅縣（懸）疣」，把死看作「決疣潰癰」。他們根本不在乎死與生先後的順序，也沒有這樣的觀念，自然也不會去遵循世俗的禮儀，去看世俗之人的臉色。

當然，最為驚世駭俗的，還是莊子本人的現身說法。

莊子的妻子死了，惠子聞訊前去弔喪，看到莊子非但沒有傷心落淚，反而敲打著瓦盆在歌唱。惠子對莊子的行為無法理解，於是對他好一番數落。面對惠子的責難，莊子回答道：「實情並不像你所說的那樣。妻子初死之時，我同樣也不免悲傷感慨。但深究起來，這世上原本沒有她的生命，豈止沒有生命，也沒有形體；豈止沒有形體，本來連氣也沒有。在那個恍惚的境地中，她不過是『道』無為無形的存在。後來變化為氣，又由氣變化為形體，形體變化而有了生命。現在又由生變化為死，猶如春夏秋冬四時的執行一樣，又有什麼可值得悲傷的呢？如今她已經安息在天地之間，回歸本真。假如我在她的旁邊不停地嗚嗚哭泣，那就是不通天命。所以我就不再哭泣哀傷了。」（《莊子‧至樂》）

這段有關莊子的軼事非常耐人尋味。我們首先可以看到莊子作為一個有血有肉的人與作為一位思想博大精深的哲人之間的矛盾。作為人，與自

第七章　生死與夢覺

己生活了一輩子的妻子去世了,莊子豈能不感到悲傷?所以面對惠子的指責,莊子立刻反駁道「不然」。莊子之妻死時莊子五十餘歲[11],此時的莊子,生死觀已經形成。儘管他深諳「生死一齊」的道理,可是他畢竟是活生生的人,是人就不能完全無情,一旦遇到與個人情感緊密相關的事件,也難以真正做到形如槁木、心如死灰。一句「是其始死也,我獨何能無概(慨)然」,可見其妻之死對莊子的震撼是很大的,這時流露出的悲哀傷感才是他最真實的感情。

對生死有著獨到見解的莊子,理性上,可以將生死理解為四季的變更,深刻理解人本來不過是個「無」,無生、無形甚至無氣,他認為人對這個「無」感到哀傷,是荒謬可笑的。如果我們把莊子的這段話與〈齊物論〉中關於宇宙起源的一段話相比照,可以清楚地看到,莊子對個體生命的起源已經追溯到了連「無」都沒有的階段。他深深懂得,人的生命只是「道」的一種體現。「道」使妻子有了形體,有了生命,她隨「道」而來,完成了與自己在一起的「道」所賦予的使命,然後又隨「道」而去,回歸於原本的「無」,既然如此,自己為什麼還要悲哀下去呢?這才是作為哲人的莊子對人之生死的思考。然而,畢竟理性與現實之間存在著一定的距離。況且,理性可以制約感情,卻並不能完全取代感情。有時,豁達也只是一種無奈,一種境界,但豁達並不等於真的可以絕對無情。我們所能看到的,是莊子坐在那裡,面對亡妻「鼓盆而歌」,那麼有悖常理卻又顯得那麼超凡脫俗、卓爾不群,但我們怎麼會想到,莊子原來也曾經有過「概(慨)然」之情。

終於,莊子要離開這個世界了,《莊子‧列禦寇》記載:

莊子將死,弟子欲厚葬之。莊子曰:「吾以天地為棺槨,以日月為連

---

[11]　莊子晚於惠子一年出生。惠子享年六十,莊妻死於惠子之前。以此推斷,其妻死時莊子五十餘歲。

壁,星辰為珠璣,萬物為齎送。吾葬具豈不備邪?何以加此!」

廣袤的天地是我的棺槨,日月星辰乃至天地萬物都是我的陪葬,安葬我的物品已如此齊備,為什麼還需要其他的東西?這時的莊子已經將宇宙萬物與自己融為了一體。

死之將至,莊子的豁達、樂觀、坦然不僅僅是一種超然塵外的標新立異,更顯示出他已徹底地擺脫了世俗對生死的偏見,這時他是懷著一種「遊子回鄉」的熱切而又空靈的心境,灑脫從容地迎接自己生命的終結,坦蕩樂觀地走進天地之「巨室」,安然平靜地回歸自己生命的原點,去迎接下一次生命的循環。

五、莊子的夢

至此,莊子已經為我們描述了死後的世界,闡述了人當如何面對生死,以及死亡降臨時得「道」者的灑脫與超然。然而,畢竟沒有人可以死而復活親口講述他死後的經歷,也沒有人對死有過身臨其境的切身感受,因此,人們仍然難以徹底克服對死亡的恐懼。即便是參透生死的莊子也無法以自己的親身經歷與我們交流,於是,他就用另一種方式來講述——從夢與覺的變化中體會出的生與死的差異。

我們知道,莊子很喜歡寫夢。先秦諸子中,大概沒有人比莊子寫夢寫得更多了。三十三篇《莊子》記述了十幾個夢,僅內篇就有〈齊物論〉、〈人間世〉、〈大宗師〉三篇寫到或涉及夢。倘若當年郭象沒有刪去那些「或類《占夢書》」(陸德明《經典釋文序錄》)的章節片段,很可能《莊子》中會留下更多的夢。

說夢記夢並不是莊子的發明,甲骨卜辭中的很多內容都與夢有關。在

第七章　生死與夢覺

人不能主宰自己命運的年代,理解與個人生活關係密切的夢所暗示的徵兆,對人來說似乎比占卜算卦求諸神靈更顯得重要。所以現存先秦典籍中有不少關於夢的記載,也有不少出色的記夢之作,特別是《左傳》給我們留下了大量記夢、解夢的文字。例如「晉侯夢大厲」中一連寫了晉侯之夢、小宦官之夢、占夢師解夢以及夢的應驗等,情節曲折離奇,環環相扣,引人入勝。但是,《左傳》中有關夢的記述,無論描述得多麼生動有趣,也只是說夢、記夢、解夢或以夢作為預言而已。

而莊子的夢,大多不再是對個人夢境的記述,而是夢的創作。莊子很喜歡用夢來闡發自己的人生理念。例如〈人間世〉中的櫟社樹之夢,重點在渲染「無用之用」,〈至樂〉中骷髏之夢描述了與「逍遙遊」境界相似的死後世界。莊子對夢最有創意的領悟,是他從夢與覺中悟出了生與死這兩個界限分明卻又緊密相連的境界。莊子以覺喻生,以睡喻死,以夢喻人在死後世界的生活。夢本身是虛幻的,但在人人都相信夢對人生有重大意義的年代,莊子的這一「發明」神奇地將原本在現實世界中難以體驗、難以言說的死亡化為了真實可感的人生經歷。莊子以說「夢」來超越現實,比喻人生,開了「人生如夢」的濫觴。

以夢喻人生是從〈齊物論〉中瞿鵲子與長梧子探討死生問題引發開來的。莊子在安排長梧子發出「予惡乎知說生之非惑邪?予惡乎知惡死之非弱喪而不知歸者邪」的反問後,緊接著講了個麗姬出嫁的故事。據說當年晉獻公攻打驪戎國,驪戎戰敗,將麗姬姐妹二人作為禮物獻於晉獻公。(《左傳·莊公二十八年》)麗姬出嫁前,得知自己要背井離鄉遠嫁晉國,哭得悽悽慘慘戚戚。然而當她真的來到晉國,睡的是舒適方正的大床,吃的是美味珍饈,享受著種種榮華富貴,這才後悔自己當初不該哭哭啼啼。於是,莊子借長梧子之口感慨道:人怎能知道死後不會後悔當初活著時不

該貪生怕死呢？用麗姬出嫁前後心情的截然不同來比喻人對生死的誤解，在今人看來不免荒唐。但從這個比喻中，我們至少可以在如何對待生死問題上獲得這樣的啟示：人活著，都不免會對未知的世界懷有恐懼，然而一旦真的踏進這個世界，熟悉這個世界，才會發現實際情況很可能與自己預期的截然相反。

麗姬的故事說明，死非但不足為懼，反而很可能意味著另一種美好生活的開始。但即便如此，仍不能徹底消除人們對死懷有的深深的恐懼。人們不知道死究竟是個什麼樣子，人死之後的世界又該如何驗證。在這樣的情況下，莊子只得另闢蹊徑。莊子注意到，做夢飲酒作樂的人，白天可能會悲痛哭泣；夢中哭泣的人，白天卻可能會高高興興地出去打獵。在夢中，人們不知道自己是在做夢，而把夢境當成了真實。人還會在夢中請人占卜自己的夢，直到夢醒之後才知原來是夢而已。

那麼，人們怎麼能夠知道哭泣的時候不是在做夢，而飲酒才是真實的生活？人們又怎麼能夠知道打獵不是真實的生活，而哭泣才是真實的生活？夢與覺之間究竟哪一個是真實的，哪一個是虛幻的？哪一個更可信，哪一個更弔詭？夢，可能是真實的再現，也可能完全是虛假的，更可能是真真假假，真假摻雜，難以分辨。在某種程度上，正是夢的不可知性、不確定性，以及夢的虛幻難解，讓莊子發現了夢覺與生死的相通之處。夢中悲哀傷感，醒來卻可能輕鬆愉快，反之亦然。人的生死，不亦如此？說到底，「方其夢也，不知其夢也」，而人對生死產生的困惑，不正如夢覺一樣只是人的一種錯覺！

用夢覺來比喻人的生死的體驗，是莊子的獨創。人生如夢，夢如人生。芸芸眾生雖然日日夢覺，卻堪不破死生，何其哀哉？那些活在夢中，自以為清醒或者沉醉於夢中之夢而不知身在夢中之人，難道真的勘不破此

第七章　生死與夢覺

中真相？夢如死，生如覺，難道這一簡單的人生道理仍需要「大覺」之人方能解得？對於眾人的痴迷，我們彷彿可以看到莊子正站在九天之外向著人們冷笑：

> 且有大覺而後知此其大夢也，而愚者自以為覺，竊竊然知之。

只有清醒且懂得死生的人才明白夢如人生、人生如夢，而那些自以為清醒的人，以為自己什麼都明白，其實不過是愚者而已。

這裡莊子所說的「大覺」，指的是具有大覺悟的人，是看透了生死進入到生死如一境界的人。而「此其大夢也」的「大夢」也非平常之夢，比喻的是人的一生。唯有大覺悟的人，才能明白人生不過是場大夢而已。

說到這裡，莊子自己不禁也對夢與覺感到恍惚起來，感慨道：現在我與你之間的談話，究竟是夢還是醒？我為你說夢，其實也是夢。

> 君乎，牧乎，固哉！丘也與女（汝），皆夢也；予謂女（汝）夢，亦夢也。[12]

所謂「君」，指的是君王，也指所有的高貴者；「牧」，放牧之人，也指所有的普通人。這就是說，不論是尊貴者還是卑賤者，在生死、夢覺這樣的問題上都表現出同樣的淺薄。你與孔子談論聖人的事，是你做過的一場夢。現在我跟你談論夢的事，其實也是在做夢。這場人生大夢，目下誰也無解，只能等待未來了。

> 是其言也，其名為弔詭。萬世之後而一遇大聖，知其解者，是旦暮遇之也。

莊子自己也不得不承認，當下他的這些有關死生如夢覺的話會被視為

---

[12]《莊子・齊物論》。這段話是瞿鵲子和長梧子討論死生時所說的。他們對話中的「丘」指的當是孔子。

「弔詭」。但是，莊子相信，後世即使長至萬年，終究會有「大聖」出現，將其間的深奧隱祕解釋清楚，只不過是時間早晚而已。

把夢與覺的界限有意識地虛化、模糊化，夢不再是夢，覺也不再是覺，而呈現出夢亦是覺，覺亦是夢，沒有人可以確定這究竟是夢還是覺，以至兩者間的區別全然消失，了無痕跡，這正是莊子生死觀中所要表述的對於生死轉化的看法。如同夢覺一樣，生死的轉換，也是模糊的，不清晰的，一切都是靜悄悄地來，靜悄悄地去，沒人可以分辨其間的差別，沒人可以真正知道哪個是生，哪個是死，正如莊子著名的「蝴蝶夢」所描繪的那樣：

昔者莊周夢為蝴蝶，栩栩然蝴蝶也，自喻適志與！不知周也。俄然覺，則蘧蘧然周也。不知周之夢為蝴蝶與，蝴蝶之夢為周與？周與蝴蝶，則必有分矣。此之謂物化。

莊子夢見自己化為一隻蝴蝶，輕鬆地搧動著翅膀翩翩起舞，悠然自在，陶醉於與自己心志完全相適的境界。在夢中，莊子感覺自己就是一隻蝴蝶，完全忘了自己原本是莊周。當突然醒來的時候，他才吃驚地意識到自己原來是莊周。這一下，他真的迷糊了，分不清剛才是莊周做夢化為了蝴蝶，還是現在蝴蝶做夢化為了莊周。莊周與蝴蝶一定是有區別的。但是莊周可以化為蝴蝶，蝴蝶也可以化為莊周。這種物我之間的互相轉化，莊子稱之為「物化」。「物化」泯滅了物與物、人與物、自然也包括生與死之間的界限，彰顯了「萬物一齊」的思想，而且將人對生死循環的認知昇華到了一個如蝴蝶夢般美妙愜意而又神祕虛幻的新境界。

「蝴蝶夢」不但把莊周與蝴蝶之間的轉化渲染得渾然天成，而且將死的世界「栩栩然」、「自喻適志」的美妙自得描摹得撲朔迷離，完全是一片化境。蝴蝶與莊周，哪個是幻，哪個是真？抑或都是幻，都是真？生活在

昨天、今天和明天的我都是「我」，哪個是真，哪個又是幻？「蝴蝶夢」以極其優美的筆法、迷離恍惚的意境，「化」了物論，「化」了萬物，「化」了物我，「化」了生死。雖則「栩栩然」，輕盈無比，對悅生惡死的迷惘眾生卻不啻於當頭棒喝。

當然，莊子把死說得如此美妙誘人，並不是要人捨生就死，而是要人不必恐懼死。活著，就輕鬆愜意地活；死去，就坦然心安地死。人生如夢，何不像遊子返鄉一樣「視死如歸」呢？更何況，那還是一個「忘年忘義，振於無竟」（《莊子·齊物論》）、沒有四時之事的「逍遙遊」世界。

六、夢醒之後

莊子「齊」了夢覺，「齊」了生死。在莊子看來，無論是「夢飲酒者」還是「蝴蝶夢」，死都是輕鬆自然之事，死後的世界甚至成了令人嚮往、欣羨的「逍遙遊」世界。然而，現實人生卻並不像莊子的夢境那麼簡單、瀟灑。現實生活中，除了柴米油鹽醬醋茶、四時之事以及生死之外，人還逃不脫「病老」的折磨。「病老」是與生死密切相關的又一個人生難關，它往往將人置於欲活不能、欲死不得的兩難困境，是對人生更大的挑戰。因此，如何對待「病老」，是莊子生死觀中必須要解決的另一個重要問題。不過，莊子的偉大就在於他不僅能通了死生，而且也能化解病老之障。

人人都希望健康，可是人人都會生病，都免不了遭受病痛的折磨。更何況那些與莊子一樣生活困頓貧窮，屬於草根階層的人們。既然病痛無法擺脫，無從避免，你就是再希望自己健康，再痛恨病老，在造物主面前，也仍然是無能為力的。沒有人能夠抗拒天命的安排。對此，莊子不是醫生，他無法解除人身體所遭受的病痛；但作為哲人，他卻可以為人開出

「心」藥,讓人在精神上獲得解脫。如果我們可以「安時而處順」,在「病老」面前如同對待生死一樣,「安之若命」,不勉強自己,不去抗拒,一切順應自然,聽其自然,就像莊子在〈大宗師〉中推崇的那些人一樣,我們就可以超越現實,也就可以坦然地面對眼前的一切。

子祀、子輿、子犁、子來四人相與語曰:「孰能以無為首,以生為脊,以死為尻,孰知死生存亡之一體者,吾與之友矣。」四人相視而笑,莫逆於心,遂相與為友。

莊子為我們推出了這樣四個人:子祀、子輿、子犁、子來。他們四人相遇之後,大談起生老病死的問題,說誰能把「無」當作頭,把「生」當作脊背,把「死」當作尾骨,把「死生存亡」當作一體,誰就可以和他們做朋友。說罷,四人相視而笑,莫逆於心,成了志同道合的好朋友。

人的生命是從「無」到「有」再到「無」的,死生存亡,循環往復,沒有起點也沒有終點。可是大多數人往往執著於生、厭惡於死,既不能像古之真人那樣「不知說(悅)生,不知惡死」(《莊子‧大宗師》),也不能像子祀、子輿、子犁、子來一樣視死生存亡為一體。所以莊子告訴我們,人生就像是一場旅途,其間的喜怒哀樂並不重要,重要的是在遇到各種無法預料的變數時,仍能保持淡泊超然的心態,對周圍乃至自己身上發生的一切變化都不必耿耿於懷,大家都應該像患了重病的子輿那樣,面對自己的遭際。

俄而子輿有病,子祀往問之。曰:「偉哉!夫造物者將以予為此拘拘也!」曲僂發背,上有五管,頤隱於齊,肩高於頂,句贅指天。陰陽之氣有沴,其心閒而無事,跰𨇤而鑑於井,曰:「嗟乎!夫造物者又將以予為此拘拘也!」(《莊子‧大宗師》)

對任何人來說,病痛都是個不受歡迎的客人,尤其像子輿這樣的重病。一般來說,在這種情境下,好友前來探望,表達的多是同情與安慰。

第七章　生死與夢覺

但這四個人之所以能夠成為好友，就在於他們對人的生老病死有著共同且獨特的看法，把「死生存亡」視為人生的必然。因此面對重病，自然也就會表現得與眾不同。在他們看來，無論是年輕時的瀟灑英俊，還是現而今的滿身病痛，都是「道」的體現，都是造物者的安排。於是在我們眼前，展開了這樣一組完全超乎意想的畫面：子祀望著朋友變形的身體，就像是在欣賞一件大自然的傑作一樣，一句同情的話沒有，而病人自己倒十分激動於自己身體的這番變化，急切地發出對造物者的由衷讚美，然後，還步履蹣跚地走到井邊，照見自己的倒影，再次對自己身體的變化發出驚嘆。

不過，如果我們仔細比較子輿在看到自己體形前後所說的兩句話，可以注意到這裡有三個字的差異。雖然他兩次都是在感嘆造物者的偉大，但是在看到自己形體之前，他發出的是「偉哉」，而看到自己形體之後卻變成了「嗟乎」。「偉哉」是歡呼，是讚美，而「嗟乎」多多少少帶著幾分感慨，兩者之間所流露的語氣、心態是頗有不同的。另外多出來的一個字是第二句中的「又」，這個「又」字透露出子輿對自己身體的變化雖能順之卻還不能完全泰然處之的心理活動。不過，子輿內心的這一點點細微的變化，也正是莊子良苦用心之所在。

子祀當然也感覺到了子輿內心的變化，於是他問子輿：「你是不是厭惡你現在的樣子？」此刻，子祀的心情一定是複雜的。他既擔心子輿在身罹病患時，會對「死生存亡之一體」的「道」產生動搖，不能「忘形」，從而失去一位莫逆之交的朋友，同時又對子輿的回答懷有極大的期待，希望子輿堅持自己的信念，不要讓心中的「道」因自己形體的變化而有所虧損。果然，子輿沒有令子祀失望，他說：「不！我怎麼會厭惡我現在的軀體呢？如果我的左臂化為公雞，我就用牠來報曉；如果我的右臂化為彈丸，我就用它去打小鳥做烤肉；如果我的尾骨化為車輪，我的精神化為駿

馬，我就乘著牠行走，我怎麼可能還需要換其他的車馬呢？再說了，生是時運，死是順應自然。安於時運，順應自然，哀樂就不會擾亂內心。沒有了哀樂，這就是古人所說的解脫。那些不能得到解脫的人，是由於為外物所束縛。況且，物不能勝天，我為什麼要厭惡自己軀體的變化呢？」

子輿的話與秦失弔老聃時發出的宏論何其相似！子輿因形體畸形而產生的心理變化又與莊子妻死時莊子對惠子的那番話如出一轍！可見順應自然的變化，坦然面對自己身邊所發生的一切，不等於人的內心沒有任何波瀾，也不等於人可以完全擺脫受社會環境影響而具有的人情。

從「蝴蝶夢」的「物化」到子輿心甘情願「化」為「雞」，「化」為「彈」，「化」為「輪」，可見「化」是莊子思想中又一個重要概念。「化」既包含了物我互化、生死互化的一體性，又包含了人生歷程中生老病死無時無刻不處在變「化」之中的持續性、不間斷性。在造化面前，人抗爭也罷，順從也罷，結局都沒有任何不同。既然如此，人又為什麼不能「安時而處順」呢？一旦「安時而處順」，人便擺脫了「物累」，從此「哀樂不能入」，也就獲得了真正的解脫。

後來子來病重將死，其妻子兒女圍在子來身邊哭泣，而子犁見狀大聲喝斥其家人，要他們走開，不要驚動了正在經歷生死之「化」的人。不僅如此，子犁還靠在門口慶賀子來的大「化」：「造物者真偉大啊！它要把你『化』成什麼呢？它要把你送到何處？要把你變成老鼠的肝臟嗎？要把你變成蟲子的臂膀嗎？」子來回答說：「子女對於父母，不管父母要自己去東西南北，只有唯命是從。造物者對於人，無異於父母。造物者要我死而我不依從，我就是強悍不順，造物者沒有任何過錯。大地承載著人的形體，年輕時讓人操勞，年老時讓人安逸，死時讓人安息。所以，造物者能讓我很好地活著，也能讓我很好地死去。現在有一位鐵匠在鑄造一塊金

第七章　生死與夢覺

屬。金屬跳起來說『一定要把我鑄造成鏌鋣寶劍』，鐵匠一定會認為這是一塊不祥的金屬。而人，一旦有了人形，就高叫著『把我造成人，把我造成人』，造物者一定會認為這是一個不祥之人。現在，我把天地當作大熔爐，把造化當作鐵匠，我到哪裡去不可以呢？」子來說罷便安然地睡去，然後又欣欣然地醒來。(《莊子・大宗師》)子來最後的「成然寐，蘧然覺」是不可以僅僅從字面意義上來理解的，這裡當寄寓著莊子以夢覺比喻生死的深意。此時的子來，應該已經平靜坦然地順從於造化的安排，完成了自己的又一次「物化」過程。

如果說，莊子以「道通為一」齊了生死，以夢覺對生死做了形象的闡發，那麼，子祀、子輿、子犁、子來四人所奉行的「死生存亡為一體」的人生態度，可以視為莊子「齊生死」思想的現實版。「安時而處順，哀樂不能入」，是貫穿《莊子》的一個主要生存原則，也是由「逍遙遊」的理想境界回到現實人生的唯一可行的生存之道。

第八章　德路漫漫

　　進入「逍遙遊」與「蝴蝶夢」的境界，擺脫生老病死以及各種世俗觀念帶給人精神上的沉重負擔，坦然自在地度過一生，是莊子為所有願走上這條路的人描繪出的一幅美好的圖景。圖景是莊子描繪出來的，但「路」還得靠人自己一步一步地走。任何人要想修煉到能像子輿、子祀等人那樣坦然豁達地面對生死病變而不驚，是需要一個過程的。這個過程根據每個人不同的生活經歷以及對「道」領悟的個人資質，或長或短，或易或難，所謂「修行在個人」。這個過程，莊子稱之為「修德」。

　　我們前面已經說過，「道家」本來是被稱為「道德家」的。作為道家代表人物的老子與莊子，都不僅論「道」，也說「德」。在其學說中「德」所佔的分量絕對不輕。現存老子《道德經》「道經」在前，「德經」在後，而馬王堆出土的老子著作則是「德經」在前，「道經」在後。莊子思想體系中的「德」的地位雖不及「道」那麼高，但莊子卻是把「修德」視為通往「得道」的「橋梁」，或者說是「得道」的必經之路徑。後人給《莊子》內篇分章命名時專闢〈德充符〉一章，卻沒有一篇專門論「道」，可見「德」這個概念在莊子學說中的重要。

一、此「德」非彼「德」

　　《莊子》內篇除〈養生主〉以外，篇篇見「德」。如果擴展到三十三篇《莊子》的話，「德」字共出現了一百四十餘次。本來，「德」這個詞並非莊

第八章　德路漫漫

子專屬，甲骨文中「德」字就已經出現了。「德」主要有兩個意思：就個人修身來說，「德」指人的「品德」；就社會規範、行為準則來說，「德」則指「道德」。品德與道德，二者既相互關聯又各有側重。而莊子文中之「德」，有時採用的也是一般意義上或者是傳統意義上的「德」，但在特定語境下，莊子文中之「德」又僅僅屬於莊子自己，具有莊子所賦予的特定含義。

現存內篇中的〈德充符〉是專門論「德」的。我們知道，內篇的篇名都是後人起的，並非出自莊子本人。如同〈逍遙遊〉、〈養生主〉等篇名一樣，以「德充符」名篇也是深得《莊子》之三昧的。但與其他篇名相比，「德充符」這三個字似乎又多了幾分讖緯的神祕色彩。

那麼，「德充符」這三個字究竟是什麼意思呢？

現在所能見到的最早對「德充符」三字的解釋，來自於崔譔的《莊子注》：「此遺形棄知，以德實之驗也。」意思是說，有「德」之人忘卻形體，去除「成心」，泯滅是非，這才是對人是否「德滿」的驗證。在崔譔看來，「充」，就是「實」，就是「滿」，「德充」就是「德滿」、「德實」；而「符」的意思就是「驗」。郭象接受了崔譔「德充」就是「德實」的說法，並進一步解釋「符」，認為人的德滿之後，萬物都會來「符」。（《莊子注》）從〈德充符〉所描述的一個個形殘貌醜之人如何受人大力追捧的情景來看，崔譔和郭象的解釋似乎並不算錯，他們的說法至今也仍為人所沿用。

不過，崔譔與郭象都只看到了《莊子‧德充符》中的德滿之人如何引人注目，卻隻字未提這些修德或德滿之人是如何修煉而成的過程，因此他們的解釋並沒有包括「德充符」的全部內容。從〈德充符〉中所描述的各種修德的人物來看，「德充符」的「充」當作動詞解，如《莊子‧人間世》中的「夫以陽為充孔揚，采色不定，常人之所不違」，《莊子‧天運》中的「形充

空虛，乃至委蛇」等「充」的用法一樣。況且《莊子・德充符》談的不僅僅是人內心「德滿」之後就會有外物來「符」，更多的文字論述的還是人從修德開始到德充滿內心的修煉，強調的是隨著人的修煉，內心之德如何由少而多，由多而完滿的一個漸進、累積的過程。莊子所說的「德」是一種內心的活動，而且說「德」是可以修，可以「充」的。

傳統意義上的「德」一向也被認為是可以透過修煉而獲得的。《禮記・大學》就說：「古之欲明明德於天下者，先治其國；欲治其國者，先齊其家；欲齊其家者，先修其身。」其中的「修身」就是修養人的品德與德行。但莊子所說的「修德」可以想見絕不會要人去「齊家治國平天下」，莊子思想中壓根就沒有這樣的概念。那麼，莊子之「德」究竟包含著怎樣的內容呢？

讓我們先來看看〈逍遙遊〉中莊子第一次寫到的「德」：

故夫知效一官，行比一鄉，德合一君，而徵一國者，其自視也亦若此矣。而宋榮子猶然笑之。

這裡「德合一君」之「德」顯然不是〈德充符〉中所特指的「德」，而是傳統意義上的君主之德，指的是德行、品德，屬於治世之「德」。就憑著「宋榮子猶然笑之」，可以知道此「德」非彼「德」，絕不是莊子所要肯定的「德」。

而後，莊子在〈齊物論〉中又提到了古代聖人堯之「德」：

故昔者堯問於舜曰：「我欲伐宗、膾、胥敖，南面而不釋然，其故何也？」舜曰：「夫三子者，猶存乎蓬艾之間。若不釋然，何哉？昔者十日並出，萬物皆照，而況德之進乎日者乎！」

舜說堯「德之進乎日者」之「德」，也許果真像舜所稱頌的那樣，遠超太陽的光輝，能使遠方小國歸順，這樣的「德」當然指的還是治國平天下

之德,仍屬於品德、道德的範疇,所以此「德」仍非彼「德」。

此外,在《莊子·人間世》中記述的顏回與孔子的對話中,多次提到顏回「德厚信矼」、「日漸之德」、「大德」等。顏回的「德」是否就是莊子所特指的、有特定意義的「德」呢?

仍舊不是。

孔子所談到的與顏回有關之「德」,都與孔子所重視的君子之德有關,指的都是儒家的倫理道德,特別是仁義,也就是孔子所推崇的「為政以德,譬如北辰,居其所而眾星共之」(《論語·為政》)的「德」。與莊子之「德」仍相距十萬八千里,此「德」仍非彼「德」。

總之,無論是「德合一君」之德、堯「進乎日」之德、顏回的「德厚」、「大德」等通通都沒有被莊子看上,一概被他否定了。那麼,什麼樣的「德」才是莊子看得上的「德」?什麼樣的「德」才是他所要肯定的「德」呢?

二、莊子之「德」

莊子第一次正面談到他心目中的「德」是在〈逍遙遊〉中描述「神人無功」時:

> 藐姑射之山,有神人居焉……其神凝,使物不疵癘而年穀熟……之人也,之德也,將磅礴萬物以為一,世蘄乎亂,孰弊弊焉以天下為事!

神人居住在遙遠的藐姑射之山,他神力凝聚,便可使天下萬物不再遭受疾病災害的折磨,五穀豐登,到處呈現一派豐衣足食的景象。他的德行,可以包容天下萬物,使萬物為一。儘管世人都在為治理天下忙著建立

功名，神人卻全然不把這些當作一回事。如此，神人又怎麼可能會為這些瑣事而費心勞神呢？

　　建功立業，幾乎是所有文人士子所憧憬、所傾力奮鬥的目標。為什麼莊子對神人特別提出了「無功」的標準？這是否意味著神人不會從事任何建功之事呢？倘若果真如此的話，我們就無法理解為什麼莊子要特別說「其神凝，使物不疵癘而年穀熟」。可見莊子所說的「神人無功」的前提是「神人有功」卻不以「功」為「功」，完全沒有世俗世界中「功」的概念，這才是「無功」的真實內涵。不過，這只是說神人之「功」。那麼，什麼又是「神人之德」？讓我們再來看一遍《莊子‧逍遙遊》中的原話：「之德也，將磅礴萬物以為一，世蘄乎亂，孰弊弊焉以天下為事！」神人之「德」原來是可以磅礴萬物，包容一切的，這樣的「德」其實就是「萬物一齊」的「道」在個體生命中的體現，這樣的「德」可以將萬物之間美醜、高低、貴賤的差別通通化為一體。擁有如此之「德」的人，自然與忙忙碌碌致力於治亂的世俗之人格格不入，也就更不屑於把天下這一點俗事放在心上了！由此可見，「神人無功」，就是神人之「德」，也就是莊子所讚美之「德」。

　　如果用神人之「德」作為尺規，來衡量莊子曾經談過的一君之「德」、顏回之「大德」、堯「進乎日」之「德」，不難看出這兩種「德」是完全不同的。神人之「德」與「道」是一個統一體。莊子之「道」是萬物的本源，是決定萬物之所以如此的本體；而莊子之「德」則與傳統的社會倫理道德毫不相干，是指人經過不斷對「道」的體驗，不斷昇華對世界、對自然、對人生的理解，不斷淨化心靈，最終與「道」融為一體而呈現出的特有的品質。正是在這個意義上，莊子之「德」才與個體的人發生了連繫，也才有了一系列修養其德、充實其德或者終能德滿、使萬物來符的有德者。

　　這其中，有兩個人物特別值得注意。

第八章　德路漫漫

一個是顏回。當顏回得知衛國國君殘暴無道，逼得老百姓活不下去，他熱血沸騰地向孔子辭行，決心以孔子的政治理想與治國之道去解救衛國老百姓於水火之中。然而，當孔子得知顏回只是想用儒家之「德」去教化衛君，阻止衛君暴行時，立即警告他說：你用「日漸之德」都不能使衛君有任何改變，何況「大德」？假如你去衛國，就是想用你的「大德」感化衛君的話，無異於找死。在孔子的開導下，顏回不僅放棄了以「德」去感化衛君的打算，而且透過「心齋」淨化了自己的心靈，忘卻了自己受到世俗「汙染」的「德」，進入了「虛」的境界。這時，孔子才終於認可了顏回，認為這才是人的立身之本。（《莊子・人間世》）

在這個故事中，我們看到原來傳統之「德」就是人生之大害，是對人的生命的威脅，只有忘掉傳統之「德」，不以「天下之事」為事，才能體悟到什麼是莊子之「德」，也才能與「道」為一，保全自己的性命。莊子的世界是一個心靈的世界，也是一個與世俗、現實截然不同的世界。在這裡，「德」不是「形」的事，而是「心」的事。所以莊子心中的「至德」就是讓「心」變得純粹，一片虛白，不受任何外界的打擾。這樣的「德」當然也只屬於那些徹底看透了這個世界的罪惡，對現實無所留戀、不再懷有任何期待的孤獨者。這是每一位熱愛莊子的人都可以從他的文字中感受到的。

另一個人物是支離疏。他與典型的文人士子顏回顯然分屬兩個涇渭分明的社會群體。支離疏是個殘疾人，他能自食其力，還能養活別人。由於身體殘疾被政府免除了兵役、勞役，在政府徵兵徵勞役時，他人避之唯恐不及，而支離疏卻旁若無人自在地遊走於大街上。對支離疏，莊子發出了這樣的感慨：

夫支離其形者，猶足以養其身，終其天年，又況支離其德者乎！

「支離其形」就是忘形，忘形之人尚且可以全身養生，何況「支離其

德」，也就是忘德之人呢。[13] 原來，莊子要說的「修德」、「充德」，其實就是要忘卻、拋棄傳統意義上的「德」。

人，都是社會的人，都在不同程度上受到社會倫理道德的約束與局限，在莊子看來，這樣的約束與局限嚴重損害了人本心的「德」。事實上，在我們的日常生活中，也不難看到，當人的行為舉止「舉世而譽之」時，人往往會更加努力，而當「舉世而非之」的時候，就難免陷入憂鬱沮喪，嚴重的甚至會危及生命。這就是莊子說的傳統之「德」對人的巨大殺傷力。因此，莊子認為，修德、充德的關鍵就在於忘卻一切與「道」相悖的東西，包括「德」、「名」、「功」、「己」等。於是，我們看到顏回透過「心齋」，內心發生了徹底的變化，《莊子·人間世》曰：

> 虛室生白，吉祥止止。……鬼神將來舍，而況人乎！是萬物之化也，禹、舜之所紐也，伏戲、幾蘧之所行終，而況散焉者乎！

「虛」，就是一無所有；「室」，指的是顏回的內心；「散焉者」，指普通人。莊子這裡描繪出的是「心齋」之後所帶來的一片光明燦爛、明媚無限的畫面。假如人的心靈能進入這樣的境界的話，鬼神都會前來依附，更何況是人！「虛」就可以容納萬物，這是禹、舜所掌握的要領，也是伏戲、幾蘧終身行事的準則，普通人就更不用說了。至此，顏回最終是否還要去衛國，莊子已經完全不再留意。他關心的是，人怎樣才能在這個社會找到一席容身之地，怎樣才能保全自己。

這，就是莊子對人的關懷。當你在這個社會生存艱難，卻又無法逃離這個社會，莊子能夠告訴你、教你的，就是如何躲進一個只屬於你自己、一個外人無法干涉的內心世界，去享受別人所無法體會的內心的恬靜高遠。這種躲避就是徹底忘了世俗之「德」，忘了與之相關的一切雜念，

---

[13] 成玄英《莊子疏》：「夫支離其形，猶忘形也；支離其德，猶忘德也」。

第八章　德路漫漫

忘了外在的世界，不再以天下為事，最終心中虛空，一片清明，也只有在這時，你才能領悟到什麼是「天地與我並生，而萬物與我為一」，「獨與天地精神往來」的「道」的精神，也才算得上是「德滿」、「德全」或者「德不形」。可以說，莊子之「德」，就是要人透過類似「心齋」這樣的修煉，逐漸忘卻傳統之「德」，忘卻形體，最終在心中進入「無」的境界。一旦「忘」到「無」的程度，那就是德滿、德全。莊子之「德」是人經過修煉可以達到的一種心態，或者說是進入的一種心靈的境界。

三、「放不下」的鄭子產

《莊子》中的理想人物，如藐姑射之山的神人，從外貌到內心都是盡善盡美，完滿無缺的。「肌膚若冰雪，淖（綽）約若處子」，是多麼純潔無瑕！然而，〈德充符〉所寫的現實社會中的「德滿」、「全德」之人，不是被砍掉了一隻腳，就是醜得駭人。難道在莊子眼中，只有這樣的人才需要修德？或者莊子的意思是說連受過刖刑之人、奇醜之人都能透過修德得「道」，何況形全之人！這樣的解釋其實只是今人的一種揣測。真正值得注意的是，在莊子的觀念中，形與德不僅是完全不同的兩回事，而且常常呈現出對立的狀態。形不全的人往往德全，而形全之人卻往往德不全。或許是由於形全之人接受了更多的傳統倫理觀念以及社會風氣的影響，在精神上反而更可能成為畸形人、殘疾者？從這個角度來看，莊子很可能是要顛覆人們心中已有的傳統觀念，同時暗示現實與理想之間的巨大差距。

於是，我們看到《莊子‧德充符》中第一位出場的全德之人，便是一位受過刖刑被砍掉了一隻腳的王駘。

按照劇情設定，王駘是老師。這位老師絕對不同尋常。他授課時，站

在那裡什麼也不教,坐下來什麼也不談論,而學生入學時腹中空空,到「畢業」時居然就裝滿一肚子的「學問」了,所謂「虛而往,實而歸」。當然,這個「學問」得加個引號才行,因為這樣的「學問」一定不是傳統意義上的。對這樣一位富於「德」的光彩的形殘之人,連孔子也發出了由衷的讚美:王駘,聖人啊。我都將拜他為師,何況那些還不如我的人呢!再說豈止是魯國,我要引導天下所有人都追隨他學習。(《莊子·德充符》)可見其魅力!

這就是說莊子之「德」可以學,可以授。然而,由於人的悟性不同,稟賦各異,心靈被扭曲、異化的程度也存在著差別,每個人修德的道路都不同,遇到的困難阻力也會有很大的差異。但無論如何,只要有心,仍然可以修德、充德。

在這修德的人物系列中,莊子推出來的第一位學生是鄭子產。

鄭子產是一位歷史真實人物,與孔子同時,是春秋時期鄭國著名的政治家、外交家。他在鄭國主政期間,改革內政,慎修外交,帶來了鄭國的中興。孔子對子產給予了高度的評價,稱子產為「惠人」(《論語·憲問》),並說子產有古人仁愛之遺風(《左傳·昭公二十年》)。莊子選擇這樣一位被視為「春秋第一人」[14]的大人物作為初入修德之門的學生,而且要他與一位受過刖刑的申徒嘉同在伯昏無人門下修德,這會是一種巧合嗎?

莊子透過對這兩個人同出同進同坐同上課所發生的一樁樁小事的記述,說明人對「德」的悟性與「形」無關,與社會地位、人生經歷無關;人心之「德」雖有高低深淺之別,但人是可以透過修「德」逐漸領悟到「德」,修得「全德」的。

---

[14] 王源:《文章練要》,哈佛燕京圖書館。

第八章　德路漫漫

　　故事一開始，莊子先交代說「申徒嘉，兀者也，而與鄭子產同師於伯昏無人」（《莊子・德充符》）。兩個社會地位、人生閱歷相差如此懸殊之人成了同學。這樣特殊的人物在這樣特殊的環境相遇，又要跟隨這樣特殊的老師學習這樣特殊的課，要想不發生衝突也難。兩人相遇的第一天，僅僅憑著第一眼的印象，子產就打心底裡認為自己這樣一個位高權重的人與一個受過刖刑的罪人共同出入是件很恥辱的事，他對申徒嘉說：「我先出則子止，子先出則我止。」子產的話雖說得不是那麼劍拔弩張，但火藥味還是有的：「我先出，你就止步；你先出，我就止步。」言外之意：不要與我同進出！他所在意的是社會的尊卑秩序，是自己的地位名望，豈能容忍一個受過刑罰的人與自己同進同出同行？然而申徒嘉已經追隨伯昏無人修行十九年，他眼中只有子產，卻沒有權貴。他既不以自己曾遭受刖刑為卑，也不以子產的執政者身分為尊，對子產的話，自然充耳不聞。第二天，他仍然與子產「合堂同席而坐」。

　　這次，子產終於忍不住爆發了，對申徒嘉說：「如果我先出去，你就止步；如果你先出去，我就停步。現在我要出去了，你可以止步嗎？還是不可以呢？你看見我這樣的執政大臣都不迴避，難道你把自己看得跟執政大臣一樣嗎？」

　　看來子產在伯昏無人面前還勉勉強強可以接受與申徒嘉「合堂同席」。一旦下了課，出了教室，就一定要維護自己堂堂執政者的尊嚴了。意想不到的是，昨日明明已經跟申徒嘉把話說得一清二楚，不要同進出，可是申徒嘉竟像沒聽見一樣，依然我行我素。這也就怪不得子產要發作了。子產的話帶有很強的侮辱性，明擺著就是在提醒申徒嘉別忘了自己的身分。確實，一呼百應、決策於廟堂之上的執政者，豈能心甘情願地與一位身上仍打有「罪犯」烙印的人並肩而行呢？子產這樣激烈的反應，不要說在他那

個時代,就是在今天,也很常見。莊子為什麼要這樣寫始入伯昏無人門下的子產呢?一方面他是要說世俗的尊卑是非觀念帶來的歧視與偏見在人心中是如何的根深蒂固,難以剷除;另一方面也指出修德起步之艱難,說明修德的道路注定是一條需要不斷自我反省、不斷進行自我淨化的漫漫長路。

於是,「天降大任」於申徒嘉。莊子特意安排這位形殘的兀者給位高權重的子產上第一堂修德啟蒙課,來教訓這位自命不凡的執政者。申徒嘉說:「在先生的門下,難道有你這樣的執政者嗎?你為自己是執政者而得意就可以不把別人放在眼裡嗎?我聽說:鏡子明亮,灰塵就不會落上;落上了灰塵就說明鏡子原本就不明亮。常與賢人在一起就不會有過錯。你如今來到先生門下是為了修大德,竟然說出這樣的話來,不是太過分了嗎?」

子產的問題是他的心已經被蒙上了厚厚的灰塵,自己卻渾然不覺,因此放不下自己執政者的身分與地位,意識不到在伯昏無人的門下,根本就不存在執政者與兀者的區別,所以申徒嘉給他上的第一堂課就是要他徹底丟掉自己執政者的身分,拋卻名聲與地位這樣的世俗觀念,拂去心中的塵埃,讓內心明亮起來。在申徒嘉心中,投師伯昏無人先生門下,人人都一樣:名聲算得了什麼?執政的地位又算什麼?受過刑又怎麼樣?形不全又如何?他們之間只有修德境界高低、修德時間長短的差異,不存在什麼尊卑貴賤之別。作為師兄,申徒嘉還提醒子產投在先生門下修德的目的是「取大者」,應該踏踏實實地跟著先生學「萬物一齊」之「道」,修「喪我」之大「德」。如果入了先生門,卻還要大談什麼執政不執政,硬要高人一等,難道不覺得自慚形穢嗎?

然而,久在朝堂之上的子產,其心中的固有觀念不是那麼輕易就會改變的。雖然申徒嘉所說句句振聾發聵,但遺憾的是,子產仍然沒有聽進

去，他不僅沒有意識到自己心靈的局限，反而反唇相譏道：「子既若是矣，猶與堯爭善，計子之德不足以自反邪？」

「子既若是矣」指申徒嘉已經因犯罪受過刖刑成為兀者了。在子產看來，這樣的人怎麼有資格與自己爭長論短？更過分的是，子產還毫不客氣、字字戳心地要申徒嘉進行一番自我反省。言下之意是說申徒嘉之所以會遭受刖刑就是由於他的「德」有殘缺，違背了社會基本倫理道德。

至此，我們已經可以清楚地看出，莊子之所以要抓出子產在這裡「示眾」，一方面要說明喚醒執迷不悟者委實不易，另一方面也要告訴我們立志修「德」，拜在名師門下，並不意味著就能輕輕鬆鬆地「實而歸」，如果不能放下心中的成見，很可能會連「德」的皮毛也碰不到。要修德，就必須學會正視自己，反省自己，放下曾有的一切，不斷拂去心中的灰塵，擺脫世俗的執念，只有這樣，人才能真正領悟「道」的真諦，在「道」的層次上實現「德」的完滿。

最終子產究竟能否幡然悔悟，放下自己心中的種種障礙，順利度過修德之路的初級階段？讓我們暫且給大家留下一個懸念。

四、日漸「放下」的申徒嘉

子產的執著與「放不下」，其實，也正是當年申徒嘉初入師門時境況的真實寫照。只不過，兩個人代表了現實社會中尊與卑、榮與辱相關的兩個截然相反的群體。

子產自稱「執政」，顯然他入伯昏無人門下時在政壇上正值炙手可熱的人生巔峰時期。而初入師門的申徒嘉，卻正處於剛剛遭受刖刑的人生谷底。莊子選擇這樣兩個命運大相逕庭的人物，安排他們同門修德，顯然是

別有深意的。對於普通大眾來說,這兩人之間完全不具備可比性。但在莊子眼中,這兩個人卻並無根本的區別。子產自恃執政而歧視兀者,形體雖健全,社會地位雖高,但從精神上來說仍舊是一個殘疾人!「豈唯形骸有聾盲乎?而知亦有之」(《莊子·逍遙遊》),說的就是子產這樣自以為是、自以為了不起的人!對於曾遭受刖刑而導致形殘的申徒嘉們,他們雖然不免會由於社會的歧視而執著於自己的過失,「放不下」自己曾有過的人生經歷,莊子反而寄寓了更多的理解與同情,甚至認為這些形殘之人離道、離德更近些。所以當子產以「子既若是矣,猶與堯爭善,計子之德不足以自反邪」譴責申徒嘉時,他是這樣回答的:辯解自己的過錯,認為自己不應當受到斷足處罰的人多;而不為自己的過錯辯解,認為自己應當受到刑罰的人卻很少。知道事情的無可奈何卻能坦然處之,順從命運的安排,只有有德的人才能做到。

　　子產所說的「德」與申徒嘉所說的「德」,用字完全相同,含義卻迥然有異,甚至是針鋒相對的。既然子產以傳統意義上的社會道德標準之「德」來挑釁,那申徒嘉便以莊子之「德」進行反擊,可謂以其人之道還治其人之身。莊子之「德」,是摒棄了是非榮辱尊卑貴賤等觀念之後「萬物一齊」、人人同一的一種最高的「德」。這種「德」教人如何在無可奈何、無路可走的現實中,平靜坦然地接受命運的安排,安時順命,順應自然。現實的力量是強大的,是個人所無法扭轉的,既然命運的安排無法抗拒,那為什麼要去硬撞牆,硬去與命運抗爭呢?莊子的「德」把人的生命看得重於一切。為了全身養生,就必須要有「知其不可奈何而安之若命」的人生態度。這才是申徒嘉在伯昏無人門下所修之德,也是子產所需要學習的德。

　　莊子把「德」與「命」連繫在一起,是很有意義的,這也是莊子人生哲學的獨到之處。人在無法改變現實、無法有所作為的情況下,只能將一切

第八章　德路漫漫

歸之於命，並順應於命，這才是有德者的智慧。倘若我們脫離了莊子生活的時代與社會背景，去空談莊子之「德」，難免會把莊子之「德」簡單化、標籤化甚至臉譜化，只有把他的思想放到他的那個時代、社會背景中去考察，我們才會理解莊子思想的深刻以及他對人的終極關懷。《莊子‧德充符》說：

> 遊於羿之彀中。中央者，中地也；然而不中者，命也。

這不但是申徒嘉面臨的社會現狀，同樣也是子產所面臨的社會現狀。人人都生活在羿的射程之中，被射中是必然的，不被射中是偶然的。無論射中與否，那都是命。在這樣的社會中，你當執政者，是命；而我遭受刖刑，同樣也是命。你不必為你僥倖所獲得的執政之命而自得，我也不必為命中注定要遭受的刖刑而自卑，這才是真正有德者所能做的。從「德」的角度來看，我們兩人之間只有幸運與不幸的差異，一切都是命決定的。

當然，申徒嘉能達到這種「知其不可奈何而安之若命」的人生境界，並非一日之功，而是經過十九年追隨伯昏無人修煉才領悟到的。申徒嘉坦誠地說：「以前有不少雙腳齊全的人譏笑我只有一隻腳，每次聽到我都會勃然大怒。自從到了先生門下，我的怒氣完全消失了。不知道是不是先生以德洗滌了我的內心？我跟隨先生學習已經十九年，還從不曾意識到我是形殘之人。」

申徒嘉這段有關他人生經歷的描述，以及他入師門前後的心理變化，說明無論是位高如子產還是位卑如申徒嘉，在修德的初期都會有自己放不下的東西。申徒嘉受刑之後，面對世人的譏笑，他也曾怒不可遏，但「怫然而怒」又能如何？申徒嘉是在被社會壓得變了形且無路可走的情況下，才來到伯昏無人門下尋求一塊淨土。在經歷了與伯昏無人朝夕相處十九年修「德」的潛移默化，申徒嘉不僅消除了怒氣，內心深處也發生了鉅變：「吾

與夫子遊十九年矣,而未嘗知吾兀者也。」入師門多少年來,伯昏無人從不曾意識到申徒嘉是兀者,十九年後,連他自己也忘記自己是形殘之人了。

申徒嘉內心的變化反映了修德者在修德之路上內心之「德」不斷充實、不斷淨化的過程。這也是一個不斷洗滌內心所感受到的種種是非榮辱,不斷「放下」各種糾結於心的精神負擔,不斷追求真理的過程。十九年了,刖刑給申徒嘉在身體上與心理上造成的傷痛應該已經大大減輕,但是「未嘗知吾兀者」一句說明他心中仍然存在著兀者的陰影,還沒能徹底地「不知」,徹底地「忘」,徹底地「放下」,因此,子產的一番話仍能勾起他對痛苦往事的記憶。

然而,申徒嘉畢竟經過了十九年修德的歷練,所以他對子產的挑釁與傲慢尚能以平常心待之。不過,按照莊子的要求,他尚未達到爐火純青的地步,還不能避免為外物所攪擾,對他人的攻擊,也還不能全然無動於衷。因此,他還會為自己辯解:「現在你我都拜師於先生門下,尋求的是德。德是形骸之內的事,所以我們要努力達到的是『遊於形骸之內』,也就是遊於德的境界,然而你卻以形骸之外的東西要求我、衡量我,不是太過分了嗎?」

「形骸之內」的德是伯昏無人傳授之德,也是莊子「德充符」所重點闡釋的德,「形骸之外」的德則是子產所說之「德」,是傳統意義上的社會倫理道德。申徒嘉經伯昏無人「洗我以善」,洗去的是子產所說的「德」,而獲得的卻是「知其不可奈何而安之若命」之「德」。申徒嘉的一席話句句擊中子產的要害,而又言之鑿鑿、義正詞嚴,以至於「子產蹴然改容更貌曰:『子無乃稱!』」子產在申徒嘉的教誨下,終於幡然悔悟,意識到自己與申徒嘉們之間存在的巨大差距,邁出了「遊於形骸之內」的第一步。這個有關子產的懸念至此總算有了分曉。

第八章　德路漫漫

子產的轉變說明修德充德之路是由反省世俗之德開始的。人們只有透過「忘形棄知」，徹底放下原來心中所有的各種世俗觀念，忘掉自己的過去，以「安之若命」的心態看待過去、現在和將來，才有可能最終成為「有德者」。申徒嘉的現在，就是子產的未來；子產的今天，也是申徒嘉的當初。而最終，無論申徒嘉還是子產，都將如同王駘、伯昏無人、哀駘他等人一樣，進入「遊心於德之和」的境界。

五、惡人哀駘他

在修德的道路上，子產、申徒嘉等雖已上路，但距離成為「全德之人」、「德全者」仍然任重而道遠。什麼樣的人才算得上是真正的「全德之人」或「德全者」呢？除了我們前面已經認識的畸人師者王駘、伯昏無人等以外，莊子格外推崇的另一位生活在常人中間的「德全者」是哀駘他。與王駘、申徒嘉、叔山無趾等因受刖刑而形殘不同，哀駘他是一位天生「以惡駭天下」的人。

「惡人」可千萬不要理解為壞人，「惡人」這裡是指人的相貌奇醜無比而已。魯哀公是魯國國君，一天他問孔子：「聽說衛國有個叫哀駘他的人相貌奇醜。可男人與他相處，會依戀他而不願離開；女人見到他，會對父母說，與其嫁給他人做妻，不如嫁給哀駘他做妾。這樣的事竟然發生了十幾起了。」比起王駘的「言不教，坐不議」，哀駘他的魅力似乎更加詭異。這讓魯哀公感到十分困惑。他甚至還專門分析了「哀駘他現象」產生的原因，注意到哀駘他除了相貌醜陋以外，並沒有任何特別之處。哀駘他一無權勢，既不能給人開後門，救不了人命，也無俸祿錢財，連請人吃頓飯的錢都沒有；還沒有才幹見識，只會附和他人。可是就是這麼一個要什麼沒

什麼、還有點傻乎乎的醜八怪,卻創造了人間奇蹟:他不但贏得了異性、同性的青睞,甚至連鳥獸也被吸引到他的身邊來。這究竟是怎麼回事呢?魯哀公死活也想不明白,但他堅信哀駘它必有與眾不同之處。於是,魯哀公利用自己的權力召哀駘它進宮,與他相處不久,便對他十分信任,甚至想把國家大事委託給他。然而,這樣的器重與信任卻是哀駘它避之唯恐不及的。結果魯哀公非但沒有留住哀駘它,卻導致他早早離去。為此,魯哀公「寡人恤焉若有亡也,若無與樂是國也」,感到戚戚然,禁不住發出了「是何人者」的感嘆。

的確,哀駘它究竟是個什麼樣的人呢?當初,魯哀公說哀駘它一定有什麼與眾不同之處,確實說到了重點。莊子寫「哀駘它現象」,顯然是要用這種完全背離常人對形貌期待的寫法,顛覆人們對「形」的成見,突出「德充符」的主題:真正具有魅力且能讓人產生強烈震撼的東西,不是來自「形骸之外」,而是來自「形骸之內」,是人心中的「德」,也就是說內在的「德」的力量才是最強大的,也是最有吸引力的。

莊子把哀駘它這個人物本身描述得如此誇張,其中所寄寓的思想是極為深刻的。莊子要表述的就是:什麼權勢、什麼財富、什麼才幹、什麼形體,在「道」與「德」的面前非但不重要,而且可有可無。在魯哀公以及所有人面前,哀駘它形體的醜陋已經徹底被忘記、被忽略,人們的注意力完全集中在了他超越形貌的「德」的魅力之上。哀駘它身上「德」的魅力告訴我們,對人來說,心的充實與超脫才是最重要的、發揮決定性作用的,而形不過是外在的、表象的東西而已。那麼,世上是不是有人既擁有健全完美的形體外貌,同時又「德全」呢?或許有這種可能性。但是在這個「遊於羿之彀中」的「獵場」,更多的人或形殘或奇醜,而健全完美的人卻多是德殘之人。正是基於這樣殘酷的現實,莊子才刻意選擇了這麼多畸人、殘

第八章　德路漫漫

疾人、惡人作為「德全之人」，以反差強烈的方式強調「舉莛與楹，厲與西施，恢恑憰怪，道通為一」(《莊子‧齊物論》)。

這裡，莊子還提出了一個重要的有關「德」與「形」關係的問題。

如果說《莊子‧德充符》中首先推出的三個兀者，主要是透過「形殘」與「德全」的對比，說明受過刑罰之人不但同樣可以成為有德者、德全之人，而且其「德」往往超越了形全者，那麼哀駘它的故事，就是從「形殘」與「德全」的對比，轉向了對「形」與「德」關係的探索。

於是，針對魯哀公的疑問，莊子借孔子之口講了一個「子食於其死母者」的故事。故事說一群小豬在剛剛死去的母豬那裡吸吮乳汁，不一會兒小豬就都驚慌地拋棄母豬跑掉了。母豬活著時，小豬在牠身上看到了自己，感到是自己的同類，自然會親近母豬。然而一旦生命終結，母豬的形體雖在，但小豬在母豬身上看不到自己，感覺不到是自己的同類，自然也就會離去了。這就是說，小豬愛的是母豬的「生命」或者說是「精神」而不是牠的形體。

這個故事說明形體只是精神、生命的寄託之所，在精神、生命面前，形體微不足道。所以，「德」的最高境界是「忘形」，但「忘形」不等於無「形」。一旦無「形」，人的精神、生命也就失去了寄託之所，內在的「德」也就無法體現出來了。儘管哀駘它的形貌「惡駭天下」，但同時也是他的精神、生命的載體，他內在的人格魅力、他的「德」都需要透過這樣一個奇醜無比的形體展現出來。同時，如同小豬愛其母，是「愛使其形者」一樣，人們被哀駘它吸引，也是愛他的精神，愛他內在之「德」。倘若沒有哀駘它的內在精神，沒有內在之「德」，他的形體本身也就毫無意義了。可見，莊子寫哀駘它強調的是人雖不可脫離「形」，但是「德」的魅力卻足以使人忘記形的殘缺、形的醜陋。

六、「和」是德的最高境界

　　至此，我們已經認識了初入修德之門的子產，熟悉了追隨伯昏無人修德十九年的申徒嘉，並透過魯哀公的觀察知道了「惡駭天下」的哀駘它的獨特魅力，然而，由於魯哀公自身的局限，我們對哀駘它的了解仍然十分有限，甚至是片面的、表象的，我們還不曾觸及這些「德全者」的內心世界以及他們所達到的「德」的最高境界。那麼，像王駘、哀駘它這樣的全德者又有著怎樣的精神世界呢？

　　常季曾執著於王駘的刖刑，一再強調王駘是兀者，不相信一個受過刖刑之人的「德」會超過孔子，於是孔子從生死這個人生的根本問題上為常季解說道：像王駘這樣的人就是對死生這種大事也無動於衷。即使天翻地覆，也不會覺得自己失去了什麼。由於他什麼也不依賴，因而可以不隨著外在世界的變化而變化，可以順從萬物之變守住道的根本。從孔子的這番話中我們可以看到：作為一位有德者，首先得看破生死，不讓生死的變化引起內心任何的波動。其次，雖然天地永遠處於變化之中，但外界的變化對有德者不產生任何作用，他們的內心是不會隨著外界的變化而變化的。最後，能順從萬物之變而始終與「道」為一，也就是「知其不可奈何而安之若命，德之至也」（《莊子‧人間世》）。

　　乍看起來，對生死之變、萬物之變都保持自己內心不變，似乎與「命物之化而守其宗」（《莊子‧德充符》）是相互矛盾的。其實不然。只有守住內心的「道」不變，堅守住自己的底線，才可以在對外界之變無可奈何的情況下，順應外在世界的變化，在心中超越一切，安之若命，這樣才算進入了德的最高境界——德之至。

　　當一個人真的達到了「德之至」的境界，就再也不會看到此物與彼物

第八章　德路漫漫

之間的不同，也就可以泯滅一切「形」的差異，只體悟到萬物與「道」相通的一面。正如《莊子‧德充符》中所說的那樣，由於人們看問題的視角不同，結論也就隨之不同。即便只有肝與膽間的距離，從差異的角度看，也會覺得如同從楚國到越國一樣遙遠。但如果從相同的角度看，萬物都是同一的。假如人都能這樣看問題，外界與自己相關或不相關的事就都不能觸動自己，心就可以永遠遊於「德之和」的境界。這也是為什麼王駘對自己失去了一隻腳感覺就像是扔掉了一把泥土一樣，完全感覺不到自己形體的殘缺。

在這裡莊子真正要強調的就是，德全之人不僅不會因為任何外界的變化而動心，而且會始終保持心的平靜，但他們又可以順應萬物的變化，順應自然，「遊心乎德之和」。也就是說，於心，人要時時遊於「和」的境界，保持內心的平和純粹，讓心像鏡子一樣光亮沒有灰塵，不論外界如何變化，萬變不離其宗；於形，則要「遺形棄知」，安然地順從於萬物之變，這樣才可以像庖丁手中的刀一樣自如地遊走於筋骨盤節之間。

對於這些有德者、德全之人，除了「遊心乎德之和」以外，莊子還提出了「德不形」的概念。什麼是德不形？孔子回答說，最平的，是靜止的水。它可作為取法的準繩。內心保持靜如止水，就不會因外在的變化而產生任何漣漪。德的最高修養就是內心的平靜和諧。德不彰顯流露於外，萬物自然會依附你而不離棄。

這段有關「德不形」的解釋，是對「遊心乎德之和」的補充。「德不形」進一步強調德是內心的事，說明「遊心乎德之和」的一個重要特徵就是人的德不應當形於外，也就是不能在人面前彰顯自己的德。這就像《莊子‧人間世》中顏回赴衛之前，孔子告誡顏回的那樣，凡是想以「德」化人的人必定會招惹災禍。而要做到「德不形」，那就要讓內心永遠保持平靜，

如「水停之盛」。只有這樣，人才不會因外在的變化而引起內心的改變。可見莊子之德的最高境界，就是內心平靜如水，是「成和之修」。德是個人的修養，是為自己，而不是為了他人，更不是為了作秀。這才是王駘、哀駘它等有德者可以展示出強烈的內在感染力的主要原因。倘若「心和而出」的話，那就會為「外在之物」所「蕩」，其結果必定走向德的反面，就會「為聲為名，為妖為孽」（《莊子‧人間世》）。

如果我們把王駘的「遊心乎德之和」、申徒嘉的「鑑明則塵垢不止，止則不明」還有哀駘它的「德者，成和之修」看成一個從「遺形棄知」開始，最終達到「和」的修德系列，這個過程很像禪宗大師神秀在《壇經》中的「得法偈」所描述的那樣：「身是菩提樹，心如明鏡臺，時時勤拂拭，莫使惹塵埃。」

從子產到申徒嘉再到王駘、伯昏無人、哀駘它，莊子從多重角度描述了「德充」的過程以及「德充」之後內心「和」的境界。實際上，修德也是莊子修心的一種方式。一如南郭子綦的「吾喪我」，顏回的「心齋」、「坐忘」，女偊的「守」一樣，所要達到的最高境界都是「遊心乎德之和」。

# 第八章　德路漫漫

第九章　殊途而同歸

　　從〈逍遙遊〉所展示出的一個天馬行空、令人神往的理想境界，一步步過渡到〈人間世〉、〈德充符〉、〈大宗師〉等描述的瑣碎真實的現實世界，這個變化的出現不是偶然的。面對現實中的種種黑暗醜惡，一方面莊子需要創造出一個理想世界給予人希望與憧憬，另一方面又不得不看到，是人總要吃飯穿衣睡覺，誰也無法逃脫賴以生存的現實，這個世界就是再不堪，人，不是還得活在這個世界上？在這樣的境況下，人還有什麼樣的活路？究竟應當怎樣活著？除了像屈原那樣選擇自我毀滅，是不是還有什麼其他的方式可以讓人解脫？人，還可以有哪些選擇？

　　當莊子意識到人無法選擇自己的生存環境時，他所採取的不是面對面、硬碰硬地對抗，也不是與這個世界同流合汙，他也不主張像隱士那樣縱情山水來逃避現實，他給出的建議是走向內心，走進一個自己獨享的精神世界。莊子還針對不同的人，設計了不同的「遊心」修煉方式：有人需要透過「喪我」，有人需要經過「心齋」，有人要「守」，有人要「坐忘」，如此等等。儘管各人的修煉方式不盡相同，但終極目標只有一個，那就是透過修心，去除心路上的魔障，回歸內心的祥和寧靜，在汙濁的現實社會中尋到一片可以棲心的淨土。

第九章　殊途而同歸

一、南郭子綦的「喪我」

莊子說進入逍遙遊境界需要達到「無己」、「無功」、「無名」，卻沒有說怎樣做才算做到了，特別對普通人來說，雖然與「功」、「名」不大沾得上邊，「己」卻是無時無刻不在的。誰的心中沒有一個「己」，沒有〈齊物論〉開篇所說的那個「我」？

莊子正是看到了這一點，提出「吾喪我」，以呼應「至人無己」，要人首先從克服心中最大的障礙「己」或「我」入手，去修煉「無己」、「喪我」的境界。莊子認為如果人能忘掉「己」或「我」，就不會為外物所動，就可以免受一切外在之物的誘惑。所以在提出了「至人無己」之後，莊子把談論的重點放在了什麼是「喪我」，怎樣才能「喪我」上。

《莊子・齊物論》開篇說顏成子游來上課，看到老師南郭子綦一副薾薾「似喪其耦」的樣子，很是不解，於是問老師，為什麼「今之隱機者，非昔之隱几者也」？南郭子綦回答說，他今天這個樣子是因為「吾喪我」。

據顏成子游所說的「今」與「昔」的對比，南郭子綦這樣「隱几而坐」已經不是一次兩次了。只是今天顏成子游發現了兩個變化：第一是老師仰天長吐了一口氣之後，沒有顯露出絲毫的精氣神；第二是老師的樣子跟以前相比，不但形體如同槁木一般，而且還呈現出了心如死灰的樣子。在這兩個變化中，顯然「心」的變化是決定性的。正由於南郭子綦的「心」發生了變化，才表現出「嗒焉似喪其耦」的「形」，「今」與「昔」不同的關鍵就在於「心」境的不同。

《莊子・德充符》重點說修德不是件容易的事。從入師門修德到德充至萬物來「符」，可不像搭乘高鐵千里之途一頓飯的工夫就到了那麼快捷。子產去伯昏無人門下已兩天還是一無所獲，申徒嘉追隨伯昏無人十九年

依然還在修德的路上。現在南郭子綦終於實現了「吾喪我」，想必他「坐」在那裡修德也不是三五天了。「昔」是個不確定的時間詞，可能是一年兩年，也可能是十年八載，可是直到今天他才終於進入了「吾喪我」，可知「喪我」與修德一樣艱難。《莊子‧德充符》中說修德的理想境界是進入「德之和」，心如止水，一片平靜。而南郭子綦「吾喪我」後所呈現出的形如槁木、心如死灰的狀態其實也是進入了一種「和」的內心世界，獲得的是一種內心的平靜。就「逍遙遊」的最終目標是要「遊」於「心」來看，「吾喪我」與「德之和」是有著某種內在連繫的。我們知道，修德最後一步的「支離其德」的「支離」，就是「忘」，而這個「忘」到了南郭子綦那裡，就變成了「吾喪我」之「喪」。一「忘」一「喪」都是讓人得以跨越障礙、獲得心靈解脫的關鍵步驟。

南郭子綦從「昔」到「今」的「喪」，還有申徒嘉在伯昏無人門下十九年的「修」，其實都是為了忘卻那一個「我」字。

在莊子哲學中，「吾喪我」的這個「我」，究竟又意味著什麼呢？

莊子稱「吾喪我」的「我」為「成心」。他說，不管你是聰明人還是普通人，甚至是愚鈍的人，人人都有「成心」。人在看待事物、評價是非時，都是根據自己的「成心」做出判斷的。這個「成心」，其實就是人的偏見，都是人從自己的社會文化背景出發、根據自己的生活經驗對萬事萬物形成的看法，用今人的話來說，也可以被稱為「價值觀」。實際生活中，有多少人可以擺脫自己潛意識中「成心」或者說是「價值觀」的制約，跳出三界外去看待周圍的一切呢？顯然，只要有「成心」在，人的判斷就不可避免地會是己而非人，就不可避免地會捲入「是非」的漩渦。所以莊子才要人透過「喪我」來清除心中的「成心」，淨化心靈。

那具體怎樣才能「喪」？「喪」的關鍵就是「忘」。人忘了「成心」，忘

了「是非」,「成心」自然也就沒有了。沒有了「成心」與「是非」之心,人的心才可以靜,才可以不再為世俗社會所打擾,才可以「遊於德之和」,進入「和」的境界。莊子在〈齊物論〉中用了大量的篇幅說所謂「物論」、「是非」都是因「我」而起,「我」是「是非」之根,也是人生種種矛盾衝突苦難的根源。人心中的「我」越強大,人的生存也就越艱難,遭受的磨難也就越多。所以莊子要人破的第一個障礙便是人人心中都有的那個時時作祟的「我」。

二、顏回的「心齋」

　　無論莊子多麼親民,多麼關注草根階層的生存,但他畢竟來自於士階層,他關注更多的還是文人士子的生存。例如〈齊物論〉中的南郭子綦,〈養生主〉中的右師、秦失,〈德充符〉中的王駘、伯昏無人、申徒嘉,以及〈大宗師〉中的子來、子祀、子輿、子犁、子桑、意而子等,都是文人士子群體的代表。而〈人間世〉更像是展開了一幅文人士子出仕、處世的長卷,莊子在其中為各式各樣的文人士子開闢了一處可供棲「心」之地,指出了一條文人士子克服「心魔」之路。

　　中國傳統文人士子一生最大的理想是建立「三不朽」,或曰「三立」:「太上有立德,其次有立功,其次有立言,雖久不廢,此之謂不朽。」(《左傳・襄公二十四年》)「立德」指的是人的道德修養以及在社會中的行為操守;「立功」指的是建功立業、為國為民做出一番大事業;「立言」指將自己的真知灼見形諸文字,傳之於後世。所謂「三立」,歸根結柢就是要能青史留名。孔子說過,人一生最憂慮的事就是死後沒人稱頌自己的名字(《論語・衛靈公》)。屈原也曾擔心「老冉冉其將至兮,恐脩名之不立」

(〈離騷〉)。傳統的文人士子把「三立」看得比生命還重要，其中固然寄寓了作為社會菁英的文人士子為推動社會進步所懷有的遠大志向與抱負，但這種追求本身對文人士子心靈造成的摧殘與異化也不容小覷。

「三立」浸透著「己」、「功」與「名」，而莊子所主張的卻是「無己」、「無功」、「無名」，可見傳統文人士子的理想在根本上與莊子思想大相逕庭。在莊子看來，「功」、「名」與「我」一樣，都是通往得道的逍遙遊境界的巨大障礙。

當然，莊子自己在不經意間也是立了「言」的，寫了本《莊子》傳世。但是，莊子所立之「言」卻不是教人如何去「立德」、「立功」、「立言」，而是勸人不要去「立德」、「立功」、「立言」。所以他再三再四地警告人們，一個人如果熱衷於「立德」、「立功」、「立言」，就等於是給自己套上了無數的枷鎖，小命隨時都攥在別人手裡，別說逍遙遊了，就是能夠全身保命都不容易。基於這樣的考量，在《莊子·人間世》這幅文人士子出仕、處世的長卷之中，莊子先要否定的便是文人士子所謂立德、立功的觀念。

〈人間世〉的第一個故事說顏回打算出仕衛國，向孔子辭行說：

回聞衛君，其年壯，其行獨。輕用其國，而不見其過；輕用民死，死者以國量乎澤若蕉，民其無如矣！回嘗聞之夫子曰：「治國去之，亂國就之，醫門多疾。」願以所聞思其則，庶幾其國有瘳乎！

顏回是渴望有所作為的文人士子的典型。他聽說衛國國君獨斷專行，四處用兵，造成屍橫遍野，民不聊生，於是決定遵循孔子的教誨，擔負起救治衛國痼疾的使命與責任，要去拯救衛國百姓於水火之中。然而，孔子清楚意識到顏回此次出行所面臨的巨大危險，他對顏回的性命安危極為擔憂，深知顏回如此貿然前往衛國，必然遭遇危及生命的災禍：「嘻！若殆往而刑耳！」雖然我們聽不到孔子說話的語氣，但僅憑上下文以及這一聲

第九章　殊途而同歸

「嘻」，我們還是可以清楚地感受到孔子對顏回不知世事艱險的感慨與憂慮。其中流露出的感情也應該是悲嘆、驚懼、責怪兼而有之。書生氣十足的顏回準備到衛國後以自己的「德」感化衛國君臣，而對自己的學生有著深入了解的孔子知道顏回這次是要以自己之「德」去建功立業，實現長久以來的政治理想了。

然而，真正的危險也就隱藏在這裡。顏回此行非但立不了功，很可能還會因此而丟了性命。初出茅廬的顏回，對政治的殘酷、世界的汙濁、人心的險惡，對傳統之「德」的虛妄，還完全沒有感覺。於是孔子首先從「德」入手為顏回敲響了警鐘。孔子說：「你知道人們為什麼要炫耀一己之『德』，把『知』外露出來嗎？炫耀自己的『德』是為了出名，外露『知』是為了爭勝。人們為了名而相互傾軋，而『知』則成了相爭的工具。『名』與『知』其實都是凶器，是不能盡行於世的。」要知道顏回不但有「德」，而且還是少有的「德厚信矼」之人。可是在那人人充滿了戾氣的世界，沒有人可以了解他的真實意圖。所以孔子告誡顏回：「你若以德去感化人，衛國那些無德的君臣一定會認為你是在他們面前故意炫耀你的『德厚』，會認為你是要加害他們，最終你只會被人所害。這樣的行為，無疑是『以火救火，以水救水』，即便不死，也免不了與那些無德的君臣同流合汙。像衛國君臣這樣的人，以德去慢慢改造他們都不成，何況用你的『大德』，那只會是害了自己。」顯然，這裡莊子要強調的是當時的社會已經到了無可救藥的地步，世人完全不可理喻，任何出仕從政的努力都不可避免地會遭遇滅頂之災，「必死於暴人之前」！

如果聽了孔子這番勸誡，顏回就徹底地放棄了自己的理想，他也就不是顏回了。事實上，顏回也深知此行的艱難，所以他精心準備了三套行事方案，一是「願以所聞思其則」，二是「端而虛，勉而一」，三是「內直而

二、顏回的「心齋」

外曲，成而上比」。但在孔子看來，這三個方案都不可行，最終仍避免不了殺身之禍。孔子認為，顏回的問題在於他看上去是要以德改變衛國現狀，但所有的計畫、安排都是「有心而為之」的，說到底就是想在衛國建功揚名。

「有心而為之」的「有心」，就是孔子對顏回說過的「猶師心者也」的「心」，也就是《莊子・齊物論》中所說的「夫隨其成心而師之」的「成心」。這種「成心」在顏轉身上主要體現在兩個方面：其一是他所有的計畫、安排都是出於建功立業的目的；其二是在他心中，已經形成了對衛國君臣的固有看法。在尚未動身之前就已經認定衛國君臣無德，要以自己的「厚德」、「大德」去改變衛國「死者以國量乎澤若蕉，民其無如矣」的現狀。針對顏回的思維失誤，孔子提出了「心齋」，認為只有「心齋」才是獲得解脫的唯一生路。

顏回不飲酒、食素已經有幾個月了，這是不是就是「心齋」？孔子認為這只是「齋」，是祭祀之齋，而不是「心齋」。祭祀之齋是要齋戒身體的腥穢，而「心齋」則是齋戒心中的雜念，淨化心靈，進入虛靜空白的狀態。對顏回來說，眼下最危險也最急迫需要齋戒的雜念就是他以德立功的抱負以及心中的偏見。

其實，孔子並不反對顏回這種以德立功的想法，他反對的只是顏回抱著建立功業的目的去以德立功。實際上，就是對以德立功，莊子也並不一概否定。在〈逍遙遊〉中莊子不是說神人之功是「使物不疵癘而年穀熟」嗎？這豈不就是天大之功？但莊子更看中的還是神人之「德」。神人之「德」與顏回之「德」的內涵截然相反。顏回之「德」是要透過建功立業追求傳統文人士子的「立德」，而神人之「德」卻是「將磅礴萬物以為一，世蘄乎亂，孰弊弊焉以天下為事」，神人並不是為了功業而立德立功，所以

第九章　殊途而同歸

他才能有功而不以功為功，心中無功。而顏回所做的卻是反其道而行之。在莊子看來，顏回是需要透過「心齋」來清除心中的雜念了。

「心齋」是莊子繼「喪我」之後提出的另一個重要概念。如果說「吾喪我」之「我」是「至人無己」之「己」，是文人士子通往逍遙遊之途的第一障礙，那麼，對於想踏上仕途或已經走在仕途上的文人士子來說，除了要跨越「我」或「己」這道障礙之外，還必須跨越「立德」、「立功」這道障礙，才能真正獲得心靈的平和安寧。

所謂「心齋」，就是「齋心」。在莊子思想體系中，修「心」占有重要的地位。在這方面，莊子吸收並發展了「顏氏之儒」的修心之說。莊子思想中，幾乎所有重要概念都與「心」有關。「無己」、「無功」、「無名」、「喪我」、「齊物」、「齊論」、「修德」、「心齋」、「坐忘」以及「守」，無一不是「心」的活動。而「心齋」更是其中最重要的修心活動之一。按照孔子的解說，「心齋」就是用心專一，摒棄雜念，心中一片虛空，什麼都沒有，什麼都消失了，人一旦進入了這樣「虛」的境地，「道」才能顯現。直到這時，顏回才總算真正理解了「心齋」的含義。他說：「在我沒有聽說『心齋』的時候，我覺得顏回無時無刻不在，各種欲望、觀念時刻湧現；現在我理解了『心齋』，覺得這個世界上再沒有顏回，再沒有我自己了。到了這樣的境界，可以稱之為『虛』了嗎？」

顏回對「心齋」的領悟獲得了孔子的讚許。不過至此，「心齋」都還只是一種抽象的、理論上的修心方式。具體到顏回，他究竟應該怎樣「虛以待物」，怎樣在「心齋」的狀態下，既「瘳」衛國之疾，又能保全自己的性命？下面，孔子終於要教顏回怎麼用「心齋」的法子對付現實問題了。孔子首先肯定顏回已經完全領會了心齋。在這個前提下，孔子進一步告誡顏回說：「你到了衛國，遊於衛君左右，一定要忘卻你的立德、立功的功名

之心。衛君聽你的，你就說出自己的看法，不聽你的就什麼也別說。不參與派系之爭，不介入任何爭端，專注於『道』，只有在萬不得已時才做不得不做的事，這樣你在衛國就不會有太大的問題了。」

　　透過孔子的這一番叮囑，我們可以看到原來所謂「心齋」就是保持內心的純一平和，對外在的一切不介意，不用心，隨遇而安。在萬不得已的情況下，保命是第一要義，「一宅而寓於不得已，則幾矣」。這裡我們要特別指出的是，莊子並不是沒有原則，他的原則就是要保命全身。既然社會是如此汙濁，人的生存是如此艱難，這樣的社會值得像顏回那樣的熱血青年抱著建功立業的救世之心去奮鬥嗎？莊子的回答是「不」。但莊子也不提倡隱居山林。假如人一定要出仕，一定要與現實社會打交道的話，莊子為這樣的文人士子提出的是一種虛與委蛇、敷衍周旋的生存方式，貌似「狡猾」、「無原則」的「遊世」態度，骨子裡卻透露著對現實的徹底否定，以及由此而產生的對社會政治不參與、漠視一切的冷漠。這種否定與冷漠源自於莊子「知其不可奈何而安之若命」的人生思索。

　　歸納起來說，「吾喪我」是為所有文人士子破除「我」、「己」的障礙、成為像至人一樣的逍遙遊者開出的第一門必修課，而「心齋」則是為那些準備走上仕途或者已經踏入仕途的文人士子破除「立德」、「立功」的障礙而開設的又一門必修課。

三、卜梁倚的「守」與「外」

　　莊子對這個世界貌似時時處處都表現出一種無動於衷的冷漠，他往往以一種逃避、無所用心的態度對待現實的一切，似乎什麼政治、什麼治世主張一概不在他的視野之內，但實際上莊子並不能真正徹底擺脫這個世

第九章　殊途而同歸

界，他從不曾真正放棄對現實生活中各類人物的關注與關懷。莊子的內心其實一直是矛盾著的。他主張「不如相忘於江湖」，然而他自己又時時不忘為各式各樣的人謀劃，教他們如何在這個社會生存，如何遊走於這個社會卻不至傷害到自己。卜梁倚，是莊子注意到的又一類人。

《莊子·大宗師》中說南伯子葵看到年事已高的女偊「色若孺子」，想知道其中的緣由。女偊回答說是因為他得道了。而南伯子葵誤認為「得道」就是掌握了一種青春永駐的長生不老之術，於是也想學道。女偊一聽，便以南伯子葵不具備學道資格而拒絕了。這是因為女偊知道南伯子葵感興趣的只是返老還童的養生之術，而不是道本身。不過，女偊還是很有耐心地舉了卜梁倚的例子，為南伯子葵解釋他為什麼學不了道、得不了道的原因。女偊告訴南伯子葵，卜梁倚有聖人之才可是沒有聖人之道，而他自己有聖人之道卻沒有聖人之才。所以他很想教卜梁倚，希望他可以成為名副其實的聖人，可是事情並不那麼簡單。為什麼呢？按照女偊的說法，得了「聖人之道」的人向具有「聖人之才」的人傳道，一般來說是比較容易的。即便如此，他還得教卜梁倚如何得道，其中最重要的方法是「守」。「守」三天之後，就能忘天下；忘了天下之後，還要繼續「守」，守七天之後就能忘萬物；忘了萬物之後，還要繼續「守」，再守九天之後才能忘生死；忘了生死之後，心境就會清明洞徹；只有心境清明洞徹之後，道才會顯現於心中；道顯現於心中，就沒有了時間的局限；沒有了時間的局限，就能進入不死不生的境地了。

顯然，在莊子看來，學道的人不同，在得道路上遇到的障礙也不同。對於像南郭子綦這樣的一介文人，「我」是最大的障礙，所以最關鍵的步驟是要「喪我」。對於顏回這樣滿懷治國平天下抱負的文人士子，「忘德」、「忘功」才是最大的難關，所以需要透過「心齋」來擺脫「德」與「功」的束

縛。而對於具有君主之才的人要想得道，首先要忘的便是君位，也就是天下。就像堯上了藐姑射之山，見了四子之後便「窅然喪其天下」一樣。卜梁倚是具有得天下資質的人，對卜梁倚來說，得道的最大障礙就是「天下」。因此，卜梁倚要學道、得道首先得「忘天下」。

怎樣才可以「忘天下」呢？

按照女偊所說，那就是要透過「守」與「外」來實現。「守」，指的是守持，是一種修煉。守持的過程，也就是修心的過程，與「忘德」、「忘功」的「心齋」、「坐忘」等修煉過程差不多。而「外」就是「忘」。「外」與「內」是相對的，作為動詞的「外」是指把「天下」、「物」、「生」等都通通外化，排除於內心之外。對於一代君主而言，「溥天之下，莫非王土；率土之濱，莫非王臣」（《詩經‧小雅‧北山》），做君主的，家大業大，割捨不下的東西自然也多，相對於南郭子綦的「忘我」與顏回的「忘德」、「忘功」，卜梁倚的「忘天下」當然也就更富於挑戰性，也更加艱難。

具體來說，卜梁倚首先要「外天下」、「忘天下」，透過「守」忘掉一國之君的「名」，忘掉「君主」這樣的「名」。這個過程，卜梁倚用了三天。而後，卜梁倚要忘的是萬物，以「萬物一齊」、「道通為一」的眼光看待一切，泯滅心中物與物、人與物、人與人之間的界限。這一步，卜梁倚用了七天。而人生最難勘破的是什麼？那就是死生之關。不過，在卜梁倚已經能忘天下、忘萬物的情況下，勘破死生之障也就不是什麼難事了。生死原本為一體。進入了這個階段，人就可以「不知說（悅）生，不知惡死」。卜梁倚用了九天時間突破了死生之障，闖過了修煉的最後一關。人一旦勘破生死，就可以進入一片光明澄澈的「朝徹」，然後進入「見獨」的「道」的境界。到了這樣的境界，人不但「通」了古往今來，而且「通」了生死，再沒有任何東西可以妨礙心的遊動了。這，也就是顏回「心齋」之後所進入

的「虛室生白，吉祥止止」的境界。

卜梁倚有聖人之才，還有「道根」，又經過掌握著聖人之道的老師女偊親手點撥調教，頗費了些時日才終於成功得道。可見不管一個人是貴為君主、尊為文人士子還是隨處可見的普通人，無論他修心的時間或長或短，只要傾心修煉，一心向道，最終都能得道，都能走進不死不生、生死一體的世界。

至此，莊子分三個部分具體闡述了如何進入「至人無己，神人無功，聖人無名」的修心途徑，說明得道者是如何透過「喪我」、「心齋」、「守」與「外」的修心過程最終得以「乘天地之正，而御六氣之辯，以遊無窮」（《莊子‧逍遙遊》）。

四、意而子與「坐忘」

從南郭子綦到顏回，再到卜梁倚，他們都屬於對「道」有悟性、有得道資質的人。除了這些人以外，還有一類人，莊子也沒有忘記他們的存在。這類人以《莊子‧大宗師》中的意而子為代表。他們浸淫於與「道」相背離、相牴觸的學說已經很久，各種與「道」相悖的觀念早已在他們的心中打下了烙印。這樣的人是否仍然可以悟道、得道？如果可以的話，他們又需要經過怎樣的修煉才可以抹去原有的根深蒂固的烙印？才可以改變既有的觀念進入「逍遙遊」的境界？

意而子是一位深受堯禮義道德教誨、躬行仁義多年的人。他去見許由，表示要改換門庭，願意遊於「道」之境。意而子究竟是何許人氏並不重要，重要的是許由。在《莊子‧逍遙遊》中，堯曾把許由比作日月、時雨，要把君主之位讓給他，結果被許由拒絕了。後來堯上藐姑射之山見四

子，據說其中就有許由。[15]可見許由與女偶一樣，都是莊子心中得「道」的「大宗師」般的逍遙遊者。最初，許由並不認為意而子有聞道的可能，他對意而子說：「既然堯已經用『仁義』給你施了墨刑，用『是非』施了劓刑，你還能憑藉什麼遊於無拘無束、順任自然的『道』的境界呢？」

許由的話說得是狠了些，特別是「黥」、「劓」二字格外扎眼，言外之意是像你這樣的人已經無可救藥了，你所受到的「仁義」、「是非」的戕害之深，已經如同刻在臉上的標記、割去的鼻子一樣，難以恢復原狀。你還找我做什麼呢？顯然，在莊子心目中，一個人身體因受刑罰而殘缺仍有得道的可能，但是如果心靈遭受了「仁義之黥」、「是非之劓」，那才是人生的最大障礙。也就是說，「仁義」、「是非」對人的傷害更遠甚於「己」、「功」、「名」等。

儘管許由已經把話說到了這個地步，意而子仍執意表示願遊於逍遙之地。就這樣，許由也沒有鬆口。因為許由的想法是，視力差的人看不出容顏的美麗，盲人無法欣賞漂亮衣服上的錦繡之彩。許由之所以這樣說未必就是要成心拒人於千里之外，實在是對一個曾「必躬服仁義而明言是非」的人來說，他必須強調，消除刻在人心上的「仁義」、「是非」烙印絕非易事，必須做好脫掉一層皮的準備。況且，「逍遙遊」純粹是「心」的事，忘掉一己，忘掉自我，忘掉功名已經不易，何況意而子還要忘掉心中根深蒂固的道德與是非！不過，儘管如此，莊子也仍然沒有放棄這一類人。現在輪到意而子教育許由了。他說：「美女無莊為了『道』能忘記自己之美，勇士據梁為了『道』能忘記自己的勇力，黃帝為了『道』能忘記自己的智慧，只要入了『道』的大熔爐，經過一番錘鍊，天下就沒有治不好的頑疾。你怎麼知道造物者不會修好我的黥刑的傷痕、補上我因劓刑而失去的鼻子，

---

[15] 陸德明《經典釋文·莊子音義》：「四子，司馬、李雲：王倪，齧缺，被衣，許由。」

第九章　殊途而同歸

讓我成為形體完整之人而與先生同遊呢？」

這裡，莊子特意讓意而子舉出三位以「美」、「力」、「知」而聞名於世的無莊、據梁、黃帝為例，說明任何人只要心中有追求「道」的願望，一心向道，又有經受「爐捶之間」修煉的頑強毅力，就是再深、再重的傷痕也可為「道」所撫平修復。至此，許由終於為意而子的執著所打動，表示雖然他不能保證意而子最終一定能夠遊於道的境界，但還是可以為意而子大致介紹一下「道」。他說：調和萬物而不為義，澤及萬世而不為仁，在上古之先而不算老，覆天載地、創造了萬物的不同形態卻不為顯示其巧。這就是遊於「道」的境界。

許由所說的「道」，也就是那個「有情有信，無為無形」、「自本自根，未有天地，自古以固存，神鬼神帝，生天生地」、「先天地生而不為久，長於上古而不為老」（《莊子·大宗師》）的「道」。在許由看來，堯教的所謂「仁義」並不是真正的仁義，只有能「齏萬物」、「澤及萬世」、「覆載天地刻雕眾形」卻「不為義」、「不為仁」的「道」才是世間根本之所在。所以許由首先要從根本上引導意而子走出有關「仁義」的失誤。然而，對於這樣的「道」，意而子究竟能夠領悟多少？莊子又將以什麼樣的方法拯救像意而子這樣已經被扭曲、被打上烙印的靈魂呢？

《莊子·大宗師》的一個重要內容是描述大宗師即真人如何傳道。如女偊遇到的是像南伯子葵這樣求長生不老的人，而許由遇到的是像意而子這樣深受「仁義」、「是非」的浸染卻又試圖從這種桎梏中掙扎著擺脫出來的人。對於這樣的人，僅僅像王駘、伯昏無人那樣「立不教，坐不議」，只靠學生自己去悟顯然還不夠，還需要有像許由這樣的人給予最初的啟蒙才行。

現在意而子已經決意要像「無莊之失其美，據梁之失其力，黃帝之亡其知」那樣，任由「造物者」、「息我黥而補我劓」了。但具體來說，意而子

究竟應該怎樣操作，才可以在「爐捶之間」冶煉，去除「仁義」、「是非」的烙印，最終脫胎換骨，而「遊夫遙蕩恣睢轉徙之塗（途）」呢？為了詳細解釋這個步驟，莊子刻意選擇了孔子最器重的弟子顏回出面介紹「坐忘」的修煉方式。就《莊子》的整體結構而言，意而子與顏回「坐忘」這兩段貌似毫不相干，然而，「坐忘」卻是使意而子這類人悟道、得道不可或缺的一步，有了這一步，意而子們才有了可以踏上逍遙遊的途徑。

「喪我」是「忘」，「心齋」是「忘」，「守」與「外」也是「忘」，雖然在不同的場合，對不同的人，莊子所使用的詞語有所不同，但要表達的意思卻只有一個，那就是自己心中的障礙是什麼，就得忘掉什麼。只不過由於每一位忘者的身分不同，所需要忘掉的內容也就隨之不同，側重點也有所不同。意而子需要的是重塑靈魂，而重塑靈魂的第一步仍然少不了一個「忘」字。所以緊隨意而子學道的故事之後，莊子把重點放在了推介儒家代表人物顏回的「坐忘」上。顏回告訴孔子說他進步了。孔子問他是哪方面的進步，顏回說他忘記了仁義。孔子說，那很好，但還忘得不夠。過了幾天，顏回又去見孔子，說他又進步了。孔子問他是哪方面的進步，顏回說他忘記禮樂了。孔子說，那很好，可是仍然不夠。

仁義禮樂是孔子教弟子立身的根本，在孔子學說中占有重要地位。可是顏回張口卻告訴孔子，自己在忘記仁義禮樂等方面正在取得進步，孔子得知後非但沒有責備，反而認為他還「忘」得不夠，並鼓勵他繼續「忘下去」。

《莊子》中的顏回最初看重的是什麼？不就是「立德」、「立功」嗎？不僅僅是顏回，其實天下的文人士子無不如此。在《莊子‧人間世》中，顏回首先代表天下文人士子破了人生的第一個大礙「立德」、「立功」。但立德、立功的思想根源與儒家仁義禮樂相關的一系列理論學說密不可分。顏

第九章　殊途而同歸

回十三歲入孔門，後來又跟著孔子周遊列國，耳濡目染一直接受的是與儒家相關的治世主張，仁義禮樂在這位孔門弟子身上留下的烙印一定不會比意而子的淺。莊子選擇顏回與孔子來提出修心的另一個重要概念「坐忘」，顯然不是偶然的。假如像顏回這樣的人都能忘了仁義禮樂，那麼意而子們就更不在話下了。

孔子是知道顏回的志向的，「一簞食，一瓢飲，在陋巷，人不堪其憂，回也不改其樂」（《論語‧雍也》）。顏回對恬淡質樸生活的滿足很可能是導致顏回後來偏離孔門而自成一派的重要原因。《莊子》中有關顏回「心齋」、「坐忘」的記述應該也不是空穴來風，很可能就是「顏氏之儒」的傳承記載。顏回在「陋巷」、「不改其樂」所領悟到的應該就是某種「坐忘」式的修心，而這一修心方式又在莊子手中進一步發揚光大。莊子說顏回修心的第一步是忘仁義，第二步是忘禮樂，到了第三步，就進入了「坐忘」的狀態。到了這一步，就意味著顏回終於在修心的路上完成了由受到仁義禮樂之「刑罰」到「遊夫遙蕩恣睢轉徙之塗（途）」了。

當顏回再一次見到孔子，顏回已經透過修心進步到「坐忘」的地步。這一次，顏回在突破了仁義禮樂桎梏的前提下，進入了一個全新的、連孔子也不了解的境界，於是孔子很吃驚地問顏回什麼是坐忘。顏回解釋說，坐忘就是忘掉自己的形體，忘掉自己的耳聰目明，超脫形體的束縛，忘記所有的智慧，與道融為一體。於是孔子由衷地稱讚說：「與道融為一體就不會再有是非執著，與萬物同化就不會囿於常理，你果真是一位賢人！你對道的理解已經超越於我了。」

此前，顏回透過「心齋」忘記了心中的「德」與「功」，現在又透過「坐忘」忘掉了一切仁義禮樂，終於進入了「同於大通」的境界。「坐忘」是莊子認可的又一種透過修心以突破心中的藩籬、最終得「道」的方法。這種

方法尤其適用於像顏回、意而子這類深受仁義禮樂浸染卻又有心修道的人。對於這類人，忘仁義、忘禮樂是前提，然後就是忘形體、忘感官的作用、忘智慧、忘知識，完完全全地從各式各樣的束縛中解脫出來，最終還原為一個與道融為一體的無拘無束的真我。

從〈逍遙遊〉樹起「至人無己，神人無功，聖人無名」的標竿，到〈大宗師〉顏回進入「坐忘」，莊子為現實社會中的文人士子規劃出了一條透過修心而走向逍遙遊的途徑。〈齊物論〉中南郭子綦「吾喪我」後所體驗到的「天籟」，〈人間世〉中顏回「心齋」後所見證的「虛室生白」，〈德充符〉中諸位兀者、惡人「忘德」後「遊心於德之和」，〈大宗師〉中卜梁倚經過「守」與「外」所體驗的「朝徹」、「見獨」、「無古今」，直至顏回透過「坐忘」而「同於大通」，看起來每個人或者每類人的修心方法都不同，表現形態也存在一定的差異，但其中一個關鍵詞卻是相同的，那就是「忘」。

莊子的「忘」是他生命哲學中的一個獨特的概念，有著哲學層面的意義。這種「忘」是建立在否定現實的基礎上的一種放棄、一種放下，是一種決絕的拋棄，是一種自覺的追求。「忘」意味著對過去的否定，對現存的否定，對一切人為活動的否定。莊子要人忘生死，「忘年忘義」（《莊子·齊物論》）；忘現實，「相呴以溼，相濡以沫，不如相忘於江湖。與其譽堯而非桀也，不如兩忘而化其道」（《莊子·大宗師》）；忘萬物，忘自己，「有治在人，忘乎物，忘乎天，其名為忘己」（《莊子·天地》）；也忘掉一切身外之物，「故德有所長而形有所忘，人不忘其所忘而忘其所不忘，此謂誠忘」（《莊子·德充符》）。只有「忘」才能讓人的精神擺脫各種心靈的、物質的、外在的障礙、負擔、束縛，進入一個虛空清明純樸輕鬆的「逍遙遊」世界。這就是莊子為所有的人，特別是文人士子指出的一條去除心中魔障、回歸內心的必經之路。

第九章　殊途而同歸

第十章　莊子也有治國理想

　　一向以逍遙自適為追求的莊子也有治理國家的政治理想嗎？的確，莊子在內篇中很少涉及治國、治理天下這樣的話題，但這並不等於在莊子心中就沒有一個他所憧憬的君主社會。儘管「道通為一」的學說使莊子對「治國」、「治天下之道」這樣的問題往往表現出一種超越的態度，甚至顯得不屑一顧，但既然置身於一個由君、臣、民三者建構起來的君主制社會，他就不可能完全地拋棄君主，對治理天下之事全然不管不顧。可惜由於《莊子》內篇中有關治國問題的論述很不系統，所以後世對莊子政治主張的研究更多地集中在《莊子》的外、雜篇上。不過，就是從內篇東鱗西爪的片段中，我們還是多多少少可以梳理出一個「莊子君主國」，這是一個將理想與現實糅合之後更具可行性的世界。

　　先秦諸子中很多人都對現實的黑暗與殘酷有自己的認知與批判。莊子也不例外，但莊子與其他諸子的不同、也是他的深刻之處在於，他不僅僅意識到罪惡的存在，而且認為構成這個社會主體的君、臣、民每一方都對此負有不可推卸的責任。莊子認為，君主對成為聖明君主的追逐心、臣子對青史留名而竭盡全力的功名心、普通人特別是文人士子對是非利害耿耿於懷的一己之心，都是造成這個社會種種罪惡的根源。因此，莊子一次又一次地闡發「喪我」、「心齋」、「忘德」、「守」、「坐忘」後所進入的境界，就是要所有的人，也就是君、臣、民，承擔起各自的責任。莊子認為只有君、臣、民各盡其責，才是理想的治國之道。在這樣的社會中，聖人、神人、至人分別代表了人世間的君、臣、民三類人。而在這三類人中，莊子

第十章　莊子也有治國理想

對相當於君主的聖人寄予了最大的希望，因為只有在聖人的主持、參與之下，他所建構的那個世界才最有可能成為現實，或者說才最有實現的可能。

一、他們不一樣

讓我們先從藐姑射之山的至人、神人、聖人說起，來談莊子的治國理想。莊子是在高度概括了逍遙遊境界之後便把至人、神人、聖人正式推到我們面前的：「故曰：至人無己，神人無功，聖人無名。」至人、神人、聖人都是藐姑射之山的逍遙遊者，但是除了這一共同特徵之外，他們是否是同一種人呢？如果是的話，莊子為什麼要給他們三個不同的命名？假如他們之間確實存在著不同或者差異，他們又各自代表著什麼？象徵著什麼？

在回答上述問題之前，我們有必要先提一下《莊子・天下》中有關至人、神人、聖人的文字以及郭象的注。〈天下〉根據人們對「道」的理解領悟程度，把天下人分為天人、神人、至人、聖人、君子、百官、民七種。在這七種人中，天人、神人、至人對「道」的理解雖側重不同，但總體來說都屬於有學問的人對「道」的領悟，都處於同一層次。聖人承襲「道」的宗旨，以「德」為根本，順應自然的變化，能活用道術。君子可以把「道」轉為仁義禮樂，作為人世社會的道德規範。百官對「道」的理解是按照現行社會規章制度行事，一切都有章可循。普通百姓理解的「道」就是有事做，有飯吃，有衣穿，繁衍生息，家有積蓄，老弱孤寡有所養。〈天下〉只是列出了這七種人，卻並沒有說他們是否屬於同一類人。郭象認為前四種人不但是同類人，而且彼此間沒有任何區別，只是莊子給了他們不同的稱謂而已。（《莊子注》）而後三種人，想必郭象也覺得把他們跟天人、神人、至人、聖人放在一起不合適，索性把君子、百官、民三者剔除不

提了。

　　由於郭象視至人、神人、聖人為同類，認為三者間不存在任何不同，所以他在作《莊子注》時常常三者名稱混用。後代學者大都接受了郭象的說法，認為「至人，以及無功無名的神人、聖人，三者名異實同，故莊書上至人、神人、聖人互用。」（陳鼓應《老莊新論》）但也有學者認為至人、神人、聖人之間是有著層次的不同的：至人是修養最高的人，神人次之，而聖人排在最後。（北京大學中文系編《先秦文學史參考資料》）這兩種說法都是根據莊子的排列順序或字面意思去理解的，並沒有以《莊子》特別是內篇為依據，對至人、神人、聖人作深入的對比分析，不免拘泥於表面。

　　按照莊子的描述，無己的至人、無功的神人、無名的聖人的確都是不依靠任何外在力量的得道之人。對至人、神人、聖人，莊子在統而論之的時候，說他們的共同特徵是「乘天地之正，而御六氣之辯，以遊無窮者」。而在分別論述時，莊子說神人「乘雲氣，御飛龍，而遊乎四海之外」（《莊子・逍遙遊》），至人「乘雲氣，騎日月，而遊乎四海之外」（《莊子・齊物論》），聖人「遊乎塵垢之外」（《莊子・齊物論》）。看起來，貌似至人、神人、聖人如同神仙一般，其實，這種隨心所欲的「遊」，只是莊子的一種誇張說法，表示三者在精神上不受任何的束縛，他們的心靈可以突破一切界限與障礙。在這一點上，至人、神人、聖人的確是相同的，三者之間並不存在質的不同，也沒有層次上的高低之別。

　　但是至人、神人、聖人之間的同，並不意味著三者間不存在任何差異。如果我們相對應地分析內篇中莊子每一次談到至人、神人或聖人的語境與具體場合，不難看出這三類人在現實世界中實際上分屬三個不同的社會階層，代表了構成社會基本框架的三類人，也就是君、臣、民，他們各

第十章　莊子也有治國理想

自遇到的生存障礙與困境也有著明顯的差異。

至人就是得道的普通人。每當莊子談到至人時，從來不把他們與建功立業連繫在一起，只說「至人無己」，說他們看得透生死，對生死無動於衷，完全沒有利害得失的概念（《莊子‧齊物論》）；說至人要「先存諸己而後存諸人」，先自立然後才能去扶助他人（《莊子‧人間世》）。可見至人就是像伯昏無人、哀駘它、子輿、子祀、子來這樣的普通人。對普通人來說，最大的挑戰就是「無己」或「喪我」。這也是為什麼在〈德充符〉中有申徒嘉與子產的爭辯。

神人是臣子的象徵。每當談到神人，莊子總是把神人與臣子的職責、建功立業連在一起。〈逍遙遊〉中說神人有「使物不疵癘而年穀熟」之大功；〈人間世〉中南伯子綦見到商丘之木，從這棵大樹雖然「不材」無用，卻可以為人遮風擋雨，庇護「結駟千乘」之功而聯想到神人的作用，發出了「嗟乎神人，以此不材」的感嘆；還說神人的治理之道就是無為，所以才不屑於忙忙碌碌「以天下為事」、「以物為事」。

聖人自然就是君主了。《莊子》中每當聖人出現，總是與天下、治國之道有關。從〈逍遙遊〉中堯讓天下於許由，許由以「子治天下，天下既已治也。而我猶代子，吾將為名乎」為理由拒絕，到〈應帝王〉中楚狂接輿主張的「夫聖人之治也，治外乎？正而後行，確乎能其事者而已矣」，說聖人君主治理天下要以道化民，順從人的本性，而不是以禮儀法度去限制人、約束人，都說明莊子對聖人的考量是從君主在現實社會中的社會地位、肩負的治理天下的責任以及至高無上的權力名望作為出發點的。

當我們理解了莊子心目中逍遙遊的至人、神人、聖人在現實社會相對應的就是民、臣、君這三種人，再回過頭來體會莊子的治國之道，不難發現莊子雖然顯示出相當的「非政治化」傾向，很少直接談論傳統意義上的

政治制度以及治理天下的具體措施等，但莊子對治國之道的關注是透過對現實社會的否定，對理想社會詩意化的描述，對聖人、神人、至人所代表的君、臣、民社會構架的設想而流露出來的。在這樣的社會中，莊子把實施理想的最大希望寄託在聖人也就是君主身上，而最能體現他人文關懷的人群則是至人，也就是普通老百姓還有文人士子了。

二、聖人君主堯

無論莊子對「以天下為沉濁，不可與莊語」（《莊子・天下》）的社會認知有多麼深刻，他多麼想逃避到一個只屬於自己的小角落，在現實社會中他其實是無計可施的，因為他畢竟置身於一個君主社會。他就是對「古之人」再嚮往，對「聖人無名」的理想世界再鍾情，對衛君這樣的暴君再憎惡，他也無法真正從這個社會中抽身，無法徹底擺脫這個社會對他的限制與影響。就像他在〈人間世〉中所說的那樣「臣之事君，義也，無適而非君也，無所逃於天地之間」，臣子侍奉君主，是天經地義的，只要人生活在這個世上，他就不可能逃到一個沒有君主的地方。

在一個君主社會，莊子願意也好，不願意也罷，他都不得不承認君主在這個社會所擁有的無法撼動的地位，不得不「安之若命」地接受君主無所不在的統治，不得不在君主的眼皮底下尋找夾縫求生存，也不得不與君主至高無上的權力逶迤周旋。總之，面對現實，不管他接受還是不接受，君主就在那裡。既然這樣的制度無所逃避，那麼，為什麼不按照自己的思想去設計一個理想的君主，在這樣的君主身上寄託自己的期望與要求呢？於是，我們看到莊子不但承認、接受君主，而且還包裝出了一個自己心中的君主來。這樣的君主名義上仍然是一國之君，承擔著治理天下的重任，

第十章　莊子也有治國理想

但他又不是一般的君主,他還是聖人,君主與聖人合而為一,成為聖人君主。

有意思的是,莊子為什麼一定要君主是聖人呢?

「聖人」在先秦時代算得上是頗為熱門的流行語,先秦諸子幾乎個個說聖人,儘管各家對聖人的定義不盡相同,但聖人的的確確是各門各派都推崇的理想人物。我們不妨來做個粗略的統計。「聖人」一詞,在老子《道德經》中出現了三十一次,《論語》中三次,《墨子》中三十五次,《孟子》中十九次,《荀子》中三十五次,《管子》中五十九次,《韓非子》中五十四次,而在《莊子》一書中出現竟高達一百一十三次。即便不算外、雜篇,僅內七篇也有二十八處提到了「聖人」。當然了,在外、雜篇中,有些文字是罵聖人的。被罵的大多是儒家一派的聖人。偏偏司馬遷被這些罵聖人的篇章誤導了,他把罵儒家的帳通通算在了莊子的頭上。其實,內篇中,莊子至多只是稍稍譏諷了儒家幾句而已,從來沒有罵過。不僅如此,那「無名」的聖人還是莊子心目中名副其實的逍遙遊者呢。

整體而言,先秦時期,雖然有非議「聖人」的聲音,但主流學派都是把聖人視為最高道德與人格境界的典範,當作治國平天下的君主楷模。在孔子眼中,聖人要能廣博施恩、拯救民眾,為天下百姓求福祉。孔子對聖人的期待極高,甚至認為像堯舜這樣的聖明君主也會擔心自己不夠格呢。(《論語・雍也》)至於一般人,那就更入不了孔子他老人家的法眼了,孔子明確地說「聖人,吾不得而見」(《論語・述而》)。對老子來說,聖人同樣是了不起的人物。老子的聖人人設是:要能讓天下人吃飽飯、安居樂業,無知無慾(《道德經》第三章),而且要用「無為」、「不爭」之道來治理天下(《道德經》第八十一章)。可見以聖人的標準來要求君主、衡量君主並非莊子的首創。他不過是借了孔子、老子等的聖人模具,把自己對君主

的期待與要求放了進去。

在《莊子》中真正稱得上是聖人君主的只有兩位：一位是堯，另一位就是卜梁倚。你可能不大相信儒家極為崇拜的堯居然會被莊子視為是聖人。是不是很有些出人意料？連孔子都不敢確定堯是否一定是聖人，莊子反倒把他給算進去了。當然，《莊子》中的「堯」是不是歷史上真實的堯，那就是另一回事了。莊子把堯樹立為他理想中的君主典範，其實是有他自己的考慮的。堯是中國歷史上公認的古昔聖王之一。孔子曾這樣讚美他：「大哉，堯之為君也！巍巍乎！唯天為大，唯堯則之。蕩蕩乎，民無能名焉。巍巍乎，其有成功也，煥乎，其有文章！」（《論語·伯泰》）《尚書·堯典》說堯辦事恭謙，洞悉事理，知人善任，恩澤天下。在堯的治理下，百姓安居樂業，各族和睦相處，呈現出一派國泰民安的景象。莊子原本就與「顏氏之儒」有淵源關係，堯又是眾人心目中最聖賢的君主，這樣來看，莊子選中堯來擔當自己理想中的君主也就順理成章了。

當然，在〈逍遙遊〉中首次露面的堯還不是莊子心目中具有治國之道的理想君主。所以莊子要堯做的頭一件事就是放下自己的天下。於是，堯特意為了這件事去見許由。堯把自己比作照明的燭光、灌溉的小水，而把許由比作日月和及時雨，告訴許由說，天下既然已經出現了像許由這樣的能人，自己就不該屍位素餐，應該將君主之位讓給許由。可是許由並不接受。他說天下在堯的治理下，已經大治，現在堯已經擁有治理天下之名，而許由認為自己並沒有做任何事，不需要這樣一個名不副實的「名」，許由的回答顯然是呼應莊子提出的「聖人無名」而來。更何況「鷦鷯巢於深林，不過一枝；偃鼠飲河，不過滿腹」，對於滿足於溫飽小康、自甘平淡卑微的許由來說，他怎麼會去稀罕什麼虛妄的天下呢！

有了這樣一層鋪陳，下一步的重點自然就要放在堯是如何做到「聖人

第十章　莊子也有治國理想

無名」上的。其實，從堯打算把「名」和「天下」都讓給許由那一刻起，堯就已經紮紮實實地在向聖人君主邁進。因此，在說過「藐姑射之山」之後，莊子又回到了堯這裡：

　　堯治天下之民，平海內之政，往見四子藐姑射之山，汾水之陽，窅然喪其天下焉。

　　如果僅僅是要把堯設定成得道的逍遙遊者，莊子大可不必提什麼「治天下之民，平海內之政」這樣的政績，但事實是莊子不但提了，還特別選在堯去藐姑射之山見了四子「窅然喪其天下」的時刻，可見治理天下與「忘天下」是緊緊連繫在一起的。只有這樣的堯，才是莊子心中最為理想的聖人君主。作為君主，堯承擔「治天下之民」的重任，創造出了一個太平之世；而作為聖人，他卻自甘「無名」，忘了名，也忘了自己所擁有的天下！這得是多麼有風采、有魅力的人啊！

三、卜梁倚的意義

　　卜梁倚究竟是何許人，史書上沒有記載，有可能他是莊子從神話傳說中借過來的人物，但更大的可能是出自於莊子的杜撰。如果說作為聖人君主的堯，既體現了莊子對君主「治天下之民，平海內之政」、「夫子立而天下治」的政績要求，又寄託了莊子對君主「忘」天下而「無名」的理想的話，那麼，卜梁倚這個人物，主要是用來闡述成為聖人君主的基本條件。

　　用莊子的話來說，任何君主成為聖人君主的基本條件就是必須擁有「聖人之才」以及「聖人之道」。有「聖人之才」而無「聖人之道」的人只能算是君主，而非聖人；有「聖人之道」而無「聖人之才」的人，只能是傳道的女偊，充其量是大宗師也就是真人，算不上是聖人。

三、卜梁倚的意義

莊子一向主張有「德」不形、藏「才」不露、要處於「材與不材之間」，可是為什麼他在〈大宗師〉中卻大大地讚了一把「才」，還提出了「聖人之才」與「聖人之道」的概念？女偊對南伯子葵說卜梁倚有「聖人之才」可是沒有「聖人之道」，自己有「聖人之道」卻沒有「聖人之才」，所以他想用「聖人之道」教卜梁倚，這樣或許卜梁倚可以成為聖人。

（《莊子·大宗師》）此刻的女偊與卜梁倚都不是「聖人」。但是，按照莊子所說，有「聖人之道」的女偊是沒有「聖人之才」的，而具備「聖人之才」的卜梁倚卻可以得到「聖人之道」從而成為聖人君主。卜梁倚分明名不見經傳，可是他怎麼會成為莊子心目中僅有的兩位聖人君主之一？莊子確實從來沒有直截了當地說作為君主的卜梁倚是如何治理天下的，但他透過女偊之口明確地表示倘若卜梁倚要想得道，最重要的一步便是「忘天下」，而能擁有天下的人，非君主莫屬。在《莊子》內篇中，符合這一條件的，也就只有堯與卜梁倚兩位了。一旦卜梁倚得了女偊的「聖人之道」，他就可以跟〈逍遙遊〉中「聖人無名」的「聖人」一樣成為聖人君主。

下一步，莊子要說的就是什麼是「聖人之才」，什麼人有「聖人之才」。

莊子文章中很少說「才」。即便提到「才」，指的也多是處世之才，如〈德充符〉中的「才全而德不形」、〈山木〉中的「周將處乎材與不材之間」等。只有〈大宗師〉中談到的「才」是個例外，這次莊子不但充分肯定了「才」，而且還稱其為「聖人之才」。

凡是提到聖人，莊子往往指的是得道的君主，但反過來說，君主卻很少是聖人。作為君主，除了實施暴政的衛君之流以外，一國之君最起碼應具有治國之才。如堯曾有的「治天下之民，平海內之政」之「才」，但直到堯「窅然喪其天下」之後，莊子才認為他是聖人。所以，沒有得「道」的君主雖非「聖人」，卻未必無「才」。

第十章　莊子也有治國理想

有關「聖人之才」的「才」，成玄英認為是指得道的才能：「虛心凝淡為道，智用明敏為才。」（《莊子疏》）可是，如果「才」僅僅指的是得道的聰明才智，想必人人都可以有，那為什麼女偊要一口咬定自己沒有「聖人之才」呢？還有其他人物，如哀駘它、闉跂支離無脤、甕㼜大癭等也都是得道者，為什麼他們也算不上是聖人？顯然，問題的關鍵在於這些得道者與女偊一樣，都沒有「聖人之才」。所謂「聖人之才」其實就是君主之才。而君主之才並非人人皆有。

《莊子》中出現的歷史上有君主之才的不乏其人，如衛靈公、齊桓公都可以說是頗有治國之才的君主，在他們的治理下，衛國、齊國都算得上是春秋時期的強國。莊子似乎也嘗試著把這二位納入聖人君主之列。例如〈德充符〉中記述了這樣一個小故事：闉跂支離無脤遊說衛靈公，衛靈公很高興。當衛靈公迷上這位身體畸形的人之後，看到形體健全的人，反倒覺得他們的脖子都太細小了。還有甕㼜大癭遊說齊桓公，也得到了齊桓公的歡心，齊桓公對這位身上長著巨型瘤子的人看順了眼，此後再看其他人，也覺得他們的外貌都不正常。

闉跂支離無脤與甕㼜大癭都屬於得道之人。莊子用了很多奇奇怪怪的字眼諸如闉跂（曲足）、支離（傴背）、無脤（無唇）、脰（頸部）、肩肩（細小的樣子）、甕㼜（大如陶盆）、大癭（脖子上的大瘤子）等，來描述他們形體的殘缺，顯然是要強調得道與外形無關。但是莊子為什麼偏偏要派兩位畸人去遊說衛靈公與齊桓公這樣頗具治國才能的君主呢？他應該是希望他們也能像堯還有卜梁倚那樣，最終「忘天下」、「喪天下」。可惜的是，這兩位君主的悟性還遠遠不夠，他們只是從一個極端走到了另一個極端，視「殘」為「全」，將「全」當作「殘」，就像視美為醜，視醜為美，視是為非，視非為是一樣，仍然無法擺脫「殘」與「全」這樣的觀念，自然也就很

難真正忘君主之位、忘天下。像衛靈公、齊桓公這樣的君主，不能說沒有「聖人之才」，但僅僅有「聖人之才」卻沒有「聖人之道」，還是成不了聖人君主的。

一位君主是否能成為聖人君主，擁有「聖人之才」或者說是擁有君主之才只是其中一個最基本的條件，更重要的還必須有「聖人之道」。

那什麼是「聖人之道」呢？值得注意的是，在《莊子》中，這是唯一一次在「道」的前面加了修飾語，難道這意味著除了「聖人之道」以外，還有什麼「相國之道」、「將軍之道」、「商賈之道」？

莊子的「道」主張的是萬物一齊，道通為一，自然也就不會分出各種不同類型的「道」來。莊子之所以說「聖人之道」只是由於南伯子葵要學長生不老之道而引發出來的。

女偊對南伯子葵所解釋的道就是〈大宗師〉中所說的「有情有信，無為無形」之道。莊子在〈大宗師〉中描述「道」的特質時，曾開出了一大串得道者的名單，強調凡是學「道」的人，都會取得不凡的成就；同時上至三皇五帝，下到販夫走卒，人人皆可得道。然而，對這位找上門來要學道的南伯子葵，女偊竟然一口回絕，還毫不客氣地告訴他，你就不是學道的料。女偊這麼說，是不是與莊子「道通為一」的一貫主張相衝突呢？

其實兩者之間並不矛盾。莊子的確說過「道」、「可傳而不可受，可得而不可見」，卻從來沒有說過「道」可以學。最重要的是，南伯子葵見女偊「色若孺子」，誤把女偊當成擁有長生不老駐顏術的神仙方士一類，迫切想學長生不老之術。所以南伯子葵一張口，女偊就聽出來他學「道」的動機與莊子之「道」風馬牛不相及，自然毫不客氣地把南伯子葵一口回絕了。可見，女偊所說的「聖人之道」只是針對南伯子葵感興趣的長生不老之道而言，只有將「聖人之道」這個說法置於上下文中來看，才可得出正解。

按照女偊所說，卜梁倚是透過「守」與「忘」最終得了「聖人之道」。儘管卜梁倚這個人物，在《莊子》中只間接地露了這一次臉，意義卻不容小覷。在莊子看來，只有既有「聖人之才」又有「聖人之道」，能夠忘掉自己所擁有的天下的人，才算得上是聖人君主，是真正的聖人。所以說莊子治國之道的第一個理想就是得有像堯、卜梁倚那樣既能治天下又能忘天下、不以擁有天下為意的聖人君主。

四、聖人君主做什麼

有了聖人君主之後，「忘天下」的聖人君主應當如何治國、如何去履行君主的職責、如何去面對他的臣民？說白了，聖人君主到底應該做什麼？怎樣去做？在這樣的問題上，莊子又有什麼樣的想法呢？

據〈人間世〉記述，堯在「窅然喪其天下」成為「無名」聖人之前，雖然已經把國家治理得風調雨順，卻也曾為了名而窮兵黷武。堯、禹都曾攻打過幾個小國，把這些國家變成了廢墟。表面上看，堯、禹攻打他國，是為了解救他國百姓，使其免遭暴君屠戮，實際上卻是為了求取聖人之名。（《莊子·人間世》）這樣的行徑，當然與莊子所期待的治國之道有著天壤之別。

莊子對聖人君主如何治國是有著自己獨特的理念與要求的。按照莊子的設想，聖人君主之治，應當是一種不刻意有所作為的治。聖人不會刻意、勉強去做什麼事；在是非功利面前，不追逐於利，也不會刻意躲避禍患；聖人不熱衷於索求，更不會四處伸手。聖人時時與道同在，卻不攀緣於道，不憑藉道來炫耀自己，不需要事事反思自己是否順從於道；各種說辭、言論的「有」或「無」在聖人眼中都是一樣的，不存在一條截然分明的

界限。聖人雖身處世俗世界，心卻永遠遊於逍遙的理想境地。(《莊子·齊物論》)

也就是說，莊子理想的聖人君主，雖仍需與各種俗務周旋，同樣身處一系列的事務之中，不免有利害之念、不免有索求，但不同之處在於，聖人君主對處理這一切事物都懷有一種「聖人之道」的君主心態，諸事順道而行。這樣的聖人君主，是去過藐姑射之山後的堯，也是得了「聖人之道」後的卜梁倚。由於聖人君主心無塵垢，因此處理起國家大大小小的事務來，就不會強求，而是來則迎之，去則送之，無是無非。

因此，在莊子看來，聖人君主僅僅限於「不從事於務，不就利，不違害，不喜求，不緣道」還不夠，其內心精神、個人修養也必須要能與「道」相合：「旁日月，挾宇宙，為其吻合，置其滑涽，以隸相尊。眾人役役，聖人愚鈍，參萬歲而一成純。萬物盡然，而以是相蘊。」(《莊子·齊物論》)莊子如此描述聖人君主，只不過是要強調聖人君主完全突破了時空的局限，在精神上與日月宇宙萬物融為一體，任憑世間參差百態、亂象滋生，聖人君主都可以憑藉無是無非、無貴無賤的等而視之的態度，創造出一個「以隸相尊」的無分別的理想社會。事實上，世上眾人一生都在勞碌，而君主聖人看似「愚鈍」、「不從事於務」，其實，只是因為他們心中裝著上下古今，可將上下古今與天地萬物融為一體，可以不分是非貴賤高低、無區別地對待一切，包容一切。就從這一點上，不難看出莊子的治國之道，並非是一種逃世或者避世，也不僅僅是一種心境逍遙的不作為，而是從「天地與我並生，而萬物與我為一」的獨特視角來看待一切，對世間的紛雜永珍通通以「置其滑涽」的不加分別的方式來應對。

在這樣的「治國之道」理念的指導下，莊子所期盼的社會現實自然也就呈現出一派不同凡響的景象，《莊子·應帝王》說：

第十章　莊子也有治國理想

> 有虞氏不及泰氏。有虞氏，其猶藏仁以要人，亦得人矣，而未始出於非人。泰氏，其臥徐徐，其覺於於，一以己為馬，一以己為牛；其知情信，其德甚真，而未始入於非人。

有虞氏（舜）與泰氏（伏羲氏）都是上古帝王中的聖人。特別是舜，一直被視為是繼堯之後最有聖人之才而又有仁義的君主。然而，莊子說，有虞氏向人顯示仁義，使人歸順自己，雖然他得到了人，受到人們的擁戴，其出發點卻仍不脫是己而非人的窠臼，並不能超然於物外。這種治國之道並不為莊子所取。莊子推崇的，是像泰氏（伏羲氏）那樣「不治而治」。

所謂「不治而治」，就是既不以諸如仁義、禮樂、法治之類的東西來約束、限制、治理自己的臣民，同時君主自己也不受任何仁義、禮樂、法治等框架的約束，一切都不違背本心。莊子是這樣描述的：聖人君主要像泰氏（伏羲氏）那樣，睡覺時安閒舒適，醒來時悠然自得，毫無牽掛。什麼君主的權威尊嚴、帝王的名望地位，就連這樣的概念也從不生於心中。你視我為馬，我就是馬；你視我為牛，我就是牛。做牛做馬與做君主沒有任何的不同，誰也不比誰高一頭，誰也不比誰更加尊貴。這樣的君主理解什麼是「情」，什麼是「信」，他的「德」很真，不會是己而非人，自然也「不譴是非」。對待臣民，採取的是聽之任之、任由其「化」的治理方法，即使得人心也是「無心」而得之，與是非利害全然無關。這，就是「不治而治」的治國之道。

不難看出，莊子描繪的這個介於理想與現實之間的「不治而治」的社會圖景，隱隱有老子「小國寡民」的影子，但在更大程度上還是脫胎於「古之時」的「至德之世」。在這樣的社會，人們都有不變的本性，織布而穿衣，耕種而吃飯，自給自足，人與萬物渾然一體。這就是任其自然。在這樣的至德之世，人人行為端莊，目光專注。山野中沒有大大小小的道

路，湖泊間沒有船隻，江河間不存在橋梁。人與萬物生活在一起，居住的鄉村之間也沒有任何疆界。禽獸成群結隊，草木隨意生長。人們可以牽著禽獸遊玩，也可以爬到樹上觀看鳥巢。在這裡，人與禽獸同居一起，沒有物我的不同，也沒有君子小人、君主臣民之分。(《莊子‧馬蹄》)這樣的社會才是莊子所嚮往的聖人君主治下的理想社會。

說到莊子的「不治而治」，就不能不提到他在〈應帝王〉中推出的「無名人」。莊子的一句名言就是「聖人無名」。光憑名字我們就可以知道這位無名人一定跟聖人君主有關，或者說就是聖人君主的化身。據說，有一天，天根在蓼水河邊遊歷遇到了這位無名人。天根開口就向無名人請教如何治理天下，自然遭到無名人的搶白：「趕快走開，你這個鄙陋之人，為什麼問我這麼掃興的問題！」此時的無名人正在「遊無何有之鄉」，當然不會對治理天下感興趣。有意思的是，無名人剛剛譴責了天根，卻不容他答話馬上又解釋說：「我正要與造物者一起討論如何為人，忽然得到了答案，我就乘著輕虛之鳥飛往六極之外，遊於無何有之鄉，處於壙垠之野。你為什麼要用治理天下這種夢話來擾動我的內心呢？」天根遭到斥責之後，也並未放棄，他還繼續追問。這一次無名人終於對治理天下這個問題給予了正面的答覆，他說：「你遊心於恬淡的境界，清靜無為，順應自然萬物的變化，不摻雜任何個人的私念，這樣，天下便會大治了。」(《莊子‧應帝王》)由此可見，莊子其實還是無法對現實世界徹底釋懷。他借無名人之口，說明自己「不治而治」的思想核心是要聖人君主與「道」的境界融合為一，一切順應自然，徹底拋棄一己之私。只有這樣，天下才可能實現真正的大治。

第十章　莊子也有治國理想

五、聖人君主也會「亡人之國」

　　一個「不治而治」的君主社會是令人嚮往憧憬的，莊子也傾其全力地勾畫出這樣一幅和諧自然的美景。然而，現實與理想往往相距甚遠。莊子在〈應帝王〉中提到的一位號稱「日中始」的人可以視為是現實社會中君主思想的典型代表。日中始認為君主帝王統治天下就要根據自己的需要制定、頒布法度，這樣的話，就沒有人敢不聽從。時間一久，百姓就能習慣成自然，自覺自願地遵循這樣的禮法制度了。可是，在莊子看來，這樣的治國之道只是君主帝王的一廂情願，虛偽不實，是「欺德」。用這樣的方法來治理社會，就如同是在大海中開河，讓蚊蟲背負大山一樣，荒誕不經。莊子還特別用了兩個比喻，說鳥都知道高飛躲避短箭的傷害，鼴鼠知道在社壇下打深洞以避免煙燻挖掘的禍患，難道人連這兩種動物都不如嗎？他的意思是說用嚴酷的律法去約束、限制百姓，結果只能迫使百姓像鳥與鼴鼠一樣去尋找對抗律法的辦法與途徑來躲避「害」與「患」，長此以往，只會形成惡性循環，導致社會越來越黑暗混亂。（《莊子·應帝王》）

　　針對憑藉禮法典章來治理百姓的辦法，莊子明確提出「夫聖人之治也，治外乎？正而後行，確乎能其事者而已矣」（《莊子·應帝王》）。這裡的聖人指的就是聖人君主。莊子認為聖人君主應當以「道」化人而不是用禮儀法度去束縛人。「正而後行」的「正」是說君主不設網罟機關，摒棄法度規則，先正自己之身，百姓自然也就不會千方百計設法避免法度規則的束縛，最終必然會盡力做他所能做之事。莊子認為這才是帝王君主應該採取的治國治民之道。

　　莊子的治國之道可以說是高度理想化的。那麼，在現實世界中，莊子的治國之道是否還有那麼一丁點的迴旋應對餘地呢？特別是正逢「其年壯，其行獨。輕用其國，而不見其過；輕用民死，死者以國量乎澤若蕉，民其

無如矣」（《莊子·人間世》）之時。衛君治下的衛國，聖人君主又當如何解其民於倒懸？對於這樣的問題，儘管莊子從未做出過明確的回答，但我們多多少少還是可以從一些間接的論述中搜尋出答案來。其中，最耐人尋味的是〈大宗師〉中的一段話：「殺生者不死，生生者不生。其為物，無不將也，無不迎也；無不毀也，無不成也。其名為攖寧。攖寧也者，攖而後成者也。」

在此之前，莊子分明說卜梁倚得道之後就進入了洞明清澈的逍遙境界，為什麼筆鋒突然一轉，霎時間冒出了縷縷的殺氣，說殺人，說拋棄，說毀滅？的確，作為君主，殺生滅國本不足為奇，當年堯與禹也都曾經攻打過其他小國。倘若得道的卜梁倚仍致力於殺生之事的話，豈非有悖於聖人之道？所以不少莊學研究者絞盡腦汁來解釋這段話，認為得道聖人是不可能說這樣的話、做這樣的事的。

那我們就先來看看這段頗有些突兀的話是否說的就是卜梁倚？

宋陳碧虛《南華真經闕誤》所引江南古藏本上的這一句與通行本《莊子》略有不同。江南古藏本的「殺生者不死，生生者不生」前還有一個「故」字，為「故殺生者不死，生生者不生」。一個「故」字，使「殺生者不死，生生者不生」與前文有了明確的邏輯連繫，意思是卜梁倚得道之後才能夠「殺生者不死，生生者不生」的。也許是出於為賢者諱的考慮吧，一些《莊子》版本將「殺生者不死」改為「生生者不死」。但他們忘了，有「聖人之才」的卜梁倚得了「聖人之道」成了聖人君主，只要他仍然是君主，就不得不從事君主之事，盡君主之責，興兵滅掉如「衛君」一樣的暴君，不應該也是聖人君主的職責所在嗎？

君主殺人在莊子生活的戰國時期那是再稀鬆不過的平常事了。臣子在朝堂之上一言不合就可能丟了九族的性命，為了彈丸之地或蠅頭小利君主

第十章 莊子也有治國理想

會傾舉國之力攻打他國就更不消說了，正如孟子所描述的那樣：「爭地以戰，殺人盈野；爭城以戰，殺人盈城。」（《孟子‧離婁上》）然而，同為戰爭，發動戰爭的目的卻大有不同。只有反覆揣摩莊子這段話的內涵，才可以理解既有「聖人之才」又有「聖人之道」的卜梁倚為什麼「殺生」。

「殺生者不死，生生者不生」，字面上說有權殺人的人，殺了人卻不認為自己是在殺人，有權讓人獲得重生的人，不認為是自己讓別人獲得了新生。在這裡，這個殺生者與生生者都是特指聖人君主卜梁倚的。所謂「生生者不生」是說卜梁倚使人重生，不是他需要獲得什麼報答；而「殺生者不死」是說他不是為了一己之私利而殺人，他之所以這樣做，不過是在其位而謀其政。正是在這個意義上，莊子才說聖人君主卜梁倚殺人不是殺人，使人獲得新生也不是使人獲得新生，因為一切都是順從於「道」，是「道」的體現。也正是由此出發，莊子才說，對於世間萬物，聖人君主可以拋棄一切，也可以迎接一切。在聖人君主那裡，沒有什麼東西不可以毀滅，也沒有什麼東西不可以成就。這就叫「攖寧」。所謂「攖寧」，就是在萬事萬物的生死成毀的紛擾中保持內心的寧靜。

說莊子的治國之道包含有「殺生者不死，生生者不生」的意思，多少有些令人難以置信。但我們這樣說，確實不是故作驚人之語。特別是如果我們結合莊子〈大宗師〉中的另一段話「故聖人之用兵也，亡國而不失人心；利澤施乎萬世，不為愛人」一起來看的話，就可以更清楚地看到，莊子對現實社會中的聖人君主是另有期許與要求的。在莊子的理想世界，那裡的聖人君主「其臥徐徐，其覺於於」（《莊子‧應帝王》），「功蓋天下而似不自已，化貸萬物而民弗恃，有莫舉名，使物自喜，立乎不測，而遊於無有者也」（《莊子‧應帝王》），一切順應自然，不治而治，當然也就用不著「殺生」、「用兵」、「亡國」等手段。但在現實世界，面對衛君那樣的暴

君，或者「其德天殺」的儲君，莊子似乎並不反對以「殺生」或者透過戰爭來解決問題。不然的話，就很難解釋這裡莊子為什麼要肯定聖人君主出兵發動戰爭，滅了他人之國，而被滅之國的百姓卻心甘情願地歸順，肯定聖人君主不為博得「愛人」之名的征戰，是「利澤施乎萬世」，使此後萬世的君主不再殺人，不再發動戰爭。可見在「利澤施乎萬世」的前提下，「殺生者不死，生生者不生」是聖人君主的職責。「用兵」、「亡國而不失人心」同樣也是聖人君主的職責，這些都同樣是「正而後行」的聖人所為。這樣的聖人君主才是現實社會中莊子所期許、所企盼的。

我們認為，把莊子理想世界的治國之道與現實世界中聖人君主的治國之道區別開來，是探索莊子治國思想的一條新途徑。過去，總有學者認為莊子有關「殺生者不死」、「聖人之用兵也，亡國而不失人心」的論述不符合莊子的一貫思想，是竄入的文字，應當刪去。（陳鼓應《莊子今注今譯》）其實，這是由於沒有深刻理解莊子聖人觀而產生的一種誤解。實際上，莊子對聖人的論述集中體現了他的政治理念，或者說他的政治觀是透過對聖人的描述以及對是非等的闡發顯示出來的。從莊子在〈齊物論〉中對聖人所作的論述上，我們可以看到莊子實際上還是把治世的希望寄託在君主身上。他創造出現實社會中「無名」的君主聖人，其實也是希望這樣的聖人能透過「不用而寓諸庸」（《莊子·齊物論》）的方式，「治天下之民，平海內之政」，使四海晏然。

至此，莊子對治國之道的最重要的人物角色聖人君主的論述就算是完成了。不過，一個社會僅僅有聖人君主還不夠，對構成君主社會的另外兩部分人，也就是臣與民，莊子又有著怎樣的期許與要求呢？

第十章　莊子也有治國理想

六、神人臣子的職責

在〈逍遙遊〉中，神人排在至人之後、聖人之前，所謂「至人無己，神人無功，聖人無名」。無論君在前還是民在前，臣都是居中，這個位置決定了臣是連線君主與黎民百姓的仲介。莊子的這個排名本身就很有意思。至人「無己」可以透過個人修心做到，聖人「無名」也可以由本人獨立完成，唯獨神人「無功」需要上有君下有民的配合才可能實現。也就是說，只有在君主有「無名」的胸襟，黎民百姓有「無己」的品格的前提下，人臣才有可能做到「無功」。倘若君主無道，黎民百姓生活於水火之中，人臣充其量也就能「就不欲入，和不欲出」（《莊子·人間世》），或者但求保全自身而已。就處人與自處來說，一個文人士子倘若打算出仕為臣的話，其境遇很可能難於君主與黎民。莊子稱其為「神人」，可謂煞費苦心。神人首先是人，可還得有超乎於人的神的功能才能完成其使命，神人是要能做出神一般的事來的。

「至人」與「聖人」這兩個詞語，在莊子之前就已經創造出來了。其含義與莊子的雖不同，但在用法上可說是舊瓶裝新酒，唯獨「神人」這個名稱是莊子的獨創。與《莊子》中至人、聖人的出現頻率相比，神人僅出現過八次，但這並不意味著莊子對神人的關注度就低。相反，《莊子·人間世》展開的一幅文人士子出仕的畫卷，堪稱是神人在現實社會中的一部處世寶典。

神人首次出現於〈逍遙遊〉。莊子描述說，神人居住在藐姑射之山，肌膚若冰雪，綽約若處子，不食五穀雜糧，只需吸風飲露。神人乘雲氣，駕馭飛龍，遊於四海之外。神人做事精神十分專一，在他的照管下，萬物沒有災害疾病，年年五穀豐登。……神人視萬物一齊，沒有高低貴賤之分。世上的人紛紛以治理國家之名追求功利，神人卻絲毫不把這些俗事放

在心上。神人這樣的人，外物傷害不了他，洪水滔天淹不死他，天下大旱，熱到金石熔化，土地和大山都被燒焦，他也不會感到熱。神人身上的塵垢與秕糠，都可以造就堯舜這樣的人物，他怎肯把治理社會當作自己成就功名的事業呢！

神人出現的頻率雖然不及至人與聖人，卻是莊子花費筆墨最多、描述最詳盡、特徵刻劃最為鮮明的一位。神人的外貌毫無瑕疵，是與聖人、至人一樣的逍遙遊者。最重要的是，莊子直接點明了神人的社會功能「使物不疵癘而年穀熟」。這個「物」，既包括萬物，也包括人；「不疵癘」，是說神人能使萬物沒有災情，人沒有疫病；而「年穀熟」，說的是五穀豐登，可以讓黎民百姓衣食無憂，生活富裕有保障。這就明白地告訴我們，神人的職責不是致力於建立「經式義度」，而是把精力完全放在黎民百姓的基本生活保障上。要讓黎民百姓有飯吃有衣穿有房住，不必為衣食住行等基本生活需求擔憂。這才是人臣最基本也最重要的職責。

莊子說神人需要「其神凝」才能做到這一切，應該也是有深意寓焉的。作為人臣的神人怎樣才能做出這樣重要的功績呢？首先需要有一個名副其實的「聖人無名」的聖人君主，只有在這樣的理想國度，沒有君主的掣肘與猜忌，沒有功高震主的顧慮，沒有自身的性命之憂，神人臣子才能真正專注，才能「神凝」，才能放開手腳，不去在乎自己的功業，而把精力專注於自己的職責與使命上。所以說，「神人無功」在相當程度上取決於君主是否是聖人，或者說是以「聖人無名」為前提的。

「神人無功」的核心是要求人臣擺脫功名利祿的誘惑，具有「世蘄乎亂，孰弊弊焉以天下為事」、「孰肯以物為事」的襟懷，一心一意致力於「使物不疵癘而年穀熟」。即使建有「其塵垢秕糠將猶陶鑄堯舜者也」的特大功績，在主觀意圖上也絕不以功為功，永遠坦然處之。有這樣的人為黎

第十章　莊子也有治國理想

民百姓提供生活保障，這個社會自然可以成為「至德之世」那樣的世界，人們安居樂業，「其行填填，其視顛顛」了。

在莊子的理想世界中，君主實行的是「不治而治」，人臣的使命則是「使物不疵癘而年穀熟」。在一個農業社會中，吃飯穿衣住宿，也就是活著，是保證這個社會可以持續生存的最重要的內容。哪一樣離得開「物不疵癘」、「年穀熟」呢？想必在莊子心目中，神人的職責是最為神聖的，對他的描述也就帶有最為理想化的成分。特別是以寫畸人、醜人、怪人聞名的莊子，唯獨把神人寫成了一位從裡到外找不出一點瑕疵的完美之人，可見莊子對走向仕途的文人士子所抱有的極大期望。只有他們從此都能放棄對建功立業的追逐，僅以保障黎民百姓的衣食住行為自己的唯一使命，世間才會少一些遭受酷刑的申徒嘉、叔山無趾、右師等，平頭百姓中也才能出現更多的「無己」至人，子桑等也才不至於因貧窮而食不果腹。

神人，可以說是莊子為文人士子所構想出的一個特別人設。

七、黎民百姓應該怎麼做

在一個君主社會，除了君臣以外，絕大多數的人是生活於社會底層的草根。他們中的大部分人付不起十束鹹豬肉的學費，很少人讀得起書，命運給予他們的選擇也就十分有限：要麼在田地裡種一輩子的糧食，要麼做最辛苦的雜役工作。無論在什麼社會，草根階層其實都是最不幸也最弱勢的群體。由於莊子自己也同樣過著草根的生活，對於他們的遭際，他們的人生命運，莊子不但感同身受，而且顯示出了一位哲人、思想家特有的敏銳與悲憫情懷。

毫不誇張地說，整部《莊子》實際上都是莊子為包括自己在內的社會

底層百姓特別是那些入不了仕途、混跡於草根的文人士子量身定做的。莊子深深有感於「死者以國量乎澤若蕉,民其無如矣」的悲慘情景,深刻理解生活於這個世界猶如「遊於羿之彀中。中央者,中地也;然而不中者,命也」的殘酷(《莊子·德充符》),對放眼望去,大街小巷走過的都是受過刖刑的獨腳人的慘狀有著極為透澈的感悟。面對這一切,莊子的由衷感言是「知其不可奈何而安之若命」。

既然無法逃離這樣的社會,莊子思考最多的是,有沒有辦法去做點什麼來抵禦殘酷現實對自己的傷害?

莊子找到的最好的解決辦法便是既來之則安之,隨遇而安。在這個意義上,支離疏的形象是格外有意義的。沒錯,任何一個有尊嚴的人都不願意活得像支離疏那樣,他外形的醜陋殘缺姑且不論,可是他怎麼會那麼理直氣壯地享受著殘疾給自己帶來的種種好處:徵兵時,他挽著袖子在大街上大搖大擺地遊逛;徵用勞役了,他因殘疾而免受勞役之苦;朝廷為病殘者發放救濟,支離疏又理所當然地去領取柴米。在一般讀書人眼中,像支離疏這樣的人不過就是個無用的流氓。然而,莊子注意到的卻是他靠給人縫補漿洗衣物足以養活自己,為人篩糠所得的稻米還可以供養十個人的飯食。對這樣一位身體嚴重殘疾但還能養活自己並幫助別人的人,我們有什麼權利去輕視他、貶低他?我們還能要求他怎樣呢?

莊子用支離疏的例子清楚地告訴我們,世俗所謂的「無用」、「不材」不過是一種對殘疾人的偏見或者歧視罷了。從支離疏身上,我們不難看到莊子對黎民百姓的最大期許便是既要安時處順,又要能自食其力,養活自己。如果連這麼基本的生存要求都滿足不了的話,侈談其他便毫無意義!莊子是深知黎民百姓生存之艱難的。他為普通人勾畫出在這個社會如何處世、自處的途徑,就是面對一切自己無法改變的事情,採取「安之若命」

第十章　莊子也有治國理想

的一種超然的態度，隨遇而安，坦然接受命運的安排。

這樣與世無爭的生活態度，貌似簡單，實則是需要大智慧、大勇氣的。要做到「安之若命」，關鍵要能像南郭子綦、申徒嘉、王駘、子祀、子輿、子犁、子來、子桑戶、孟子反、子琴張等人那樣「無己」、「喪我」，對任何外界或者自身生老病死的變化都處之泰然，「芒然徬徨乎塵垢之外，逍遙乎無為之業」(《莊子·大宗師》)，從不試圖去改變什麼，也不把自己個人的意志強加於他人，唯其如此，才能自在隨意、不傷性命地活著。

在這個介於理想與現實之間的世界，至人是以南郭子綦、申徒嘉等為代表的普通人。如果僅僅從社會地位、經濟狀況來看，至人是名副其實的生活在社會底層的凡夫俗子，可是他們的精神境界卻又遠非一般凡夫俗子可比。莊子把這些人排在第一，位居聖人、神人之前，說明莊子最關心的也是這一類人在現實生活中生存的可能。

至人，與聖人、神人一樣，都是得道的逍遙遊者，他們在精神境界上，是息息相通的，具有相似的特徵。《莊子·齊物論》中齧缺在提及至人時，對至人不了解利害得失感到困惑。王倪回答他說，以常人的眼光來看，至人是不可思議的。天氣熱到整個山林焚燒起來，至人也不會覺得熱；江河湖泊封凍，至人也不會覺得寒冷；即便雷霆劈開山嶽、颶風掀起巨浪，至人也能處變不驚。這樣的人，乘雲氣，駕日月，遊於四海之外。生死都不會在他們心中引起任何變化，更何況利害這樣的雞毛蒜皮小事呢。

從王倪的回答中，我們可以看到莊子賦予了至人這樣幾個特點：首先是「大澤焚而不能熱，河漢沍而不能寒，疾雷破山飄風振海而不能驚」，字面上說至人經得起嚴酷的自然災害的考驗，實際上暗指的卻是至人經得起社會經濟政治各方面發生的劇烈動盪。無論面對怎樣的鉅變，至人都能

坦然處之。至人外表上顯示的是「不能熱」、「不能寒」、「不能驚」，實際上是說任何外在的鉅變都不會引起至人內心哪怕是輕微的波動。至人是不會去留意，更不會參與任何是非利害得失之爭的，任何瑣碎之事都不會改變他內心的平靜。這也就是《莊子·應帝王》中所說的「至人之用心若鏡，不將不逆，應而不藏，故能勝物而不傷」，這一點充分體現了至人「無己」的特徵。其次，在精神境界上，至人與神人、聖人完全相同，可以「乘雲氣，騎日月，而遊乎四海之外」（《莊子·齊物論》），不受任何外在物質條件或自然疆域的限制與制約，「乘物以遊心，託不得已以養中」（《莊子·人間世》）。也就是說，「無己」的至人所可達到的境界與神人、聖人一樣，都可拋卻一切雜念，順應自然的本性，遊於無拘無束、自由自在的心靈世界。最後，莊子在談及聖人、神人時，都沒有觸及死生與利害等人生問題，而對至人卻特別提出「死生無變於己，而況利害之端乎」（《莊子·齊物論》）。顯然，這是至人與聖人、神人之間的最大不同。這是因為聖人擔當的是治理天下的大事，神人在意的是「使物不疵癘而年穀熟」，只有黎民百姓最為操心費神的才是生老病死與利害得失。對於生活在社會下層的草根來說，妨礙他們的不是聖人之「名」，不是神人之「功」，而是縈繞在他們心頭與「一己」密切相關的死生利害是非。如果至人面對死生都無動於衷，那由一地雞毛引發出的是是非非、利害得失又怎麼會讓他們產生一絲一毫的心動？

　　總之，莊子的治國之道或者說他所展示的治國藍圖，是以聖人君主為核心、以神人臣子為支柱、以至人百姓為基礎的三方面共同搭建起來的。在這幅藍圖中，聖人君主與神人臣子功蓋天下，卻好像一切都與自己無關，他們能化育天下萬物，使萬物各得其所，卻不讓百姓感覺到依賴於任何人。他們身處變化莫測的境地，唯與「道」同遊。而至人平民只是順應自然也就是「道」的變化，不會去揣摩君主帝王的用意，沒有謀略，放棄

第十章　莊子也有治國理想

一切人為的事情,不用智巧,把心思全都放到對無窮無盡的「道」的體悟上,不尋求從中獲得什麼,用心就像空明的鏡子一樣,任萬物來去不迎不送,順應自然不留不藏,超然物外而不為物所傷。這,就是莊子所構造出來的富於理想卻又具有某種現實意義的君主社會。這裡,雖然還算不上是一個逍遙遊的世界,但至少也是莊子自己設計出來的一個君臣民各盡其責、和諧自在的理想國。

第十一章　文人士子的悲哀

面對社會的黑暗混亂，黎民百姓所遭受的苦難，先秦諸子如孔子、墨子、孟子、荀子、韓非子等大都是以一種社會菁英、思想先驅的身分出現，帶著「天降大任於斯人也」、「捨我其誰」這樣大氣磅礴的使命感，提出了一系列變革政治制度、教化黎民百姓的主張，試圖從政治道德層面拯救這個社會。唯有莊子不同。他選擇了站在文人士子的陣營之外，從人心、人性、人的生命的角度來挖掘並分析這一切苦難、災禍產生的根源，特別注意到文人士子在其中所扮演的不光彩的角色。由於基本出發點的不同，決定了莊子對人，特別是文人士子命運的認知達到了前所未有的深度，而他的批判力度也遠遠超越了諸子中的其他人。

古往今來，無論在什麼社會，文人士子往往都被設定為思想的領軍者，正義的維護者，現實的批判者。然而，莊子的文人士子人設卻頗為不同。他理想中的文人士子都是從未涉足仕途的諸如南郭子綦、王駘、伯昏無人、申徒嘉、哀駘它、子桑、子輿這樣「無己」、「喪我」，對人生、社會抱著一種「知其不可奈何而安之若命」（《莊子・人間世》），卻「願與有足者至於丘」（《莊子・大宗師》）的不同凡俗的人。對於那些抱著救世願望奔走於天下，或者不得不入世與君主、官僚、政治制度周旋，或者不過是在社會的夾縫間求生存的文人士子，莊子一方面惦記著他們的安危，告誡他們要「先存諸己而後存諸人。所存於己者未定，何暇至於暴人之所行」（《莊子・人間世》），並警告那些幻想以仁義道德說服暴君的文人士子，說這樣做只會被暴君視為是在加害於他，最終自己也為他人所害（《莊

第十一章　文人士子的悲哀

子‧人間世》）；另一方面，莊子對文人士子與生俱來的精神缺陷、在追逐是非利害的過程中自甘墮落的醜陋表示了極度的絕望與憤激。莊子對人特別是對文人士子所懷有的這種矛盾而又痛苦的意識與悲憫之情是先秦時期任何其他諸子所無可比擬的。

一、人心的缺陷

我們知道莊子在〈逍遙遊〉中提出了「無己」，緊接著又在〈齊物論〉中提出「喪我」。莊子為什麼要反覆強調「無己」與「喪我」？歸根結柢，就是因為他看到了「己」與「我」都是「成心」帶給人的致命的災患，是造成人生災難的一個重要根源。莊子認為，不破除人心中以「自我」為中心，唯「一己之利」是圖的這個「私」字，人就不可能獲得真正的解脫。這是莊子思想中一個特別深刻的地方。這種深刻就在於莊子不僅看到了在這個社會，人如同「遊於羿之彀中」，「方今之時，僅免刑焉」的一面，更特別清楚意識到人自身的缺陷是造成這一切的又一個根源，看到人的心靈所受到的摧殘扭曲而導致的人性、人格的異化對人的殘害甚至是遠甚於斷足這樣的肉體刑罰的。

莊子對人心不古，尤其是對文人士子的痛心疾首，首先來自於他對「大知」、「小知」心態的洞悉。

雖然莊子是在〈齊物論〉中才集中討論「大知」、「小知」現象，但早在〈逍遙遊〉中談及「小大之辨」的時候，莊子其實已經讓「大知」、「小知」露過面了，那就是他所說的「小知不及大知」。有必要指出的是，此處的「不及」並不是「不如」的意思。在莊子的詞典中，「大知」、「小知」之間同樣沒有高下之分。莊子的意思只是說由於自身的局限，朝生暮死的「小知」

不可能追及「以八千年為春，八千年為秋」的「大知」。因此，人不必不自量力地勉強自己，強迫自己。鯤鵬就是鯤鵬，蜩與學鳩就是蜩與學鳩，大小都是相對的。「小知」不必羨慕「大知」，「大知」也不必輕視「小知」。

讓莊子感觸至深的「大知」、「小知」是春秋戰國時期一個極為活躍的群體。當時，各個學派蜂起，每一派都試圖對自然界中的萬事萬物作出自己的解釋。他們紛紛著書立說，高談闊論，無所不爭，無所不辯，互相詰難。討論的話題更是無所不包。在莊子看來，當時社會的混亂、人與人之間的勾心鬥角，與「大知」、「小知」密切相關。是他們喋喋不休的「是非」、「利害」之爭造成了人心的混亂，而他們對一己之見、自我標榜的偏執，不僅導致了人與人之間相互猜忌、不信任的日益深化，而且也成為文人士子自身心靈的桎梏，使得人心越來越偏狹自私，距離逍遙遊境界也越來越遙遠。

莊子時代的「大知」、「小知」，與如今坐擁無數粉絲、整天熱衷在網路上爭論不休的「大咖」或者所謂公眾人物頗有幾分相似之處，只不過各自憑藉的平臺不同罷了。如今的公眾人物主要藉助的是自媒體、新媒體平臺，每日就人們關注的話題，指點江山，譁眾取寵，左右著社會輿論的導向。而在莊子時代，也有這樣一批人，他們或在朝堂之上結成一個利益集團，或聚集在達官貴人門下，為東家執筆操刀。莊子之所以將這一類人放在一起並稱為「大知」、「小知」，一來「知」的確有大小之分，對問題的認知能力有高低之別；二來作為一個群體，「大知」與「小知」的分工確實有所不同，「大知」往往作為「核心」人物「發難」，而「小知」則作為「水軍」響應，相互配合以造出龐大的聲勢來。

傳統上，文人士子總是要依附於某一種勢力而求得生存，他們往往見什麼人說什麼話，遇到什麼情況寫什麼樣的文章。這樣的文人士子擅長審

第十一章　文人士子的悲哀

時度勢，分寸拿捏得恰到好處。因而對社會、對自身的破壞力也就更大，對人性的侵蝕威脅也就更加嚴重。這也是為什麼莊子在〈齊物論〉中先以「地籟」的嘈雜喧鬧盡情描摹了物論者喋喋無休的爭辯之後，劍鋒直指熱衷「心鬥」的「大知」、「小知」，以極其犀利辛辣的筆觸，將他們內心的齷齪、恐懼與不堪毫無遮掩地曝光在眾目睽睽之下。莊子清醒地看到，社會的黑暗固然與這個「僅免刑焉」的社會現狀有關，更與人心的醜陋、險惡有關，特別是與文人士子們精神的猥瑣、心靈的不健全有關。因此，與其汲汲於救世，不如先救人心，必須先讓人正視自身的醜陋與缺陷，意識到「我」與「己」才是造成這一切的罪惡之源。

二、「大知」、「小知」

於是，莊子為「大知」、「小知」勾勒出了一幅幅生動逼真卻又令人怵目驚心的眾生圖。《莊子·齊物論》描繪道：

> 大知閑閑，小知閒閒。

「閑閑」，形容大知從容不迫、氣場強大的模樣；「閒閒」，描繪小知暗中悄悄窺視打探、察言觀色的樣子[16]。顯然「大知」、「小知」都是莊子否定的對象。而郭象《莊子注》把這兩句解釋為「小知知小，大知知大」，成玄英《莊子疏》也在這個基礎上進一步說「大知」是「智慧寬大之人，率性虛淡，無是無非。……無是無非，故閒暇而寬裕也」，又說「小知」是「狹劣之人，性靈褊促，有取有舍。有取有舍，故閒隔而分別」。這樣一來，「大知」、「小知」就成了完全不同的兩種人了。

---

[16] 俞樾曰：「《廣雅釋詁》：間，覗也。小知閒閒，當從此義，謂好覗察人也。」見郭慶藩《莊子集釋》。

成玄英的這個說法對後世影響很大。按照他的理解，如果「大知」是「率性虛淡，無是無非」的人，那「大知」與莊子所描述的逍遙遊者就沒有了區別，成了與「小知」相反的人物，好像莊子是要以「大知」襯托出「小知」的「狹劣」以及「性靈褊促」。這個誤解與歷來把鯤鵬誤認為是莊子讚美的對象有關，其根源就在於把莊子的「小大之辨」理解成莊子是要肯定「大」而否定「小」。其實，莊子一直都是把「大知」、「小知」當成同一類人來描寫的，只不過兩者的情態與行事方式有所不同罷了。無論「大知」還是「小知」都與莊子所說的「吾喪我」毫不沾邊。

　　如果僅僅看這兩句的話，你可能會覺得莊子對「大知」、「小知」似乎並沒有徹底否定。沒錯，貌似如此。但如果回過頭來再去看一下前面有關「三籟」的描寫，就會發現「大知閒閒，小知間間」其實說的就是「三籟」中的「人籟」。

　　「人籟」是人吹竹簫而發出的樂聲，是要讓人欣賞的，這樣也就與聽眾發生了連繫。竹簫要吹得悅耳好聽，一定會顧及欣賞者的喜好，還一定得按照曲譜來吹。吹奏者的技法有高低，但無論合奏還是獨奏，一旦離了曲譜，也就不成曲調了。所以南郭子綦對顏成子游說「女（汝）聞人籟而未聞地籟」，意思是人人都知道「人籟」的演奏是怎麼回事。

　　「大知閒閒，小知間間」其實是說「大知」、「小知」如同參與演出的樂手一樣，並沒有什麼獨立的意志，衣食住行靠的都是代言的利益集團以及自己的「粉絲」。他們唯一要顧及的便是欣賞者、贊助者的喜好，一言一行都得服從後臺的指揮，絕不可擅自而行，任意「跑調」。在這樣的情況下，「大知」表現得雍容強勢、氣宇軒昂，而「小知」則唯馬首是瞻，察言觀色，一個「閒閒」，一個「間間」，自然成了常態。不過，這還只是「大知」、「小知」的一面，他們的另一面是：

第十一章　文人士子的悲哀

大言炎炎，小言詹詹。

「大言」、「小言」對應「大知」、「小知」而來，說的是「大知」、「小知」的言論。「炎炎」，形容言辭火力十足，氣勢猛烈；「詹詹」，形容言之無物、囉唆煩瑣。這兩句描寫「大知」與「小知」爭辯時的情景：「大知」氣焰囂張，猶如烈火燎原，大有置對手於死地的狠勁兒；而「小知」抓不住要點，一說起話來喋喋不休，卻不著痛癢，廢話連篇，就像林希逸所說的那樣：「小言詹詹，瞻前顧後，百家之說，市井之談，皆在此一句之內。」（《莊子口義》）

如果說「人籟」是比喻「大知閒閒，小知間間」的，那麼「地籟」就是「大言炎炎，小言詹詹」的真實寫照：隨著大地吐出來的氣的流動，也就是風的運作，原本靜悄悄的大地眾物，瞬間發出了千奇百怪的聲音。沒風的時候，四處一片寂靜，然而一旦發聲，便大有排山倒海之勢。風來自何方，又吹向哪裡對「眾竅」來說都不重要，重要的是千奇百怪的「竅穴」連風向哪邊吹還沒搞清楚就已經隨風大呼小叫起來了，儘管聲音嘈雜、來勢洶洶，實際卻沒有一點自己的東西，前面唱「於於」，後面就跟著「喁喁」地附和。微風吹來，和聲就小；大風吹過，和聲便大；暴風一停，眾竅穴也就重歸寂靜無聲，唯一可見的只是樹枝隨風還在搖曳晃動。

現在我們不難理解莊子為什麼能把「地籟」寫得如此詳細生動了！風吹萬竅而發出的各種奇奇怪怪的聲音，聽起來很炫，很引人注目，卻空無一物，不過是隨聲附和而已。莊子寫「地籟」就是為了給「大言炎炎，小言詹詹」做鋪陳，同時也是為「大知」、「小知」立此存照。

「大知閒閒，小知間間。大言炎炎，小言詹詹」，這十六個字雖然描摹的是那些熱衷於是非之爭的文人士子的神態情貌，但從中我們不難感受到他們內心深處那個迅速膨脹起來的「我」，那個一心要占據道德制高點的

「己」。莊子真心嚮往的是一個人人都能像南郭子綦那樣「喪我」、沒有「是非」之心的世界。然而，人心的缺陷導致了人特別是那些文人士子一定要把「我」突顯出來，讓天下人都知道「我」與別人的不同。為了顯示「我」的偉大、正確，他們或搶占有利時機著文激辯，或遊說鼓譟，試圖控制天下輿論的走向。可是在莊子看來，這一切自吹自擂、拾人牙慧的隨聲附和，歸根到底，都是人心中的「我」或「己」在作祟，通通是「成心」造成的。幽默的莊子將「大知」、「小知」的言語與剛剛破殼的小鳥的啼叫相提並論：

　　夫言非吹也，言者有言，其所言者特未定也。果有言邪？其未嘗有言邪？其以為異於鷇音，亦有辯乎，其無辯乎？

　　意思是說言論一旦說出口，並不像風吹眾竅那樣，聲響一過便無蹤無跡了。「大知」、「小知」總認為自己的言論就是真理，可是實際上沒有人能夠確定這一點。他們的言論果真就是真理嗎？還是根本就不是真理？或許他們認為自己的言論與小鳥的鳴叫有所不同，可是二者之間真的有區別嗎？還是根本就沒有任何區別？莊子這一連串的反問，環環相扣，步步緊逼，直擊「大知」、「小知」的要害：他們的言論以及所謂「公理」，聽起來振振有詞，其實不過是自說自話，並不能得到任何的證實，也沒有任何實際的意義。

　　莊子對人在「成心」的作用下產生的心靈的醜陋、扭曲，看得十分透澈，他希望「大知」、「小知」可以意識到自身的淺薄鄙陋，反省自己思維方式的局限荒謬，所以用了這樣中肯而又富於思辨的言辭，提醒走上迷途的文人士子捫心自問，自我反省。面對文人士子的命運以及他們的所作所為，莊子當然拒絕與之為伍，不屑於參與他們之間唇槍舌劍的爭辯，只是站在一旁冷眼觀望他們自我陶醉式的表演；但他又不忍心「眼見他起高

第十一章 文人士子的悲哀

樓，眼見他宴賓客，眼見他樓塌了」，忍不住要站出來向這些文人士子猛擊一掌，向他們預警，要他們迷途知返，避免陷入更加危殆的處境。

三、異化的人格

莊子對文人士子心態的深刻洞悉，特別體現在他看到當他們沉溺於對外在之物的追求時，不但會喪失人原本具有的類似於「一以己為馬，一以己為牛」這樣一種與世無爭、與人和睦相處的平和心境，還自覺不自覺地陷入了一種無可救藥的自我精神折磨、自我心靈奴役的可悲境地，《莊子・齊物論》這樣描述道：

其寐也魂交，其覺也形開，與接為構，日以心鬥。

這是一種何等恐怖的畫面：睡著時，魂魄仍得不到安寧，在睡夢中仍然繼續著白天的爭鬥。早上醒來，方知那一夜在噩夢中與對手發生的惡鬥只是「魂交」而非實戰。他們不分白天黑夜，時時刻刻處在高度緊張、亢奮的鬥爭氛圍。白日，要全力以赴揣度謀劃，伺機捕捉對手的每一個漏洞以便反擊；夜裡，就是在睡夢中也絲毫不敢放鬆，無時無刻不在繼續著白天驚心動魄的爭鬥。

對照「大知」、「小知」在公共輿論平臺上「閒閒」、「間間」或「炎炎」、「詹詹」的表現，他們似乎是那麼不可一世，風光無限，好像一切盡在掌握之中，然而這不過是表象而已。他們自得與風光的外表始終掩飾不了處在極度緊張狀態下的恐懼。這種日夜不停的「與接為構，日以心鬥」已經成為文人士子生活的常態，導致他們的生命受到了嚴重的摧殘，精神被極度奴役。這種心靈的變態不但摧殘了人的身心，更加劇了彼此間的相互猜忌、爭鬥，形成了一種惡性循環，使得這種恐怖的狀態不斷加深，不斷擴

大，他們就像走進了一條黑暗而沒有盡頭的隧道，永遠看不到終結。

莊子是憑著一種思想者的敏銳，在這樣的「心鬥」中深深地感受到人生中「他人即地獄」這一極為恐怖的現象。他要思考的是，人與人的接觸、交流，原本究竟應該是個什麼樣子？「與接為構」是怎樣成為人與人相互接觸的常態？人的生存的意義難道就是為了把自己全部的精力投入到這樣無休止的相互殘殺之中？顯然，莊子不是「爭鬥哲學」的信奉者，但是作為思想者，莊子又清醒地看到這種人格異化的危害有時更甚於遭受暴君的迫害，凡是被捲進這種無謂的是非之爭的人都不可避免地把自己的人生消耗在令人殫精竭慮的糾纏打鬥之中，卻又無力自拔。最讓莊子痛心的是，這些文人士子對於自己所陷入的這種危殆的境地，對於自己精神的被摧殘，非但全然不知，絲毫不以為意，反而愈加熱衷於此，越戰越勇，屢敗屢戰。

當人與人之間完全陷入「與接為構，日以心鬥」這樣相與為敵的關係，就如同開啟了潘朵拉盒子一樣，必然導致人性醜惡、齷齪的一面惡性膨脹，於是便出現了為達到目的而不擇手段的又一幕恐怖場景：

縵者，窖者，密者。小恐惴惴，大恐縵縵。

「縵者，窖者，密者」，一般解釋為參與「心鬥」的人，認為「縵者，窖者，密者」這三種人的共同特點就是一邊處心積慮地算計他人，一邊還得時時提防自己是不是也被他人算計，結果整天生活在焦慮恐懼之中。但莊子這一大段敘述的主語都是「大知」、「小知」，「縵者，窖者，密者」應該也不例外。其中的「者」與前邊的動詞「縵」、「窖」、「密」構成一個名詞片語，指的是「大知」、「小知」用來算計他人的幾種方法。「縵」、「窖」、「密」三個詞都有遮擋、隱藏的意思，只不過遮擋、隱藏的程度有所不同，一個比一個更深。「縵」是用布遮擋，「窖」指藏於窖穴，而「密」

第十一章 文人士子的悲哀

則指藏於深山。「小恐」、「大恐」與「小言」、「大言」相類，呼應「大知」、「小知」。「惴惴」形容「小知」始終保持著高度的警覺，整天惴惴不安，隨時隨地提防著有人突然發難，時刻防備著不知來自何方的明槍暗箭；「縵縵」，形容「大知」也不得不把自己的真實面目、真實想法掩藏起來。（成玄英《莊子疏》）把這幾句話連繫起來看，莊子要說的是在「大知」、「小知」那裡，沒有任何真相。他們每時每刻都生活在恐懼、惴惴不安之中，從來不以真實面目示人。對他們來說，只有深藏不露，才能出其不意，下手更加穩、準、狠，也只有不讓對方猜出自己的真實意圖，無法獲得一星半點有關自己的資訊，才可能迷惑對方，伺機令對手一招致命。

至此，我們可以清楚地看到，「大知」、「小知」始終處在一種內外交困、心靈備受折磨的驚恐境地。每日驚恐如此，即便獲得了一時的「小成」，贏得了短暫的「榮華」，其生命的意義又何在？難道這就是人生的價值？對人究竟應該怎樣活著，特別是文人士子應該怎樣活著，是莊子觀察得最多、思考最透澈也最留意的一個人生問題。世界如此之大，人不過是瞬息之間的過客。然而，人們卻執迷於這些毫無意義的爭鬥，為人為造成的假象所迷惑。那麼，什麼是世界的真相？什麼是人生的真相？被異化扭曲至此的文人士子，他們是否還有救？假如他們仍然一味執迷不悟下去的話，還有沒有希望？

四、他們已經無可救藥

應該說，莊子對文人士子的精神墮落所發出的警告具有振聾發聵的震撼力。他的批判不是輕描淡寫幾句表面文章，而是直逼文人士子的內心深處，把人心底所有的醜惡齷齪通通暴露無遺。莊子對文人士子內心扭曲、

人格分裂的感受，包含了這樣兩層意思：一方面是「大知」、「小知」始終處於極度恐懼緊張之中，他們不得不小心謹慎，時時提防著對手的反擊；另一方面，他們自己也同樣狠毒、陰險，無時無刻不在尋找機會將對方置於死地。面對人與人之間這種你死我活的爭鬥，莊子無法全然置身於事外。儘管莊子一而再再而三地說「言」、「辯」、「是非」等都是無法判定的：「果有言邪？其未嘗有言邪？」、「亦有辯乎，其無辯乎？」他卻不得不用「姑妄言之」、「請嘗言之」的方式發表自己的看法與見解。《莊子‧齊物論》說：

　　其發若機栝，其司是非之謂也；其留如詛盟，其守勝之謂也。

莊子看到的是，「大知」、「小知」將是非爭辯視如戰場一般。他們發起進攻時如快箭離弦，出手便一定要將對方一擊斃命，以圖永遠掌握是非的話語權。當他們處於防守狀態時，也絕沒有一絲一毫的安寧放鬆，仍然像在戰時一樣賭咒發誓，結成同盟，力圖以守取勝。倘若人的一生就是始終懷著一顆如臨大敵的戒備之心，整天思索如何害人，如何不被他人所害，一生都消耗在這樣自相殘殺的內卷之中，這樣的人生，不是很荒謬嗎？

人的生命十分有限，如白駒過隙，無論「大知」、「小知」如何掌控一方，如何不可一世，這樣令人殫精竭慮的人生又能維持多久？在歷史的長河中，面對無限的宇宙，人的生命實在是太短暫了。人究竟有沒有必要為了彼此之間孰是孰非而耗盡自己一生的心力？面對人們的執迷不悟，莊子的心情格外沉重，他帶著一種無法掩飾的悲涼說：

　　其殺若秋冬，以言其日消也。其溺之所為之，不可使復之也。其厭也如緘，以言其老洫也。（《莊子‧齊物論》）

「大知」、「小知」由於一天到晚生活在高度的緊張之中，其衰敗就如同從秋季到寒冬景物的變化一樣，即便是到了暮年，死亡將至，他們仍不

第十一章　文人士子的悲哀

理解正是他們的「日以心鬥」銷蝕了自己的生命。或許有人出於同情，試圖拯救他們，他們卻仍然沉溺於自己的所作所為，再也無法恢復到正常狀態。他們的身心猶如被繩索緊緊捆縛著一樣，無法擺脫。臨終時，他們已身心俱疲，一副枯竭衰敗的樣子，無可救藥。

在《莊子》一書中，只有對「大知」、「小知」的暮年，對他們的行將就木，莊子寫得如此悽悽慘慘，這其中當寄予了他對眾多文人士子誤入迷途卻不知悔悟的悲摧人生的無盡感慨。就莊子的生死觀而言，他對待生死問題是極為豁達的。莊子不懼怕死，他把死看作新生命的開始，看作遊子歸鄉。然而，這並不等於莊子對生命的否定，更不等於他不熱愛生命。莊子對人生的思考是多方面的、豐富的，也是獨一無二的。他所思考的是人生的本質，人生的意義。對莊子來說，這一切外在是非以及所謂「小成」、「榮華」都是虛幻的，沒有價值，也沒有任何意義。人絕不應該為了外物束縛自己、扭曲自己、摧殘自己，並因此而失去生命的真實、失去生命的本來面目。所以在「寧其死為留骨而貴乎？寧其生而曳尾於塗（途）中乎？」的選擇中，莊子選擇了「寧其生而曳尾塗（途）中」，也不屑接受相位之聘去走一條世俗之路，這才是莊子的人生觀。（《莊子・秋水》）然而，面對「大知」、「小知」在「心鬥」中耗盡生命、即將走向死亡的最後時刻，莊子的心中竟然浮現出了一片悲天憫人之情，不禁發出了「其溺之所為之，不可使復之也」這樣深深的嘆息。可見，莊子憤激是憤激，批判是批判，但他心中其實一直對文人士子的命運有著深切的關懷。

顯然，「大知」、「小知」永遠理解不了骷髏所陶醉的超越「南面王樂」的至樂，也永遠不懂「物化」的道理。莊子可能曾幻想過以自己的當頭棒喝喚醒他們，然而，由於他們沉迷於「小成」、「榮華」已久，早已將「司是非」當作了自己的使命，將「心鬥」視為生活的常態，再也不可能迷途

知返了。意而子雖然被黥以仁義，劓以是非，但意而子尚有覺悟的一天，他相信造物者可以恢復他受到黥刑的肌膚，補好他被割去的鼻子，願意回到造化的熔爐中獲得重生。或許莊子原本也曾希望「大知」、「小知」能像意而子一樣幡然悔悟，至少他曾試圖「使復之」。不幸的是，在現實生活中，就是死到臨頭，「大知」、「小知」也仍舊沉溺於「與接為構，日以心鬥」的內耗，始終不明白人生究竟是為了什麼。對於這樣的人，莊子除了發出一聲無可奈何的長嘆以外，最終也只能放棄。

近死之心，莫使復陽也。

「大知」、「小知」的心已經瀕臨死亡的邊緣，再也沒有任何辦法可以使他們恢復生機，重獲新生，得到拯救了。

莊子視死生為一體，死是生的延續，是生的另一種形態，如同夢與覺一般。但是在「大知」、「小知」耗盡自己心力的時刻，莊子卻突然發出了這樣充滿悲憫之情的慨嘆，這並不意味著莊子改變了他對生死問題的一貫看法，而只是深深地有感於「大知」、「小知」的無可挽救。所以莊子說，就人生而言，肉體之死不足為懼，真正可懼的是人的心死了。一旦心死，人也就沒有挽救的餘地了。因而莊子只能用「近死之心，莫使復陽也」作為悼詞，最後送他們一程。

從不可一世的「大知閑閑，小知間間」到「近死之心，莫使復陽也」，莊子從不同的層面、不同的角度描述了同屬文人士子階層的「大知」、「小知」由盛而衰的生命歷程，把他們執著於「我」的是非之辨而帶來的對人性的摧殘一層層剝開給人看，其中既有莊子對他們沉溺於是非之辨乃至相互傾軋、不惜採用種種卑劣手段的不齒，也透露出莊子對這些原本應是知識菁英的文人士子卻走上這條不歸路的深深惋惜。莊子在鞭笞這一人群靈魂的同時，字裡行間又流露出極大的同情。由於人心的缺陷，莊子清楚地

看到人們的悲劇命運與人自身有著最直接的關係。人生來就是自私的，生來就有「我」與「己」的強烈意識，而這種意識直接造成了人們對外物不擇手段的追求。有鑒於此，莊子其實一直都在思考，人性缺陷的根源何在？人究竟能不能從與生俱來的缺陷中解脫出來？如果能，又有哪些可能的路徑？

五、人生都是這麼迷茫嗎？

對人的本性究竟是惡還是善的問題，莊子似乎沒有花很多的筆墨去專門探討，至少沒有表現出很大的興趣。但是，對人性所呈現出的種種缺陷、醜陋、罪惡產生的原因或者說是根源，莊子卻有著自己獨到的見解。

對這個問題，莊子追溯到了遠古時代。在莊子看來，「大知」、「小知」一類人之所以最終走到「近死之心，莫使復陽也」的地步，與人類認知的發展史密切相關。人最初的本性是純樸的、單純的，然而，隨著人對「物」的認知的不斷深入，人對物的實用性、目的性的追求也就開始了。於是有了「成心」，有了對「物」的是非功用的判斷，人也就進入了「是非之彰也，道之所以虧也」（《莊子·齊物論》）的時代。這時的人開始對「物」產生了「愛」，由「愛」發展到了占有，產生了貪婪，「道之所以虧，愛之所以成」（《莊子·齊物論》）。而人對「物」的追逐、對「物」的「愛」又成為滋生「我」的土壤。人越來越難以抵禦各種物欲的誘惑，心中的「我」也越來越膨脹。這種由認知的不斷深化而帶來的人性惡的一面，反過來又隨著人類認知的不斷發展而越加強化。這兩方面的相互作用，終於導致人性的惡或者說是缺陷發展到了「莫使復陽」的地步。這是莊子分析人性缺陷產生的根源的一個十分獨到的視角。

除了從人類認知發展史的角度去觀察人性醜陋的根源以外，莊子的另一個獨到之處是他透過「大知」、「小知」勾心鬥角的表層現象，從人心中之「我」產生的心理與情感根源，發現「我」是如何透過喜怒哀樂等人類基本的情感活動，日常生活中人所經歷的得失輸贏，以及人對物質生活、感官刺激的追求與享受，一步一步地偏離了人的本性，由起初的「喜怒哀樂」到「慮嘆變慹」，再到「姚佚啟態」，以至熱衷於「心鬥」，最後異化成與遠古之人完全不同的像「大知」、「小知」一樣的人。尤其讓莊子感到悲哀的是，對人的異化問題，從來沒有人去思考探索這一切從何而來，緣何而生，「日夜相代乎前，而莫知其所萌」(《莊子·齊物論》)。沒有人明白這一切為什麼發生，又究竟是怎樣發生的。

於是，莊子自己試圖去尋找這個問題的答案。他要解釋人為什麼會有這種種情態心理的變化以及隨之產生的人心的波動，而這一切是否有一個合乎情理的解答。莊子首先注意到的是「一受其成形，不忘以待盡」(《莊子·齊物論》)。

自從人一出生，來到這個世界上成為有形體的人，便踏上了不「忘」而等待生命終結的路。這裡莊子再一次提到了他的重要概念「忘」，我們也再一次看到了莊子對於命運的理解。根據莊子的觀察，人從出生到死，一切似乎都是命中注定的。這個命運之所以無法抗拒，就在於人無法「忘」，不能「忘」。這也是為什麼莊子要人做到「忘」。對於不同的人，他所要「忘」的內容也不同。對顏回，他首先要忘的是「仁義禮樂」；對子產，最重要的是忘掉他的執政之位；而對於南郭子綦，則是要徹底忘掉自「我」。「忘」是把人從各式各樣的「物」、「己」、「我」、「成心」、「一家之偏見」乃至「喜怒哀樂」、「慮嘆變慹」、「姚佚啟態」等重重束縛中解脫出來的唯一途徑。然而，人「成心」的驅動與「我」的日益膨脹都造成了人的不

第十一章　文人士子的悲哀

能「忘」，不肯「忘」，於是人們大多一輩子愚蠢地背負著「我」與「成心」的包袱，像蝸蛳一樣走向生命的終結。所以莊子說「一受其成形，不忘以待盡」，也就是人一旦來到這個世界，如果「不忘」，其死亡之日也就指日可待了。

這是一種人生的悲劇。莊子從這樣無可抗拒的悲劇命運中感受到人生其實並沒有很多選擇。除非人人都能像南郭子綦那樣「喪我」，那樣「忘」，那樣形如槁木、心如死灰，有那麼大的智慧。否則的話，人就只能生活於人生的黑暗中。莊子認為只要人的「心」還在活動，在感受並滋生出種種「喜怒哀樂」，那麼人心中的「我」、心中的「己」就會自覺不自覺地膨脹，這樣的人生也就必然是「與物相刃相靡，其行盡如馳，而莫之能止，不亦悲乎」（《莊子·齊物論》）。

在這個物欲橫流的世界，不「忘」的結果就像人在磨刀石上被不停地擠壓磨搓；而心中之「我」的不斷膨脹，就如同心中長出了一把把利刃，由內向外不間斷地切磨攪割。在這樣內外交加的摧殘折磨之下，人依舊沉醉其中，樂此不疲，競相追逐著奔向死亡，卻沒有人能夠阻止他們。一句「不亦悲乎」道出了莊子對人無法擺脫命運安排的多少無奈，也道出了莊子為人生來便為「物」所囚禁卻不自知的多少感慨！人生不應該是這個樣子的！至少莊子這樣認為。

當人的一生完全消耗在「與物相刃相靡」的糾纏之中，他們最終是否能獲得哪怕是一點點的所謂的「成功」？能否多多少少擺脫「一受其成形，不忘以待盡」的命運？莊子只看到了人在這樣的掙扎中的可憐與無奈，《莊子·齊物論》說：

終身役役而不見其成功，苶然疲役而不知其所歸，可不哀邪！人謂之不死，奚益？其形化，其心與之然，可不謂大哀乎？

「不忘以待盡」的人們，終身在各種奴役中拚命掙扎，就是到了生命的終點也看不到任何的成功，只是拖著疲憊不堪的身軀四顧茫然，不知道自己的歸宿在哪裡。這還不足以讓人感到巨大的悲哀嗎？這樣的人即使不死，活著又有什麼益處？最最可悲的是，他們的形體在老化，他們的「心」也隨著形體的「老化」而死去。這才是人生最大的悲哀，也是人生最大的悲劇！

　　短短一段話，莊子連續用了兩個「哀」字，表示他對人生的看法，可見其哀之深，哀之切！莊子首先「哀」的是人生短暫，人一生辛苦勞役，非但沒有取得任何成功，甚至連自己的歸宿何在也全然不知；而更大的悲哀還在於，人耗費了畢生的精力，像個沒頭的蒼蠅一樣在蛋殼裡撞來撞去，到死也沒飛出雞蛋大的天地，還誤以為這就是人生本來的面貌。不但人的形體死了，心也隨之死了。而人最可怕的就是心死！所以，莊子禁不住感慨萬千地說：人生在世，難道都是如此迷茫嗎？還是只有我如此迷茫，別人都並不迷茫呢？（《莊子・齊物論》）人生最荒謬的莫過於分明自己身處迷茫中，卻意識不到自己的迷茫，反以為自己才是最清醒、最理智的，以為他人才是迷茫的。而真正的清醒者，卻被認為是「弊於天而不知人」、「大而無用」。人生之哀莫過於此了吧！在這個世界上，究竟誰是清醒者，誰又是迷茫者？

　　無獨有偶。幾乎就在北方的哲人莊子發出「人之生也，固若是芒（茫）乎？其我獨芒（茫），而人亦有不芒（茫）者乎」的悲鳴的同時，身處南方的詩人屈原也發出了類似的哀嘆：「舉世皆濁我獨清，眾人皆醉我獨醒。」（《楚辭・漁父》）兩位對中國文化史有著深刻影響的哲學家、文學家幾乎同時發出內容雖不同、孤獨感卻如此相似的感喟，這不是一種巧合，而是一個時代的悲劇。清人胡文英曾這樣比較莊子與屈原說：「人第知三

閭之哀怨,而不知漆園之哀怨有甚於三閭也。蓋三閭之哀怨在一國,而漆園之哀怨在天下。三閭之哀怨在一時,而漆園之哀怨在萬世。」(《莊子獨見》)莊子的哀怨「在天下」、「在萬世」,說得多麼精闢!

六、直擊靈魂的拷問

「人之生也,固若是芒(茫)乎?其我獨芒(茫),而人亦有不芒(茫)者乎」,凝聚了莊子對人,特別是文人士子至死不悟地醉心於「日以心鬥」、「與物相刃相靡」的迷惘人生的深刻思索與感喟。從莊子發出的這一聲聲嘆息中,我們不難體會到,看起來能「上與造物者遊,而下與外死生無終始者為友」(《莊子天‧天下》),貌似曠達孤傲、無羈無絆的莊子其內心是極度悲哀、絕望、孤獨的。雖然莊子始終不停地、竭盡全力地向那些頑冥不化、不停追逐「小成」、「榮華」的「大知」、「小知」以及所有「不忘以待盡」的人們發出一聲聲的吶喊,始終懷著一腔哀怨地敲打著、拷問著人們的靈魂,希冀能夠將沉睡中的人們喚醒,但這一聲聲吶喊在空曠的黑夜中只是引來了幾聲「子言無用」之後的「嗤嗤」竊笑而已。這也是胡文英說「漆園之哀怨在萬世」的緣由!

莊子所面對的「大知」、「小知」,並不僅僅是一個時代的極為特殊的群體,在相當程度上他們也代表了中國傳統文人士子的典型心態以及人格精神。歷史上發生的無數次文人士子遭受殺戮甚至滿門抄斬的禍患,哪一次不是肇始於文人士子這個群體的自相殘殺、相互傾軋?要說計謀最骯髒、手段最殘酷、心思最縝密陰險,且殺人不見血的,大概莫過於來自這個群體的所謂社會菁英了。

有鑒於此,在《莊子》中,除了對暴人君主的抨擊之外,莊子批駁最

犀利、流露出的情感也最為複雜的，就是對這類可以引導社會輿論走向、被視為是社會菁英的群體。對文人士子的墮落，莊子一方面極度痛心，一方面又表現出極大的憤激與絕望。莊子總是無情地鞭撻他們媚上，批判他們爭權奪利，翻手為雲、覆手為雨，毫無廉恥之心，整起人來心狠手辣的種種不堪，以致最終對這個群體不再抱有任何的希望，認為他們心靈遭到的荼毒，已經到了「莫使復陽」的地步。莊子憑著哲人的敏銳，清楚意識到自從人有了「知」，有了「心」，有了對「物」的追逐，人就被異化了，人再也回不到那個渾沌懵懂、沒有機心的純樸社會了。

當然，莊子並不否認文人士子中也有像顏回這樣幻想拯救這個世界的有志之士，但是憑著他們一己的努力、憑著自己高尚的德行就真的能改變什麼嗎？莊子所看到的是「強以仁義繩墨之言術暴人之前者，是以人惡有其美也」(《莊子‧人間世》)。當你以善的名義來拯救惡人，你的行為已經陷入了一個無法解脫的悖論：難道你不是在以暴露他人之惡來彰顯自己之善嗎？無論這樣的善惡對比是出於無心還是有意，其作用無異於給他人設下陷阱，都是在坑人，也就是莊子所說的「菑（災）人」：「菑（災）人者，人必反菑（災）之。」(《莊子‧人間世》)而最終的結局也就必然是：「而目將熒之，而色將平之，口將營之，容將形之，心且成之。是以火救火，以水救水，名之曰益多。順始無窮，若殆以不信厚言，必死於暴人之前矣！」(《莊子‧人間世》)

這幅畫面實在是很荒謬而又極富諷刺意味的。原本是要來揭露暴君之惡，可由於整天跟王公大人「心鬥」，自己竟率先眼目眩惑起來，臉色也不對了，口中只顧忙不迭地為自救而辯解，表面上還得擺出一副恭順謙和的樣子，內心也開始遷就惡人的主張。無論初心是什麼，到了這個地步，實際上就是以水救水，以火救火，為虎作倀，就是幹著幫凶的勾當。倘若

第十一章　文人士子的悲哀

換一種做法，從一開始就順從暴人，那以後一定不可能停下來。倘若一開始暴人就不相信你的德行，而你還要一味諫諍，那就必定會死在暴人面前。這些都絕非是莊子的危言聳聽。當周圍是一片黑暗，任何原本善或美的人或物，最終的結局不是與其同流合污，就是被置於死地。一切都是徒勞的，都免不了被摧殘、被異化的命運，就是再善、再美的初衷最後也不可避免地走向自己的反面。這就是人性的真實、人間的真實、生存的真實，也是生命的真實。這是任何一位文人士子所無法逃脫的命運。

文人士子所陷入的人生悖論在莊子的世界中比比皆是。莊子把這樣的社會現實歸咎於人心以及人性的異化。也就是說，莊子沒有簡單地把文人士子的問題僅僅局限在抨擊政治制度這一個層面上，甚至沒有一味追究文人士子這一群體自身所應負的責任，而是著眼於個體的人，從人的行為、心態、本能、本性上深入挖掘。這就使得莊子的著眼點與其他諸子有了明顯的不同。面對社會上的種種亂象，莊子思考的是，所有這一切是否都只是政治或者社會問題？作為個體的人在其中又應當負有怎樣的責任？這裡是否存在人自身的原因？這樣獨特的觀察角度使得莊子對文人士子心態的分析、體認的深度都遠遠超過了其他諸子。

莊子特別意識到人心、人本性的複雜。人心是易變的，任何一個生活中的契機都可能引發出一場惡戰。在〈人間世〉中，莊子就從人們所醉心的角力遊戲中，注意到作為休閒的遊戲與政壇上政敵間的相互算計有著驚人的相似之處。遊戲開始時人們都循規守矩，但隨著遊戲的進行，人們心中的爭勝之心便被激發了起來，由「巧」發展到「奇巧」，由「陽」走到「陰」，雙方相互算計，甚至不惜使出各種陰險手段，以陰謀詭計取勝。莊子看到日常生活中類似的例子不勝列舉。例如飲酒是最常見的社交活動之一。飲酒初時，一般參與者都是彬彬有禮、中規中矩的，但喝到最後總會

有人喝得心智迷亂，甚至失去理性，放蕩淫樂，醜態百出。莊子從人們這樣的日常活動中，發現事情的發展往往與人的初衷不符。很多事，初心未必如此，但由於人心、人性中本來存在著的各式各樣的欲望，就如同心中埋藏著的導火線一樣，會由於各式各樣的契機被觸發，迅速點燃、爆炸，隨時隨地都可能走向自己的反面，甚至走到無法收拾的地步。這也就是莊子所說的：「凡事亦然。始乎諒，常卒乎鄙；其作始也簡，其將畢也必巨。」（《莊子・人間世》）很多事情都是這樣的。開始時，雙方都相互諒解，但最後卻變得言不由衷，相互詐欺。最初都很簡單，可是越到後來就變得越複雜越艱難。顯然，這樣的問題無法完全歸罪於政治制度或者社會環境。莊子深刻地意識到人心本身的缺陷、人的各種欲望、人心的複雜而萌發出的種種「惡」也是造成這一現象的重要因素。因此，莊子才能把自己的關注焦點從「大知」、「小知」擴展到所有的文人士子，再深入到最基本的人心、人性。

這也是為什麼〈齊物論〉中「大知」、「小知」以及〈人間世〉中「顏回請行」、「葉公子高出使」的故事或記述會那麼觸動人的內心世界，幾乎讓所有人都免不了渾身打個冷戰。「大知」、「小知」的「與物相刃相靡」，顏回式的為虎作倀，還有「始乎陽」而「卒乎陰」或者「始也簡」而「畢也必巨」的官場內鬥，不是仍舊在我們周圍不斷地上演，仍然在循環往復地再現？我們自己不是也曾做過類似的事或正在羨慕著別人靠著這些手段而取得的「成就」？莊子在這裡對「大知」、「小知」等的靈魂拷問，不僅僅是針對那些大大小小的辯士或者「大知」、「小知」一類，而是指向了所有的文人士子，所有的人。

一個有意思的現象是，自從郭象注《莊子》到如今，「大知閒閒，小知閒閒」一段的註釋大多只限於疏通文字，至多只說「大知」、「小知」是

第十一章　文人士子的悲哀

一群變態的人,卻極少有人就此大做文章、做深入闡述。就連極善於消費《莊子》的郭象,對這一段花費的筆墨也少得可憐。難道是由於大多數研讀《莊子》的學者都擔心說多了會有種心虛的感覺,會觸及自己靈魂的痛處?莊子的這幾段文字,可以視為是直指文人靈魂的檄文,當我們把這一段文字作為一面鏡子,在夜深人靜時一一與自己細細比對時,是不是也會像魯迅所說的那樣,「榨出皮袍下藏著的小來」?因為莊子看到的、抨擊的,不僅僅是數千年來文人士子的通病,也是人心的通病、人的通病。

第十二章　「遊」於夾縫間

「乘天地之正，而御六氣之辯，以遊無窮者」(《莊子‧逍遙遊》)固然令人憧憬、嚮往，然而，莊子自己也清楚意識到，這樣的「遊」只是「心遊」而已。事實上，莊子從來也沒有真正置身於他所生存的這個世界之外，他無時無刻不在關注著這個「方今之時，僅免刑焉。福輕乎羽，莫之知載；禍重乎地，莫之知避」(《莊子‧人間世》)的黑暗亂世。在這樣的現實社會，誰又能真的「遊」於「無窮」？特別是，既然這個世界已經病入膏肓，為什麼還要枉費心機地去拯救它？任何的努力不過只是加速了人生的毀滅、自我的摧殘而已。因此，當莊子在對這個世界感受到深深的悲哀、極度的冷漠與曠世的孤獨的時候，他絕不幻想憑著一己之力去拯救它。因為任何試圖去拯救這個世界的人，都不得不在某種程度上與之和解、妥協，而莊子是不會和解、也不會妥協的。因為他看不到有任何可以與這個世界和解、妥協的理由。

莊子的感受是獨特而又切身的。特別是當他比任何人都更加清晰地意識到，這個世界的罪惡，不僅僅在於其政治制度，還在於人心，在於人自身的問題，尤其是人類菁英的墮落。在這樣的情況下，莊子不得不用一種近似「毒舌」的口吻，對文人士子任何企圖有所作為的掙扎發出了這樣的警示：「子獨不見狸狌乎？卑身而伏，以候敖者；東西跳梁，不避高下；中於機辟，死於罔罟。」(《莊子‧逍遙遊》)意思是你們的所作所為不過是像野貓和黃鼠狼一樣，最終逃脫不了相互殘殺的惡性循環。

然而，假如人們無論如何也無法逃脫這樣一個四處隱藏著「機辟」

第十二章 「遊」於夾縫間

與「罔罟」的亂世，人究竟應當怎樣活著，怎樣才能不傷性命地活下去？這成了一個極為現實而又迫切需要解決的問題。莊子開出的藥方是「遊世」。在莊子看來，人活著就應該像庖丁手中那把「以無厚入有間，恢恢乎其於遊刃必有餘地矣」（《莊子‧養生主》）的廚刀一樣，無論這個世界如何盤根錯節，肯綮交錯，只要能「緣督以為經」，人就可以在夾縫間尋出一條活路來，就可以找到讓自己活下去的生存之道。這樣的人生之路從表面上看的確很負面，也很灰暗，但是如果看不到莊子在其中寄寓的憤激，看不到他的無奈，不了解他對這個社會的徹底否定，就無法真正理解莊子為什麼要提出「遊」於社會夾縫間的處世方法。

一、「緣督以為經」

對這個時代的一切政治活動，莊子基本上保持了一種與其絕緣的態度。他對人們所追求的功名利祿等世俗之事完全沒有興趣，也不屑介入，但莊子又拒絕像傳統的隱士那樣走一條「天下無道則隱」的避世之路。莊子感受到的是一個「無所逃於天地之間」的亂世，就算躲進了山林，也躲不開羿之射擊，也不可以避免掉進無處不在的「機辟」與「罔罟」。莊子看不到避世的可能，也不認為避世真的可行。更何況，莊子雖然十分關注文人士子的生活與命運，卻很少把自己真的當作「士」的一分子來思考國家的命運與前途。他更喜歡以一個平民的身分，站在草根階層的角度去體驗生存的艱難，感受在這個世界所不得不應對的種種困境。所以他不認為躲避現實社會、隱居於山林鄉野是普通人可選擇的人生之路。的確，像支離疏這樣的畸人即使躲進山林就能夠好好地活下去嗎？還有子輿、子桑、子桑戶等諸多來自下層的人們，他們即使躲進山林就能夠好好地活下去嗎？

因此，莊子選擇了「遊世」。那麼，什麼是「遊世」？又怎樣去「遊世」？

我們知道，「遊」是莊子思想中的一個重要概念，理解了「遊」才能更容易理解什麼是「遊世」。莊子「遊」的思想主要包括了「遊心」與「遊世」兩個方面。現代學者研究《莊子》，特別重視的是莊子的「遊心」。不錯，〈逍遙遊〉中的「以遊無窮者」，〈齊物論〉中的「而遊乎塵垢之外」，〈人間世〉中的「且夫乘物以遊心」，〈德充符〉中的「遊心乎德之和」、「遊於形骸之內」，〈大宗師〉中的「遊乎天地之一氣」，以及〈應帝王〉中的「遊心於淡」等，這樣的「遊」都屬於「遊心」或者是「心遊」。這樣的「遊」的確體現了莊子精神的無拘無束、超凡脫俗，這也是莊子「逍遙遊」思想的核心。然而，如果我們過分強調莊子追求精神自由、超越世俗的這一面，誤以為莊子要的就是生活在一個不食人間煙火、與世隔絕的世外桃源，或者誤以為莊子是要把自己封閉在一個與現實社會一刀兩斷的精神世界，那還不算真正理解莊子，認識莊子。這也是為什麼我們要特別關注莊子有關「遊世」的思想。

「遊世」，既不是入世，也不是避世。「遊世」的靈魂，是扎根於現實，周旋於世俗世界，無論世俗的價值觀如何，有什麼樣的價值取向，對這一切外在的觀念通通不以為意，不固執己見，不偏狹拘泥，而以一種超脫虛空的心態，「安時而處順」（《莊子·養生主》），「不譴是非，以與世俗處」（《莊子·天下》），卻又不失本心，「唯至人乃能遊於世而不僻，順人而不失己」（《莊子·外物》）。在莊子看來，倘若「人能虛己以遊世」，就不會再有性命之憂，也沒人再能加害於你，「其孰能害之」（《莊子·山木》）。

不過，這樣的「遊世」，對普通人來說，理解、執行起來還是有相當的難度。莊子一定也充分設想到了這一層。在〈養生主〉中，他提出了一個更為具體也更為簡便易行的與現實社會周旋的「遊世」指南，這也就是

第十二章　「遊」於夾縫間

人們都很熟悉的「為善無近名」、「為惡無近刑」、「緣督以為經」三句箴言。「為善無近名」說人是要做善事的，但做善事不要圖名，也不要出名；「為惡無近刑」說即使人做壞事，也不要壞到會遭受刑罰處置的地步。且慢，難道莊子認為人是可以做壞事的嗎？不少研究者注意到了這個問題，卻不敢或者是不願意相信莊子會對做壞事表示出某種程度的肯定。例如王叔岷就說「上句猶易明，下句最難解，似有引人為惡之嫌」，並出於為尊者諱的緣故，將「為善」解成「善養生」，而「為惡」解成「不善養生」。（王叔岷《莊子校詮》）這樣一來，用傳統道德觀來評判，的確是說得通了。可是這究竟是不是莊子的本意？

莊子的所謂「遊世」，其實還包括著某種戲弄人生、玩世不恭的意思在內。社會，已經黑暗到令人窒息，而人類又墮落到了「莫使復陽」的地步，人的生命隨時處於被殺戮的危險境地，在這樣的情況下，所謂揚善懲惡的道德本身是否仍具有存在的合理性？而善惡的觀念是否也與所謂的是非一樣，原本就是人為地強加於人的觀念？更何況，人活著，難道首先不應該「保身」、「全生」、「養親」、「盡年」嗎？既然現存的一切都是不合理的，那麼，什麼是「為惡」，誰來規範惡的定義，劃定善惡的界限，做出量刑的決定，也就通通隨之失去了存在的合理性。可見莊子的「為惡無近刑」是在徹底否定現存一切的合理性的基礎上提出來的。這種極端的說法，既體現了莊子對於現存一切的極度憤激與絕望，同時也表達了他對人這一個體生命的高度關注。

對此，我們不妨看一下莊子在〈人間世〉中是如何為不得不出任衛靈公太子傅的顏闔出謀劃策的。顏闔即將出任「其德天殺」的衛靈公太子傅。顏闔有沒有選擇呢？沒有。他必須得去，不得不去。可問題在於，作為太子老師的顏闔，如果放任衛靈公太子，與之一起作惡的話，必然危害

國家，自己良心上也會過不去；而堅持「有方」的正道，則必然危害自身，出於人自我保護的本能，當然也不情願。那麼，顏闔怎樣做才能應對這樣進退兩難的困境？莊子借蘧伯玉之口說，首先你要謹慎。你在表面上可以順從他，但在內心深處卻要保持平和。即便如此，你仍然還會遭受禍患。莊子給顏闔出的又一招是：就算你順從了，但一定不能與之同流合汙；你保持內心的和善，但不要張揚在外，否則他會以為你是沽名釣譽。假如你「形就而入」了，那就是「為惡近刑」；假如你「心和而出」了，那就是「為善近名」。一旦「為善近名」或者「為惡近刑」，災患就免不了了。莊子還給顏闔出了另外一個「高招」，那就是衛靈公太子想做什麼，就讓他做什麼，他想怎麼折騰，就讓他怎麼折騰，反正只需要掌握住「虛己以遊世」的心態，就能保全自己。這裡，我們已經很難判斷莊子這樣說話的語氣到底是什麼了。他是很認真地這樣說的，還是帶著一種憤世嫉俗的嘲弄？他究竟是正話反說，才故意說得這麼詭異荒謬，還是僅僅出於對顏闔性命的極度擔憂，不得不說得如此危言聳聽？有時候，莊子的確把自己的真正意圖隱藏得很深，有很多的話外之音，耐人尋味。但不管怎麼說，莊子是不以這個世界為意的，所以他也不在乎這個世界的人究竟怎麼看他。

　　理解了「為善無近名，為惡無近刑」，就很容易理解什麼是「緣督以為經」了。緣，就是沿著；經，常，指常理、常法。「督」指的是什麼，歷來有很多不同的解說，有說為「中」（郭象《莊子注》），也有說指自然（林雲銘《莊子因》），還有說指的是人體的督脈（郭慶藩《莊子集釋》）。其實，如果放在上下文中來看的話，「督」指的就是「為善無近名，為惡無近刑」的「善」與「名」、「惡」與「刑」之間的那條「路徑」，也就是「庖丁解牛」所說的牛體筋骨皮肉「彼節者有間」的「間」，具體到人類社會，指的就是社會的夾縫。

第十二章 「遊」於夾縫間

「緣督以為經」與「為善無近名，為惡無近刑」其實是互為說明、互為因果的。只有「緣督以為經」，才能「為善無近名，為惡無近刑」；做到「為善無近名，為惡無近刑」，自然也就掌握了「緣督以為經」。而「緣督以為經」的目的與結果又是什麼呢？那就是「可以保身，可以全生，可以養親，可以盡年」。「保身」與「全生」側重於「為惡無近刑」，「無近刑」則身體不受殘害，形體健全，可以保全性命，終其一生；「養親」與「盡年」則是「為善無近名」的結果。奉養父母為萬善之首，不為出名之奉養父母，才是真正的奉養父母，這是典型的「無近名」之善。當然，在個人與奉養父母之間，莊子更注重的還是個人的保全性命。只有個人「緣督以為經」，「可以保身，可以全生」，才不會以「名」、「刑」之故連累父母，也才「可以養親，可以（使父母）盡年」。

莊子「緣督以為經」的「遊世」之方，顯示了莊子對這個世界的荒謬與危殆的極度絕望，以及他與之決裂的決絕，說明他對所謂的「善」、「惡」已經滿不在乎，完全不以為然了。既然在這個世上，人已無路可走，又無可奈何，何妨以一種遊戲、嘲諷、捉弄的態度來應對之？

二、「庖丁解牛」的意義

「緣督以為經」，為那些無法逃避現實，不得不在現實社會中周旋，只能在亂世中求生存的人，指出了一條「保身」、「全生」、「養親」、「盡年」之路。但是，在具體操作上，如何才能「緣督以為經」？「緣督以為經」的途徑又是什麼呢？顯然，僅僅這麼簡單的五個字還不足以讓人充分領悟其中的奧祕，也讓人難以掌握「緣督」的操作尺度。於是，莊子把目光投向了任何凡夫俗子、村野民婦都不會感到陌生的「解牛」，把「緣督以為經」

二、「庖丁解牛」的意義

轉化成一場戲劇性的「解牛」表演給世人看。這就是人們耳熟能詳的「庖丁解牛」。《莊子・養生主》載：

> 庖丁為文惠君解牛，手之所觸，肩之所倚，足之所履，膝之所踦，砉然向然，奏刀騞然，莫不中音。合於《桑林》之舞，乃中《經首》之會。
>
> 文惠君曰：「嘻，善哉！技蓋至此乎？」
>
> 庖丁釋刀對曰：「臣之所好者道也，進乎技矣。始臣之解牛之時，所見無非牛者。三年之後，未嘗見全牛。方今之時，臣以神遇而不以目視，官知止而神欲行。依乎天理，批大卻（隙），導大窾，因其固然。技經肯綮之未嘗，而況大軱乎！良庖歲更刀，割也；族庖月更刀，折也。今臣之刀十九年矣，所解數千牛矣，而刀刃若新發於硎。彼節者有間，而刀刃者無厚；以無厚入有間，恢恢乎其於遊刃必有餘地矣，是以十九年而刀刃若新發於硎。雖然，每至於族，吾見其難為，怵然為戒，視為止，行為遲，動刀甚微，謋然已解，如土委地。提刀而立，為之四顧，為之躊躇滿志，善刀而藏之。」
>
> 文惠君曰：「善哉！吾聞庖丁之言，得養生焉。」

「庖丁解牛」這篇寓言的確充分顯示了莊子汪洋恣肆、不拘一格的文學風格。莊子用極富動感、畫面感、音樂感、韻律感的描述，把庖丁躊躇滿志、神采飛揚的神態，出神入化的動作寫得栩栩如生，魅力無窮。一場原本血腥的屠宰牛的場景，在莊子筆下竟被轉化成了融合著多種藝術元素的精美絕倫的表演。然而，當人們陶醉於莊子文學魅力的時候，卻往往忽略了莊子在這篇寓言中所真正要表達的深刻內容。

莊子的時代，人的生命隨時隨地處於被吞噬的黑暗中，人怎樣才能保全自己？怎樣才能「依乎天理，批大卻（隙），導大窾，因其固然。技經肯綮之未嘗」？怎樣才能「以無厚入有間，恢恢乎其於遊刃必有餘地矣，

第十二章 「遊」於夾縫間

是以十九年而刀刃若新發於硎」？避免像「族庖」、「良庖」的刀那樣由於「割」、「折」而早夭？

幽暗無光的牛體內部猶如黑暗陰森的社會，遊於筋骨肯綮縱橫交錯的牛體，如同遊走於處處暗藏著「機辟」與「罔罟」的現實世界，人們稍有不慎便會遭遇刑罰殺戮之災。雖然盤根錯節的骨節間的確存在著縫隙，但又有多少人可以像庖丁手中的那把廚刀一樣，修煉到「神遇而不以目視，官知止而神欲行」那樣出神入化、得心應手的地步？可見就算人只能有「遊世」這一條出路，要想在夾縫間遊刃有餘也絕非易事。儘管莊子的確是以濃重的筆墨、聲形並茂地渲染庖丁如何瀟灑自如、出神入化地運刀解牛，在牛「謋然已解，如土委地」之後如何得意揚揚地「提刀」、「四顧」、「躊躇滿志」，但最值得注意的一幕還是，即便庖丁的解牛之技已臻於化境，他用了十九年的廚刀依然如新，然而每當遇到筋骨盤結的難解之處，庖丁同樣不能掉以輕心，絲毫不敢懈怠，他也會立刻怵然謹慎起來，動作放緩，專心凝神，小心翼翼地運刀，直到牛「謋然已解」。

「庖丁解牛」以展示庖丁令人驚嘆的解牛技藝開篇，首先讓人欣賞到的是庖丁令人拍案叫絕的解牛神技，但莊子的真實目的顯然並不在於炫技，一方面莊子要透過「技」來說明彰顯「道」、「進乎技」所能帶來的奇蹟，然而另一方面，更為重要的，也是莊子特別要強調的，是一旦面對錯綜複雜的現實社會，即便解牛之技高超如庖丁者，也不能不大為收斂，需要屏氣靜心，專注凝神，全神貫注地對待每一個「難為」之處。在某種意義上，莊子對庖丁「每至於族，吾見其難為，怵然為戒……」一段的描述，才是此篇寓言中最讓人警醒，也最具有現實意義的部分。

遊走於這個危機四伏的社會夾縫間，求生存是如此的艱難，就連技藝高超如庖丁者，都不敢有絲毫的掉以輕心，更何況像「族庖」那樣大刀闊

斧、硬碰硬主動出擊，或者像「良庖」那樣一塊塊努力切割的了。這裡，莊子再次強調了在社會的夾縫間求生存，必須千方百計避開各式各樣的社會矛盾，才能最大限度地保住自己的身家性命，也只有經過如此小心謹慎「怵然為戒，視為止，行為遲，動刀甚微」的過程，最終才能獲得「提刀而立，為之四顧，為之躊躇滿志」的成功。

「提刀而立，為之四顧」固然神氣十足，大有藐視一切的架勢在，也最為觀賞者矚目，但從行文的角度來看，這幾句仍然是鋪陳，真正要烘托的關鍵語還在於最後的一句：「善刀而藏之。」所謂「善刀」就是「養刀」，「養刀」也就是「養生」。莊子要提醒我們的是，人一定要善待「刀」，才能保證「刀」在錯綜複雜的夾縫間遊刃有餘，如果不能好好地養刀、收藏刀，就不可能讓「刀」在解數千頭牛之後仍如新磨出的一樣完好無損。

「庖丁解牛」是一篇很耐人深思的故事。庖丁所表現出的這一副神氣活現的樣子，是不是真的就是在夾縫間生存的人的寫照？還是仍然只是莊子對「遊世」所能達到的理想境界的一種想像？為什麼我們會在庖丁的身影中，隱隱約約嗅出〈人間世〉中小心謹慎的「養虎者」的味道？據說，養虎人餵虎時，不敢給虎活物，唯恐虎撲殺時會引發其殺生的本能；養虎人也不敢給虎完整的死物，擔心虎撕食時會激起其本性中的殘暴。養虎人了解虎何時需要進食，何時已經吃飽，懂得順著虎的自然本性行事。虎與人雖為異類，卻喜歡上飼養牠的人，就是因為養虎人順其自然性情；而那些被虎殺死的人，一定是違背了虎的天性。（《莊子・人間世》）那麼，會不會有一天庖丁也會由於自己的自負與得意而遭受滅頂之災？

「庖丁解牛」這篇故事，初讀的確給人一種神奇精彩，甚至炫目魔幻的感覺，但其中所流露出的沉重與艱難的氛圍，卻是要我們透過莊子對「族庖」、「良庖」命運的感慨才能感受到的。也許庖丁的確是為自己的高超

技藝而自鳴得意的，但是他的洋洋自得並不意味著他就真的可以把命運掌握在自己手中。其實，他仍然需要認真對付那些「難為」之處，仍然需要「善刀而藏之」。所以說，莊子提出的「遊世」何嘗是一個輕鬆、可以讓人真正遊戲其中的話題！

三、「處乎材與不材之間」

在社會的夾縫間「遊世」，是莊子找到的一條可以讓普通人「保身」、「全生」、「養親」、「盡年」的處世之路。以當代人的眼光來看，這種「遊世」反映出的似乎是一種近乎不講原則的混世哲學，太過負面，也太過消極。然而，我們之所以會這樣思考問題，又何嘗不是因為受自己所處時代以及環境的局限？我們必須看到，莊子對這個社會或者說是這個世界的感受遠非世俗之人甚至當代人所能理解。當人生活在一個黑暗凶險到無可救藥的世界，周圍的一切都是荒謬的，沒有存在的合理性，沒有一個公認的價值，遊世的行為本身恰恰體現了對這個社會的徹底否定與決絕，不是嗎？

用這樣一種充滿了蔑視、玩世不恭、遊戲人生的態度周旋於世，混跡於社會之中，貌似容易，實際上，卻仍然免不了陷入種種的危機與困境。畢竟在這個世界上有多少人能練出像庖丁那樣的神技？！據庖丁說，掌握「以無厚入有間」的第一要義便是「所好者道也，進乎技也」。反過來說，如果一個人掌握不了「道」，體悟不出「道」的要義，也就練不出求生之「技」，自然也就無法「恢恢然」、「遊刃有餘」。即便真的可以像庖丁那樣「好道」，庖丁不是也仍舊花費了三年的時間才從「見全牛」進入到「未嘗見全牛」的境界？還不知從「未嘗見全牛」到「以神遇而不以目視」他又

用了多少年！所以在現實生活中，庖丁「緣督以為經」的「養生」之道固然有可行性，確實能讓人在社會的夾縫間遊走自如，但要練到如同庖丁那樣的程度，可就真不是一般人所能輕易做到的了。

那麼，如何才能讓普通人沒有性命之虞地「遊」於世，就成了莊子不得不面對、不得不應對的一個現實問題，也成了莊子隨時隨地都在思索、都在尋求答案的人生哲學的一個重要課題。

據《莊子·山木》記述，一天，莊子帶著弟子行走於山中，途中見到一棵枝葉茂盛的大樹，可是伐木人站在樹旁卻不去砍伐它。莊子問這是為什麼。伐木人回答，別看這棵樹長得很是高大，但是材質卻無所可用。於是，莊子告誡弟子說，這棵大樹因為材質不好，才能活得這麼久，長得這麼高大。走出山林，莊子與弟子投宿於故人家。莊子的朋友十分高興，叫童僕殺一隻鵝款待。童僕請示說，家裡的兩隻鵝，一隻會叫，另一隻不會叫，該殺哪隻呢？主人說，殺不會叫的。第二天，離開了故人家，莊子的弟子對在「材」與「不材」之間如何選擇感到十分困惑，便問莊子道：昨天我們在山中見到的大樹因材質無用，得以盡享天年；而您朋友家的那隻鵝卻因不會叫而被殺掉，那隻會叫的鵝卻活了下來。對於「材」與「不材」，先生您會站在哪一邊呢？莊子笑著回答說：我會選擇處於「材」與「不材」之間。

處於「材」與「不材」之間，也就莊子能想出這麼透著狡黠而又閃爍著智慧的回答。最初，他選擇這棵材質無用的大樹，打算用它作為現場教學的活生生的教材，闡發「無用之用」的理論。不巧的是，到了故人家，偏偏殺了一隻「不材」的鵝招待他，結果自然引發了弟子的疑問。

〈山木〉中的這段記載應該是實錄。很可能，莊子真的遇過這樣幾乎讓他陷於自相矛盾大坑的棘手問題。莊子一向喜歡以「不材之大木」、「無

第十二章 「遊」於夾縫間

用之散木」自比，他也總是感嘆那些有材之木早早就遭受斧斤砍斫而夭折的命運。在〈人間世〉中，他特別提到「柤梨橘柚果蓏之屬，實熟則剝，剝則辱。大枝折，小枝洩（曳）。此以其能苦其生者也，故不終其天年而中道夭，自掊擊於世俗者也。物莫不若是」。還有宋國荊氏之地「宜楸柏桑。其拱把而上者，求狙猴之杙者斬之；三圍四圍，求高名之麗者斬之；七圍八圍，貴人富商之家求樿傍者斬之。故未終其天年，而中道之夭於斧斤，此材之患也」。說的都是有材、有用的樹木，恰恰因為其有材、有用，導致「大枝折，小枝洩（曳）」、「不終其天年而中道夭」，被「辱」被「斬」的命運。在莊子看來這些都是「材之患」。然而，那隻鵝卻又由於「不材」而慘遭殺戮之災。這說明了什麼？只能說明這個世界已經荒謬、殘暴至極，有材、有用難逃一死，無材、無用同樣難逃一死，還有什麼能比這樣的現實更為恐怖的嗎？可見，莊子提出的處於「材」與「不材」之間，本質上就是「緣督以為經」、遊於社會夾縫間的又一種表現！

「材」與「不材」都是上天賜予的。在生死關頭，啞鵝難道不想鳴叫？可是由於牠本來就是隻啞鵝，就只能先送了命。而人不同。人可以選擇，可以在「材與不材之間」找到一條能使自己左右逢源的中間道路來。這樣的選擇，說容易也容易，說難又很難。難就難在如何掌握「材與不材之間」的這個尺度。過於接近「材」或過於接近「不材」都不行，稍有不慎都會遭受意想不到的禍患。

想必莊子自己也意識到「周將處乎材與不材之間」的說法有故弄玄虛之嫌，特別是究竟當如何去「處」。看到弟子們面面相覷、一臉的迷惑，莊子進一步解釋說，「材與不材之間」聽起來好像很穩妥，其實未必，最終往往還是不能免於拘束與拖累。最好的辦法是無論在什麼情況下都順從於自然的發展，根據時事的變化而變化；做起事來一定不要偏執，不要刻

意捲入其中,要能順從萬物而又不為外物所役使。莊子還說,凡事有合就有離,有成功就有失敗,剛直就會受到折損,尊貴就會遭遇非議,有作為就會虧損,有賢能就會為人暗算,無能就會受到欺侮。所以做任何事都要掌握好尺度,掌握好尺度的關鍵就是順其自然,與時進退,隨機應變,這樣就能自然地處於「材與不材之間」了。

莊子列舉了一系列發生在日常生活中隨處可見卻又相互對立的例子,來說明什麼是「無譽無訾」、「與時俱化」,如何才能「以和為量,浮游乎萬物之祖」,「物物而不物於物」。說到底,所謂「處乎材與不材之間」就是要人不執著於一端,理解世界上任何對立的兩極都是相輔相成、互為存在的。人只要能一切順應自然,不偏不倚,也就是處於「材與不材之間」了。由此可見,莊子「遊世」的處世哲學,歸根結柢是他「遊心」思想在現實社會中的體現。

四、「無用之用」

與「緣督以為經」,「遊」於社會的夾縫間,以及「處乎材與不材之間」密切相關的另一個有關「遊世」的話題,便是「有用」與「無用」。世間萬物的有用還是無用,都是相對的。對什麼有用,對什麼沒用,對誰有用,對誰無用,完全取決於你站在什麼角度,站在誰的立場來判斷。天下萬物,包括人,究竟是有用還是無用,首先要看是相對於他人或者使用者而言還是相對於萬物包括人自身而言。同樣的事物、同樣的人,看問題的角度不同就會得出完全不同的結論來。在莊子看來,要想遊刃有餘地「遊」於社會夾縫之間,還必須對「用」有獨特的理解。

什麼是有用?什麼又是無用?這個話題,最早還是惠子提出來的。惠子

第十二章 「遊」於夾縫間

說魏王給了他一粒大瓠種子，經過栽培，他收穫了一個巨大的瓠。用這個大瓠來裝水，因其不夠堅固，承受不住水的重量。於是，就把大瓠剖開做成瓢，又由於體積過大，裝什麼都不合適，最後只好把這個大瓠砸碎了。（《莊子·逍遙遊》）本來惠子是用大瓠來比喻莊子的學說「大而無用」，難逃被拋棄的命運，最終只能被人打碎。在惠子眼中，大瓠就是個大而無用的東西。那是因為世俗的功用觀限制了他的想像，也限制了他的思維。惠子怎麼也跳不出世俗功利的範疇，他看不到一個瓠除了做容器之外，還能有什麼其他用處。可莊子卻是從來都不按照常規套路出牌的。莊子認為錯不在大瓠，錯就錯在惠子「拙於用大」，不會「用大」，也不善於「用大」。

怎樣才算是懂得「用大」呢？莊子獨出心裁地說：「今子有五石之瓠，何不慮以為大樽而浮乎江湖，而憂其瓠落無所容？則夫子猶有蓬之心也夫！」能盛五石的大瓠，原本就不應該用來裝水，也不是讓人剖開做瓢的。這種有「大用」之物到了不會「用大」的人的手中，當然沒有用。倘若把它製成腰舟用來漂浮於江湖，在江湖中得以自在地悠遊，還會憂慮大瓠的無所可容嗎？

這，才是莊子對「用」的理解。這樣的「用」在講求實用、追逐功利的社會自然行不通，也不會被接受。但是對大瓠本身來說，卻得以漂浮於江湖之中，逃脫被「掊之」的毀滅命運，這樣的「用」就是一種「無用之用」。由此可知，莊子所說的「無用」是針對世俗的看法而言，而「無用之用」則是對大瓠自身而言，對能發現「無用之用」、可以心無旁騖乘「大樽」遊於江湖的人而言。這才是莊子「無用之用」所蘊含的奧祕。可以說，莊子對「用」的理解是超越於世俗社會對物的本性或者說是物的本質的一種更深層次的理解。

莊子對「用」的看法，說明莊子並不一概否認物之用，恰恰相反，莊

四、「無用之用」

子也看重物之「用」，但他強調的是一種非功利、非世俗目的的「用」，是擺脫了傳統思維定式的「用」。就像「不龜手」藥方一樣，在宋人手中，它只是被世代以漂洗絲絮為業的家族用作護膚品而已，可是到了「客」的手中，同樣的藥方卻讓「客」得以裂地封侯。「物」是相同的，只因用者不同，用的對象與場合不同，所得到的結果也就截然不同。可見莊子的「用」強調的是「所用之異」，重視的是如何去「用」，如何擺脫傳統思維定式的束縛，以一種創新的思維去「用」。

莊子不但看到了物的「所用之異」，而且他也是站在一個更高的生命哲學的層次去闡發、定義「有用」與「無用」。《莊子‧逍遙遊》載：

> 惠子謂莊子曰：「吾有大樹，人謂之樗。其大本擁腫而不中繩墨，其小枝捲曲而不中規矩，立之塗，匠者不顧。」

這棵巨大的樗樹樹幹長得擁腫盤結不合繩墨，枝蔓捲曲不中規矩，雖然就生長在大路旁，對用者匠人來說，其樹雖大，卻「不材」無用，經過時甚至連看也不看它一眼。可是對樗樹來說，卻因其「不材」無用，既不需要躲進深山老林，避開匠人的搜尋，也不需要刻意地保護自己，便逃脫了被斤斧戕伐的殺身之禍。這種對世俗的無用豈不正是對一己之大用？保全生命、避免災禍，這才是莊子所說的「無用之用」的精髓。

這棵大樗樹由於深諳「有用之用」的危害，為了保命，不惜「扭曲」自己，長得「大本擁腫」、「小枝捲曲」，奇醜無比。顯然，莊子要說的是，一棵樹僅僅長成這副模樣還不夠，還得不在意世俗社會對自己的看法與判斷，才能免遭殺伐。這也是為什麼莊子每每提及像樗樹一樣「無用」的畸人如支離疏、哀駘它、王駘、叔山無趾、申徒嘉、子輿、子來等，字裡行間都流露出一種獨特的深情。因為莊子清楚意識到，在這個社會，唯其醜陋畸形如此，才能得以生存下去。

第十二章 「遊」於夾縫間

對這樣一棵其貌不揚、無材可用的大樗樹，儘管莊子認為它還可以有更理想的去處：「無何有之鄉，廣莫之野」，從此，再沒有斤斧之虞，沒有「害者」，無所可用，自然也就沒有了任何的困苦禍患，然而，莊子也清楚地知道，這只不過是一種可望而不可即的夢想而已。

五、櫟社樹的啟示

理想的世界，是「不夭斤斧，物無害者」（《莊子·逍遙遊》），然而在現實世界大多數人所經歷的卻是「以其能苦其生者也，故不終其天年而中道夭」（《莊子·人間世》）。只要你對世俗有用，有一定的使用價值，你就沒有選擇，就難逃被「剝」、被「辱」、被「折」、被「洩（曳）」的命運。倘若你不想「中道夭」，試圖在社會的夾縫間生存下去，那就只能走「無用之用」之路。

〈人間世〉中出現的櫟社樹的「無用之用」，是一個頗具啟示意義的象徵。櫟社樹不像莊子〈山木〉中的那棵長於深山的大樹，有著地理上的天然優勢，它長在齊國曲轅的大道旁，更像惠子說的那棵「立之塗（途）」的大樗樹。這棵巨大的櫟社樹的樹冠之大，可以遮蔽幾千頭牛，樹的主幹有百尺之粗，高出山頂七八十尺才長出枝杈，能夠用來造船的大枝杈就有十幾根之多。可是，到處尋找木材的匠人帶著弟子走過這棵大樹時，竟然看也沒看就腳步不停地繼續趕路了。匠人的弟子很是不解：「自從我跟隨師傅學木工，從來沒有見過這麼高大完美的木材，可是師傅您卻不肯看上一眼就直接走了，這是為什麼呢？」匠人回答：「算了吧。不必再提這棵大樹了。這只是一棵沒用的『散木』。用這棵樹的木材做舟船，船一下水就會沉沒；用來做棺槨，入土之後很快棺槨便會腐爛；用來做器具，器具也很

快就會毀壞;用來做門窗,不久門窗上便會流出黏黏的樹脂;用來做柱子,馬上會招來蛀毀柱子的蟲子。正因為這是『不材』之樹,無所可用,所以它才能保全性命,長得這麼高大長壽。」

比起大樗樹的「不中繩墨」、「不中規矩」,櫟社樹的「無用之用」顯然更勝一籌。它不但沒有絲毫用處,而且還因材質的惡劣會給人帶來種種的威脅與危害,這樣的樹木,豈止是「不材」、無用,簡直就是禍患!可在莊子看來,就是這樣的樹木才有著自我保護的大用,才不至於像「柤梨橘柚」等果木那樣,不及天年便中道夭折,才能保全自己的性命。櫟社樹給人的啟示是:要想在社會的夾縫間生存,就必須不讓自己落入人們對特定人、特定器物的用途的期待,不讓人們所期待的「有用」在自己身上有任何的顯現。既然人們都期待木材可以做船、做棺槨、做門窗、做器物、做支柱,那就不要讓自己有這樣的用處,不讓自己像人們所期待的那樣「有用」。相反,對人們沒有期待之「用」,或者說是超出人們所期待的「用」,就是真的「有用」也不會給自己帶來傷害。櫟社樹,作為木材無所可用,但由於它長得高大無比,相貌如此地與眾不同,無意間竟成了曲轅的一道風景,遠近聞名,吸引了無數好奇者意欲一睹為快,以至於「觀者如市」。這樣的「有用」非但沒有加速自己的毀滅,反而給自己添了一層保護色。可見莊子的「無用之用」並不一概排除為人所用甚至為社會所用,而是要人以各種可行的方式,包括「無用之用」,甚至藉助於「有用」作為保護傘,最終實現對自己的「大用」。

儘管如此,櫟社樹仍曾多次面臨慘遭毀滅的險境。匠人晚上睡著以後,櫟社樹託夢給他。櫟社樹問匠人:「你拿什麼跟我相比呢?你是要拿我跟那些有用的樹木相比嗎?像柤梨橘柚這樣的果木,果實成熟就會遭人打落,被打落的果實還會被踐踏摧殘,大枝被折斷,小枝被扭曲。這都是由

第十二章　「遊」於夾縫間

於果木能夠結出果實才招致了被摧殘的一生。凡是有用的樹木多因其有用而無法終其天年，不得不早夭。這樣受摧殘的命運都是由於它們顯示出自己的有用而招惹來的。世間萬物都是如此。我尋求無所可用已經很久了，曾經多次差一點喪生，直到今天我才做到了無所可用，而這種無用對我來說卻是大用。假如我在人們的眼中有用，我還能長得如此高大嗎？你和我都是『物』，是同類，為什麼你要把我跟那些有用的樹木相比呢？你是一個快要死去的無用的『散人』，又怎麼懂得無用的『散木』呢！」

櫟社樹的這番告白，實際上是莊子給在社會夾縫間掙扎的人們提出的又一條可行的遊世途徑。櫟社樹清楚地意識到，倘若彰顯出自己有用，被摧殘的命運就無法避免。所以每個人都要問問自己，假如你有用，你是否能活到今天？因為即便努力讓自己無所可用，也仍存在著陷入「幾死」的險境。不是嗎？識貨的匠人固然不會去砍斫貌似高大完美實則無用的櫟社樹，但是倘若遇到像匠人弟子那樣不識貨卻又莽撞行事的人，不管三七二十一掄起板斧就砍，櫟社樹豈不早就遭遇了無妄之災？難怪櫟社樹要千方百計利用一切的可能避免災患，在無用中求得大用了。

櫟社樹有一個身分是特別值得注意的，那就是它還被視為社神。社神就是土地神，是神界主管一方的「地方官」，也就是俗稱的「土地爺」。土地爺官兒雖不大，卻能保一方平安，為老百姓所信奉，香火一直不斷。櫟社樹有了社神這層身分，自然讓人對它有了更多的敬畏，不至於像對待其他樹木那樣，想折就折，想砍就砍。所以「社神」的身分對櫟社樹來說是非常重要的。前來觀賞櫟社樹的人如此之多，除了它長得異乎尋常之大以外，更有可能還是因為它的社神身分。

那麼，櫟社樹的社神身分是與生俱來的還是後天所得呢？莊子在故事的最後有一個耐人尋味的交代：匠人夢醒之後把自己的夢告訴了弟子，弟

子十分不解，認為櫟社樹既然意在求取無用，為什麼還要做社神？匠人說，櫟社樹不過是寄身於社神罷了，因此它還招來那些不理解它的人的辱罵。假如櫟社樹不寄身於社神，豈不是早就遭到砍伐？況且櫟社樹自保的方式與眾不同，如果以常理去衡量、去判斷，豈不是相差太遠了嗎！

這就是說櫟社樹社神的身分，不但對人有用，對櫟社樹也有用。自身的不材、無用，再加上不同於傳統意義上的有用，這就是「材與不材」之間、「無用與有用」之間的那條夾縫。「材與不材」是先天的，是大自然賦予萬物的。然而，如何在「材與不材」之間找到一條可行之路，卻要靠後天的悟性。櫟社樹雖然無用，但在沒有得到社神身分之前，也曾多次幾乎被砍伐，只有在求得社神的身分之後，櫟社樹才終於有了自己的保護傘，從此性命無憂。

櫟社樹的經歷給人的啟示是，無論有用還是無用，無論是無用之用還是有用之用都只是在亂世中求生存的一種手段，所謂處於「材與不材之間」的精髓就是不必拘泥於某一特定的形式，不必死守一端而放棄另一端，畢竟在那樣一個混亂黑暗的社會，保全性命才是最重要的。

六、商丘之木的「防身術」

莊子「遊」於社會夾縫間的處世方式，或者說他「遊世」的一種生活態度，來自於莊子對這個世界現存一切的獨特思考與洞悉。莊子年輕時，或許也曾有過那麼一點的入世願望，但他很快便拋棄了。處在一個「來世不可待，往世不可追」（《莊子・人間世》）的世界，作為一個社會的人，還能夠做什麼？

首先，莊子不能放棄這個世界，所以他需要人遊於社會的夾縫間，在

第十二章 「遊」於夾縫間

縫隙中尋求生存的空間，以「無用之用」以及各式各樣的方式保全自己。庖丁解牛是如此，處於「材與不材之間」是如此，山中大木、樗樹、櫟社樹也是如此。除此以外，莊子還說人一定不要「臨人以德」，不要在人前以德行說教，顯示自己的高尚；也不應該「畫地而趨」，不要自己給自己設定界限，不敢越雷池一步。在人面前已經有太多的荊棘坎坷，道路如此崎嶇不平，無論如何都不要妨礙自己走路，不要傷害自己。（《莊子・人間世》）

在這樣的情況下，莊子意識到僅僅靠「無用之用」這一條路還不夠，人還必須有特別的「防身術」來保護自己，哪怕這樣的「防身術」是怪異的、難看的、醜陋的，甚至是有毒的。於是，在山中大木、樗樹、櫟社樹之外，莊子又設計了另一種生存之道：那就是像商丘之木那樣不但無用，還擁有獨特的「防身術」。

所謂商丘之木是一棵什麼樣的大樹呢？

據說，南伯子綦遊於商丘，見路旁有一棵奇異的大樹，樹冠之大可以讓上千乘車馬在樹下歇息。南伯子綦想，這麼大的一棵樹長在路旁，一定不同尋常。於是他仰頭細看這棵大樹的樹枝，發現彎彎曲曲的枝杈沒有一根可以用作棟樑；他又低頭從根部觀察大樹的主幹，樹的木紋鬆散，主幹雖粗大卻做不了棺槨。最為詭異的是，如果舔一舔樹葉，居然會口舌潰爛；聞一聞氣味，人就像大醉一樣昏倒，三天都醒不過來。（《莊子・人間世》）

果然，商丘之木有著不同於其他不材之木的獨特的「防身術」，是一棵名副其實的「惡木」。但恰恰是因為它的「毒」、它的「惡」，任何試圖施之以斤斧的匠人，都再也無法傷害它了。莊子寫商丘之木以「毒」自保的用心是很令人深思的。一棵大樹，如果僅僅是對世俗「無用」的話，還不

一定就能保全自己，還有被不識貨的匠人弟子誤伐的可能，然而一旦自身具有了「毒素」，有了讓人懼怕的特質，就再也沒有人可以傷害它了。

　　莊子似乎從來不忌憚使用任何在世人眼中卑賤、粗俗、淺陋、汙濁的事物來強調保命的意義，說明人當如何去保全自己。從商丘之木可以讓人「口爛」、「狂酲」說起，莊子甚至想到了白額的牛、鼻孔朝天的豬以及患了痔瘡的人，他們都因為自身的缺陷而得以保命。這種種常人心目中的不祥、無用或不材，恰恰成為使之得以僥倖生存下來的重要因素。莊子顯然是刻意選擇了這樣粗俗、卑陋的字眼以表示他對這個世界的極度憤激與反叛。他已經完全不在意世俗的一切，他就是要徹底顛覆世俗的一切，把世俗眼中的一切不正常、殘缺、醜陋之「不材」、「無用」通通用作保命養生的利器。莊子要人不再介意自己在他人心目中是個什麼樣子，「白額」也好，「亢鼻」也好，「有痔病」也好，假如這是保命的唯一途徑，就算貼上這一切標籤又有何妨？現在我們再來回想一下那位臉緊貼著肚臍、兩肩高過頭頂、髮髻朝天、五臟腧穴朝上、兩髀與肋骨相併的畸人支離疏，就更加可以理解莊子是怎樣把世間現存的種種殘疾、缺陷、畸形通通集於其一身，以顛覆人們對「有用」、「有材」的世俗觀念。

　　「無用之用」看起來流露出的是一種遊戲人生的玩世態度，似乎失去了對現實世界的抗爭，但這只是接觸到了表層現象而已。莊子骨子裡對這個世界的徹底否定以及決絕的反叛精神，是需要細細品味才可以領悟得到的。

第十二章 「遊」於夾縫間

第十三章　大宗師的前世今生

　　莊子很喜歡用一組組群像去闡釋他汪洋自恣以適己的思想。〈逍遙遊〉中有群鳥、群蟲與群樹，〈齊物論〉中是人籟、地籟、天籟，〈人間世〉中推出的是形形色色的文人士子以及千姿百態的樹，〈德充符〉中則展現了一個個惡駭天下的醜者、畸人，〈大宗師〉中有古之真人、視「死生為一體」的同道之友以及孔子、女偊、許由等師者，〈應帝王〉中說的是齧缺、肩吾、天根等人以及南海、北海、中央「三帝」。每一篇中出現的群像或獨立訴說一段故事，或相互交叉，以不同的面目、從不同的角度闡發共同的主題。如〈逍遙遊〉以鯤鵬、蜩、學鳩、斥鷃等的「有所待」渲染至人、神人、聖人的「無待」，〈人間世〉中那些「中道而夭」的有用之樹象徵著那幾位出仕文人士子的命運，〈德充符〉以渲染畸人、醜者的人格魅力說明只有有德之人才可以「知其不可奈何而安之若命」。這一組組群像，無論以什麼形式出現，彼此之間的關係都比較清晰，唯一例外的是〈大宗師〉。〈大宗師〉中也描述了好幾組群像，可是群像之間的關係卻迷離恍惚。這一篇的篇名是「大宗師」，乍一看，似乎其中提到的人物個個都是大宗師，處處在說大宗師，可是具體落實到這幾組不同的群像身上，究竟誰是大宗師？大宗師是指「道」，指真人，還是女偊與許由？或者是那幾位「相視而笑，莫逆於心」的「奇人」？而且，莊子極其高調地以對「真人真知」的讚頌開篇，卻以悲傷悽慘的子來若歌若哭的哀聲結束，這其中又寄寓了什麼樣的深意？

第十三章　大宗師的前世今生

一、大宗師指什麼

我們知道〈大宗師〉的篇名並非出自莊子，內篇中也從未出現過「大宗師」這三個字。所以「大宗師」究竟是什麼意思，也是個見仁見智的話題。有記載的第一位解釋「大宗師」的是崔譔。他說：「遺形忘生，當大宗此法也。」（郭慶藩《莊子集釋》）意思是說「大宗師」宗的就是忘卻人的形骸，把死生看作一體，也就是「道」的境界。這樣解釋的話，「大宗師」指的應該是「道」。稍後，郭象也說，「大宗師」是天地萬物以「無心」的心境來尊崇、師法的對象。「無心」就是「無我」，指的應該還是「道」。較早明確提出「大宗師」就是「道」的是宋人林希逸，他說：「大宗師者，道也。」（《莊子口義》）此後，雖然仍有莊子學者對「大宗師」的解說存在異議，但「大宗師」指「道」的說法一直占據著莊學的主流。

那麼，「大宗師」究竟是不是就是「道」呢？如果孤立地看〈大宗師〉中許由對意而子所說的「吾師乎！吾師乎！韲萬物而不為義，澤及萬世而不為仁，長於上古而不為老，覆載天地刻雕眾形而不為巧」，似乎大宗師就是「道」。而且許由緊接著又發表了一番對「道」的讚美，認為就連受儒家仁義是非戕害甚深的意而子也有可能在「道」的熔爐中療好所受的創傷。這樣一來，許由所說的「吾師乎！吾師乎！」就被許多學者解成了「我的大道啊！我的大道啊！」

的確，莊子在〈大宗師〉中系統而全面地描述了「道」，但問題是，《莊子》中從來沒有出現過以「道」為「師」的說法。更重要的是，許由所說的「師」意為「尊崇」，「吾師乎！吾師乎！」只是說他為什麼尊崇道，並不是說道就是他的「師」。而且，就「大宗師」的字面意思來看，「宗」指的是「尊崇」，如《詩經·大雅·公劉》中的「食之飲之，君之宗之」。「師」就是師者、老師，如〈德充符〉中的「丘將以為師」，〈天地〉中的「堯之師曰許

由」等。「大宗師」的直白解釋就是最值得敬仰、尊崇的老師。

　　莊子在〈大宗師〉中描述「道」的特徵時說，道「無為無形，可傳而不可受，可得而不可見」，如果「道」是「無為無形」的，「道」自身怎麼充當老師的角色呢？而且如果「道」、「可傳」、「可得」的話，一定是需要透過「師」來傳，人也要透過「師」來得，〈德充符〉中出現過幾位教弟子修德得道的老師，他們實際上擔負著的，正是傳道解惑的重任。而〈大宗師〉緊承〈德充符〉而來，正好要說的就是什麼樣的人才擔當得起傳道的重任，才算得上是「大宗師」。

　　現在我們回過頭來，把許由所說的「吾師乎！吾師乎！」還原到他說此話的背景中，看看他到底要說什麼。許由原來不認為意而子有學道的可能，認為他已經被仁義是非施了墨刑、劓刑，是不可能理解「道」的，但他最終又為意而子的誠意所打動，表示自己雖然不知道意而子是否真的能遊於「道」的境界，不過還是願意為他解說什麼是「道」，這才有了「吾師乎！吾師乎！」的感嘆。根據上下文來看，許由的「吾師乎！吾師乎！」是說意而子以前尊崇的是仁義，而自己尊崇的是「道」。為了解釋「道」，才有了「道」能調和萬物而不為義，澤及萬世而不為仁，存在於上古之先而不算老，覆天載地、創造了萬物的不同形態卻不顯示其巧的一番議論。可見許由「吾師乎！吾師乎！」的意思不是說大宗師就是「道」或者我的老師是「道」，而是說我所尊崇的是「道」。

　　「大宗師」，顧名思義，指的是有所建樹又能自立一派、受人尊崇的老師。那麼，在〈大宗師〉中，什麼樣的人才稱得上是「大宗師」呢？

　　與先秦諸子其他人相比，《莊子》中寫到的老師不可謂不多。如〈逍遙遊〉中堯在藐姑射之山所見的四子，〈齊物論〉中的南郭子綦、長梧子，〈人間世〉中的孔子，〈德充符〉中的王駘、伯昏無人，〈大宗師〉中的女偊、

許由等,都稱得上是老師。特別是王駘,莊子說他不但教學方法獨特,而且十分受人追捧,前來就學的弟子足以與孔子「中分魯」。可是他們之中究竟誰是大宗師,或者他們是否擔當得起大宗師的重任,莊子都沒有說。

二、真人、真知與古之人

既然「大宗師」三字始終不曾出現在《莊子》全書中,我們不妨暫且存疑,先來看看〈大宗師〉一篇到底說的是什麼。

〈大宗師〉開篇並沒有任何涉及「師」的議論,而是首先提出了與「師」相關的「知」的問題:

> 知天之所為,知人之所為者,至矣。知天之所為者,天而生也;知人之所為者,以其知之所知以養其知之所不知,終其天年而不中道夭者,是知之盛也。

大意是說了解自然的作為,也了解人的作為,是認知的極致。了解自然的作為,就是理解天地萬物都是自然而生,不是人為的力量所能改變的;了解人的作為,是以人所掌握的知識,來滋養人所尚未掌握的知識,這樣來盡享天年而不致中道夭折。人的認知能達到這個程度,可以說也就達到鼎盛了。

值得注意的是,莊子在這裡非但沒有否定「知」,反而說這兩種「知天之所為,知人之所為」的「知」是「至矣」、是「知之盛也」。這是此前莊子對「知」以及有「知」之人從未給予過的正面評價。我們知道,從〈逍遙遊〉開始,到〈齊物論〉,再到〈養生主〉、〈人間世〉,莊子一向不喜歡所謂「大知」、「小知」,更不把他們的「知」放在眼裡,甚至說「吾生也有涯,而知也無涯。以有涯隨無涯,殆已;已而為知者,殆而已矣」(《莊子·養

生主》)。在〈人間世〉中莊子索性把「知」比作「凶器」:「德蕩乎名,知出乎爭。名也者,相軋也;知也者,爭之器也。二者凶器,非所以盡行也。」但是到了〈大宗師〉,畫風突變,莊子居然說「知天之所為,知人之所為者,至矣」,還說「是知之盛也」,這是怎麼回事呢?

顯然,莊子對「知」並不一概否定。在莊子看來,「知天」與「知人」的「知」還是有價值、有意義的。儘管如此,這樣的「知」仍然「有患」,也就是說仍然存在著弊端。原因在於這樣的「知」是根據所憑藉的對象而產生的,並由此來判斷「知」是否正確。但是「知」所憑藉的對象時時處於變化不定的狀態之中,在不確定的狀態中,又怎麼去判斷一個人所說的「天之所為」不是「人之所為」?怎麼去判斷「人之所為」不是「天之所為」?由此可知,這樣「有患」的「知」以及有此「知」的人一定不會與莊子心目中的大宗師有關。

在指出有正面意義的「知」仍然「有患」之後,莊子終於點題了:

且有真人而後有真知。

「真人」與「真知」是莊子在內篇中第一次使用的概念。莊子分別在「人」與「知」前冠以「真」字,以示這樣的「人」和「知」與前文所提及的「知」以及有「知」之人是有著根本區別的。至此,我們總算可以明白莊子在〈大宗師〉開篇大談「知」的真正原因了,原來他是要為〈大宗師〉一篇的主題「真人」與「真知」做鋪陳。

有意思的是,莊子說先有「真人」才有「真知」,就是說「真知」是「真人」與生俱來的,只有「真人」才有「真知」,其他所有的「知」都不屬於「真知」。這也意味著〈大宗師〉開篇所說的有「知」之人,儘管其「知」、「至矣」、「盛也」,卻既不是「真人」,也不具備「真知」,都被排除在了「真人」與「真知」的門檻之外。

第十三章　大宗師的前世今生

　　那麼，什麼樣的人才是「真人」？莊子同樣提出了這個「何謂真人」的問題，然後他便用了一連串的「古之真人」如何如何，細緻入微地從各個不同的角度、不同的側面為「真人」畫像。莊子的這段自問自答是很值得細細揣摩的。原本第一句分明問的是「何謂真人」，可是回答卻落在了「古之真人」上。同樣是「真人」，難道還有古今之分？這裡會隱藏著什麼深意嗎？這不由不讓我們聯想起莊子在〈齊物論〉中讚美過的「古之人」：古時候的人，其「知」已經到了極致。什麼是極致的狀態？就是沒有物的概念，不知道世上存在萬物的差別。後來，人們有了物的觀念，卻不知道物與物之間的界限。再後來，人們意識到物與物之間的分別，卻對萬物沒有是非功用的判斷。莊子所說的「古之人」指的是生活在沒有是非、萬物一齊的時代，與「道」同一、內心純樸、沒有機心的人，他們的「知」是「至矣，盡矣」的「知」，是與「道」融合為一的「知」，也就是〈大宗師〉中所說的「真知」，而〈齊物論〉中的「古之人」也就是〈大宗師〉中所說的「古之真人」。

　　在莊子生活的戰國時期，絕大多數人沉溺於「與物相刃相靡，其行盡如馳，而莫之能止」（《莊子·齊物論》）的生活狀態無力自拔，因而「終身役役而不見其成功，苶然疲役而不知其所歸」（《莊子·齊物論》）的悲劇結局是命中注定的，但是在眾人皆醉的環境中，是否仍有著「古之人」純真純樸的「真人」以及「真知」存在呢？回答是肯定的。一定有。這也是為什麼莊子在談到真人時，有時標明是「古之真人」，有時又直接用「真人」。也就是說，在莊子心目中，「古之真人」與「今之真人」是一脈相承的。「今之真人」是「古之真人」的延續，「古之真人」是「今之真人」的先驅與楷模。毫無疑問，無論是古之真人還是今之真人，他們都是那些真正領悟了「道」，心靈未曾被是非、成心等扭曲、汙染的人。

三、真人就是大宗師嗎？

真人，應該說是莊子最為欣賞的一個極為特殊的群體，他們與聖人、神人、至人在精神上是相通的，都屬於真正領悟了「道」、與「道」融為一體的楷模，但是聖人、神人、至人逍遙地遊於「無何有之鄉」的理想境界，遙不可及。而真人與他們最大的不同，就在於真人是真真實實地生活於現實世界之中，是每天必須與柴米油鹽打交道的真實的人，他們自然也就得到了莊子的格外青睞。

相對於惜墨如金地談論聖人、神人與至人，莊子一說起真人來，卻是洋洋灑灑，滔滔不絕，不吝筆墨，用一種極為高調的方式把真人推介出來。我們可以看到，在〈大宗師〉中，莊子幾乎是一口一個真人，從古說到今，不但追溯、查閱了真人祖宗八代的檔案，還花了好幾大段文字描述真人的超凡脫俗、真人的不同凡響、真人的人格魅力，真是極盡稱讚之能事。

現在我們不妨來欣賞一下莊子是怎麼把真人隆重地推到臺前的：

何謂真人？古之真人，不逆寡，不雄成，不謨士。若然者，過而弗悔，當而不自得也。若然者，登高不慄，入水不濡，入火不熱，是知之能登假於道者也若此。

莊子說，古時候的真人，不拒絕少數，不以成功示人，不費心竭力去招攬天下士子。這樣的人，有過錯時不懊悔，有成就時不自傲。他們登高不覺得恐懼，入水不會打溼身體，居於大火之中也不會覺得熱。只有「知」能昇華到與「道」為一境界的人才能如此啊。莊子給真人做的這一番總結性的描述，貌似拉西扯，好像思路並不那麼清晰，概括得也不夠簡明扼要，可是這就是莊子的寫作風格，恣肆汪洋，天南海北，但其中隱含的基本思

第十三章　大宗師的前世今生

想卻始終如一,都是在說真人已經超越了一切世俗社會的限制與束縛,其「知」與「道」自然地融合在一起,真人所具有的「登假於道」的「知」便是「有真人而後有真知」的「真知」。而且由於真人的真實純粹,他們不會為外界的任何東西所改變,不會去計較是非得失,不會費盡心思地去追名逐利,他們的內心永遠是平靜的、純樸的。這就是真人。

當然,上述描述還僅僅是對真人做出的一番粗線條的勾勒,更精緻的細節描摹,還要看莊子是怎麼比較真人與眾人的:

　　古之真人,其寢不夢,其覺無憂,其食不甘,其息深深。真人之息以踵,眾人之息以喉。屈服者,其嗌言若哇。其耆欲深者,其天機淺。

就是這樣簡簡單單的幾筆,是不是已經很能見出真人與眾人之間的天壤之別?真人睡覺時不會做夢,醒來時沒有任何煩憂,他們飲食不求甘美,呼吸極為深沉。真人呼吸運氣之深,可以深至腳跟,而眾人卻只可以用喉嚨呼吸。在爭辯中被人屈服的人,底氣不足,話常常堵在喉嚨裡吭吭哧哧說不出來。而奢求欲望太多的人,往往由於眼皮子太淺,不會有得道的機緣。

真人不僅與「眾人」、「屈服者」以及「其耆欲深者」對比鮮明,更與〈齊物論〉中所描述的「大知」、「小知」的人生形成了強烈的反差。莊子在這裡提出的是兩種截然不同的人生態度。真人對世俗社會的一切都不感興趣,沒有任何的機心,也沒有任何世俗人所擁有的欲望,他們清心寡慾,因而活得從容閒適,輕鬆淡定;而眾人卻為世俗社會中種種觀念、習俗、傳統所束縛,或者活得戰戰兢兢,整天憋屈壓抑著自己,或者深陷慾海,熱衷於紙醉金迷,喪失了人的靈氣。在這裡,莊子將生活於現實世界的真人與眾人放在一起相互比照,一定不是隨意為之的,其用心應該與莊子一貫的對眾人的悲憫之心有關。莊子是要藉此讓我們感受到眾人與真人之間

的差距其實也並非那麼遙遠，他要告誡我們，不必執迷於外物，凡事要想得開！

對於古人來說，生與死，始終是一個讓人十分困惑又頗感恐懼的話題，真人同樣也不能不面對這個人生最無解的過程。莊子要推出真人作為人們的楷模，就不能迴避這個人生至關重要的問題。在對待生死的問題上，真人又有著怎樣的表現呢？《莊子‧大宗師》載：

古之真人，不知說生，不知惡死；其出不訢，其入不距。翛然而往，翛然而來而已矣。不忘其所始，不求其所終；受而喜之，忘而復之，是之謂不以心捐道，不以人助天。是之謂真人。

果然，莊子說真人不知道為生而喜悅，也不知道對死表示厭惡。他們出生不欣喜，死去不抗拒。無拘無束、自由自在地到來，也無拘無束、自由自在地離去，僅此而已。他們沒有忘記自己從何而來，也不追求最終的歸宿。他們欣然接受一切，忘掉生死而回歸自然。他們不會用個人的心智去損害「道」，也不會用人為的努力去助力自然。這就是真人。真人完全是以一種輕鬆豁達的心態來看待生死的。真人面對生死，就像每天都要經歷的「出」與「入」、「往」與「來」、「始」與「終」那樣稀鬆平常。對於真人，活著，不值得特別欣喜得意慶賀；將死，也不會一天到晚憂心忡忡，千方百計地抗拒。在真人那裡，生也好，死也罷，一切都可以聽之任之，無動於衷。有了這樣的「真知」，自然就不會「以心捐道」，就可以與道為一了。

真人對待生死是如此的豁達淡然，在接人待物上也是別具一格：

若然者，其心志，其容寂，其顙頯；悽然似秋，煖然似春，喜怒通四時，與物有宜而莫知其極。

莊子說像真人這樣的人，用心專一，沒有雜念。他們的容貌安閒寧靜，

第十三章　大宗師的前世今生

神態端正質樸。冷靜時讓人感覺像是秋天,溫和時讓人感覺如同春天;真人的喜怒哀樂就如四季的變化一樣自然,他們與自然萬物相處適宜,沒有人能知道真人的極限究竟在哪裡。真人是自然的人。他們也有常人的喜怒哀樂,但真人的喜怒哀樂與常人的最大不同,在於常人的喜怒哀樂往往是為一己之得失,為是非之爭而喜、而怒、而哀、而樂,而真人的喜怒哀樂卻是順應自然,與自然相通,與道相通,是道的自然顯現,所以真人才能「與物有宜而莫知其極」。

總之,真人就是這樣獨特的得道之人。有關真人,莊子一口氣說了這麼多,可是說了半天,還是沒有告訴我們真人究竟是不是大宗師!這才是我們最為關心也最急於找到答案的問題。別急!其實,莊子在對真人所作的第一段描述中,就已經透露出真人就是大宗師的重要線索。還記得嗎?莊子在描述真人時說過真人「不謨士」。所謂「不謨士」不就是說真人不去招攬天下學子,而天下學子卻會被真人的「真知」所吸引而歸入門下?![17]在這一點上,真人是不是與〈德充符〉中的王駘與伯昏無人很有幾分相似?

莊子還說,作為大宗師的真人,必須要能為人師表,而且只以身教,不用言教。這不就是王駘的「立不教,坐不議」的「不言之教」!莊子這樣說道:

古之真人,其狀義而不朋,若不足而不承;與乎其觚而不堅也,張乎其虛而不華也;邴邴乎其似喜乎,崔乎其不得已乎!滀乎進我色也,與乎止我德也;厲乎其似世乎!謷乎其未可制也;連乎其似好閉也,悗乎忘其言也。

---

[17] 郭象《莊子注》:「縱心直前而群士自合,非謀謨以致之者也。」成玄英《莊子疏》:「虛夷忘淡,士眾自歸,非關運心謀謨招致故也。」

這段話說得有些深奧。可既然是大宗師，總得說得深奧些才能顯出大宗師的身分吧！真人是怎樣為人表率的呢？他公允矜持，不結朋黨，自己如有不足，也不承受別人的恩賜；他獨立不群卻不固執，胸襟開闊但不浮華；他神情開朗像是很高興，一舉一動又像是不得已而為之；真人內心充實，容顏可親，德行寬厚讓人樂於歸依；襟懷博大猶如世界般廣闊，高遠超邁不受任何限制；深沉靜默像是沉醉於自我封閉，無心處世的樣子又像是忘了自己要說什麼。這裡最能透露玄機的，則是「與乎止我德也」，意思是以自己的品德吸引人前來歸依。如果我們按照莊子對真人的描述按圖索驥的話，不光〈德充符〉中的王駘、伯昏無人屬於真人之列，擔當得起大宗師的重任，〈大宗師〉中提到的女偊、許由，也是現實世界中堪稱大宗師的真人。

四、大宗師的今生

　　正由於大宗師是真實地生活於現實世界的真人，莊子特別指出他們的生活環境不是像藐姑射之山那樣虛無縹緲的幻境，而是實實在在的現實世界。他們與常人一樣，不能超越或者脫離現實世界而存在，他們仍然需要利用一切可以與現實社會周旋而又不違背本性的種種權宜之計。因此，莊子先要真人成為人間的榜樣，榜樣的力量是無窮的。唯其如此，真人才能以其「德之至」吸引眾人，只有吸引了眾人前來歸依，真人的「真知」才能逐漸為人所了解、所接受。

　　為了達到這個目的，莊子認為真人是可以利用現存的社會觀念作為「舊瓶」來裝「新酒」的，所以真人選擇了用以維繫社會穩定的「刑罰」、「禮儀」、「知識」、「道德」這四種基本範疇，並在這四項的基礎上加以發

第十三章　大宗師的前世今生

揮，同時又保持著自己的獨立性。

（真人）以刑為體，以禮為翼，以知為時，以德為循。以刑為體者，綽乎其殺也；以禮為翼者，所以行於世也；以知為時者，不得已於事也；以德為循者，言其與有足者至於丘也，而人真以為勤行者也。

什麼意思呢？真人以刑罰當作主體，以禮儀當作羽翼，以智慧判定時機，以道德作為遵循的準則。為什麼要這樣？以刑罰為主體，就能遊於羿之彀中而不被射中；遵循社會現存的禮儀，就能行於世而不為人所詬病；以自己的智慧順從於時代的變化，就能知其不可奈何而安之若命，遊於世界；以道德作為自己的行事準則，就能與有腳的人一起登上山丘。而在他人眼中，真人不過是勤於行走的人罷了。注意一下，莊子這裡所說的刑、禮、知、德等概念，用的全是世俗意義上的。任何人，包括真人，如果要想避開羿之箭，就不得不「以刑為體，以禮為翼，以知為時，以德為循」，唯其如此，才能保身、全生、養親、盡年，也才能真正擔當起以德化人的重任。

真人，也就是大宗師，如果只憑著莊子勾畫出的肖像來看，他們的確是眾人之師，活得十分豁達瀟灑，一副不食人間煙火的樣子。可是無論真人表現得如何與眾不同，如何不同凡響，他們畢竟得生活於現實世界之中，而世俗社會的一切禮儀規範、行為準則都是不容改變、實實在在的存在，無時無刻不以一種無形的力量制約著這個社會所有的人，就連真人也不能倖免。也就是說，不管你的政治理想、人生追求是什麼，是道也好，仁義也好，兼愛也好，還是什麼別的，倘若你背離了現存的刑、禮、知、德的約束，就算你僥倖沒有倒在羿之箭下，也必定是寸步難行。莊子的哲學的確充滿了富於思辨的形而上，似乎是天馬行空，無拘無束，但當莊子回望現實的時候，他不但要眾人遊於社會的夾縫之間，就連他精心打造的

真人也不得不對現實表現出一定的妥協，或者說是不得不採用一種更為靈活的策略。這就是大宗師的今生，或者說是「今之真人」。

當然了，莊子總是有一番說辭來證明這樣做與「道」的學說的一致性以及在現實中的可行性，更何況，做思辨性的闡述一向是莊子的特長。

故其好之也一，其弗好之也一。其一也一，其不一也一。其一與天為徒，其不一與人為徒。天與人不相勝也，是之謂真人。

莊子的切入點仍然是他所最為重視的「道通為一」的學說，這使得他看待這個問題的角度也十分獨特。莊子的看法是，對於世間的萬事萬物，自然也包括刑、禮、知、德等，人們喜好也好，不喜好也罷，萬物終歸齊一。你認為萬物齊一，自然萬物齊一，你不認為萬物齊一，仍然是萬物齊一。能夠了解到萬物齊一，那你一定與天、與自然同類；如果認為萬物並不齊一，那你一定與人同類。能了解到人與天、與自然之間的關係並非是對立的，也不是相互超越的，並且能把這樣的「真知」傳遞給眾人，這就是「真人」。

這裡莊子提出的所謂「天與人不相勝也」，實際上就是「萬物一齊」、「道通為一」思想的又一種詮釋。天是什麼？天就是自然，包括世間萬物，所以天與人的關係，也就是自然萬物與人的關係。看到這裡，我們不能不佩服莊子的先知先覺！早在兩千多年前，莊子就已經看到了自然與人之間的關係不應該是相互對立、相互克制的，而應該是相互包容、和諧共存的。也就是說莊子是從人與萬物和諧相處的基本點出發，來確認「真人」對這個社會的一切，包括刑、禮、知、德等，都可以本著「其一也一」的認知，順從它，而不做任何的違抗。出此出發，作為大宗師的真人也就能容得下天下各式各樣的人，擔負起與所有「有足者」一起「至於丘」的使命。

第十三章　大宗師的前世今生

古之時，人人都是真人，物、我、天、人之間沒有分別，那時的人本身就生活在一個理想的世界，自然也不需要有大宗師來引導、陪伴他們。然而，如今時代變了，人心不古，「今之真人」生活在一個眾人皆醉的世界，再也回不到「古之真人」的時代了。如果有人渴望得到解脫，企盼找到一條出路，就需要有人去指引，去陪伴，而大宗師正是這樣的領路人。於是我們看到，擔當起領路職責的大宗師不是來自於理想世界的虛構人物，而是現實社會中的真人，〈德充符〉中能與孔子「中分魯」卻被砍去了一隻腳的兀者王駘、申徒嘉與鄭子產的老師伯昏無人，還有〈大宗師〉中向深受仁義是非毒害卻仍有心向道的意而子傳道的許由等便是真人的代表。

五、大宗師的使命

任何人，哪怕你是曾受過刑罰被砍去腳的犯人，或者是相貌極其醜陋、備受歧視的下層百姓，哪怕你曾經誤入歧途熱衷於仁義是非，只要有心修德得道，大宗師對你都會一視同仁。在大宗師面前，人與人之間沒有區別，誰也不比誰高一頭，誰也不比誰矮三分。〈養生主〉中那位身為六卿之首的右師，曾經也是遭受過刖刑的罪犯，但他卻淡定地把自己的遭際歸結於上天注定自己只會有一隻腳，對自己的命運毫無怨憤。莊子這樣介紹右師，實際上就是要告訴所有遭受過刑罰的人，只要跟隨大宗師，潛心學道修德，人人都可以養生盡年！

莊子心目中的大宗師，擔負著重塑人們靈魂的神聖使命，於是在〈德充符〉中莊子推出了一系列的兀者、畸人、醜人，他們或者已經成為可以授徒傳道的大宗師，或者是正在追隨大宗師修德學道的莘莘學子。

五、大宗師的使命

莊子打造的第一位名副其實的大宗師就是已經與我們多次見面的兀者王駘。這位能與孔子平分秋色的大宗師，也是孔子時代的真人，居然曾蹲過大獄，受過刑罰，可就是這麼一個人，卻擁有巨大的人格魅力。魯國有一半的學子追隨孔子，而另一半都匯聚在了王駘門下。他教學生的方法極為神奇，而學子卻可以「虛而往，實而歸」。孔子說，像王駘這樣的老師，就是聖人啊，連他自己也願意拜王駘為師，更何況那些遠遠不及孔子的人呢？孔子還表示，別說是魯國，他還要引領天下所有願意學道的人跟隨王駘。看，這就是大宗師擋也擋不住的魅力！

《莊子》中第一位出現的兀者右師為高官，第二位出現的兀者為眾學子的師長，奇怪嗎？不！莊子的目的就是要鼓勵人們追隨大宗師，忘卻形骸，從此不必再為自己的遭際而憤憤不平。除了這些受過刑罰的人，大宗師還特別關注那些生來醜陋、殘疾的畸人群體。在世俗社會中，他們恐怕是遭受歧視最多的又一個群體了。在他們面前，大宗師的一個重要使命就是要讓這些天生的醜人忘記自己形體的缺陷，堂堂正正地做回自己。

支離疏是一個身體已經極度變形的殘疾人，但他卻能比大多數人活得更快活、更得意，歸根結柢，就在於他壓根忘了自己是個殘疾嚴重的畸形人，完全不在乎自己形體的缺陷。還有那位「以惡駭天下」的哀駘它，不僅醜，還窮，又無權無勢，這樣的人，就是活在當下，恐怕也生存不易，更別說像娶老婆這樣的美事了。可是在莊子的世界，哀駘它非但沒有受到一丁點的歧視，反倒成了衛國人人追捧的香餑餑。十幾個還沒有出嫁的女孩為他的魅力所吸引，寧肯做其妾也不願嫁與他人為妻。更為誇張的是，哀駘它氣場之強大，連男人都被吸引得圍著他團團轉。後來，這個有點像天方夜譚的故事傳到了魯國，哀駘它竟受到了魯哀公的召見。一見面，魯哀公就被哀駘它的獨特人格強烈吸引住了，相交越久，魯哀公就越能發現

第十三章 大宗師的前世今生

哀駘他的魅力,以至後來發展到要把相國這樣的重任也一併託付給他。從莊子的描述中,我們可以看到,哀駘他之所以能從一個以醜聞名的人一躍成為衛、魯兩國的超級「明星」,大宗師的作用,功不可沒。

莊子對受過刑罰的人、畸人的描述,很有些「矯枉過正」的意思在,或許是因為莊子相信只有「矯枉過正」才是扭轉人們偏見的最為有效的手段,也可能是因為莊子要藉此來喚起社會底層人們特別是殘障人士的自尊。在莊子的時代,儘管「矯枉」得就是再「過」也未必真的能「正」,但莊子對殘疾人士的讚頌徹底打破了古往今來的傳統審美觀念,還是足以振聾發聵的。莊子以及他所打造的大宗師堪稱是中國歷史上最早為殘疾人、畸人疾呼的社會運動者。

六、真人的困境與絕望

身為大宗師的真人,不屑於追逐世俗的功名利祿,可以鄙視「舐痔得車」的榮華富貴,卻終究抵擋不了人要吃飯穿衣這一最基本的生存需求,連被後世奉為「南華真人」的莊子都曾不得不放下尊嚴、拎著口袋去監河侯家借糧,更何況那些從不曾有過漆園吏俸祿、始終在現實世界苦苦掙扎的更多的真人?真人在失去生活來源之後陷入的極度困境以及遭受的病痛折磨,是莊子不得不正視的一個冷酷無情的現實。

我們不能不說,「今之真人」王駘、伯昏無人、女偊、許由是大宗師中的佼佼者,他們是這個群體中的「珍稀動物」。在「天下熙熙,皆為利來;天下攘攘,皆為利往」的時代,能夠像鄭子產那樣在閒暇之餘追隨大宗師修德學道的人,畢竟屈指可數。真實的情況是,大宗師那裡經常是門前冷落車馬稀的,日子並不那麼好過。對於他們,莊子總不能視而不見!他固

然垂青王駘、伯昏無人、女偊、許由等真人，但最終注意力卻不能不放到生活陷入困境、飽受病痛折磨的如子祀、子輿、子犁、子來、子桑戶、孟子反、子琴張等真人身上。

喜歡莊子的人，欣賞的大都是他寫鯤鵬展翅時所顯示的博大高遠的磅礴氣勢，還有他對無拘無束、悠閒自在、逍遙遊式人生理想的嚮往，然而，人們往往忽略了莊子的另一面，這就是他在〈人間世〉等篇章中表現出的對黑暗醜惡現實的極度憤激、徹底的否定，在〈大宗師〉等篇章中對真人悲涼悽苦生活的困境以及他們的困惑所流露出的刻骨銘心的痛。

子輿病了，身體的病變使他的形體如同支離疏、哀駘他那樣，彎腰駝背，脊骨向上，面頰貼著肚臍，雙肩高過頭頂，髮髻朝天。子來去探望他，雖然子輿一見子來，便高興地說：「造物者真偉大，竟然能將我的身軀變成了這麼捲曲的樣子。」但當他趔趄著腳步走到井邊望見自己的身影，還是情不自禁地嘆道：「哎呀，造物主怎麼又將我的身軀變成了這個樣子？」真人都是真實的人，是人就無法擺脫病痛的折磨。「今之真人」是不可能像「古之真人」那樣「入水不濡，入火不熱」，百毒不侵的。從「偉哉」到「嗟乎」，再加上這個「又」字，不難看出子輿內心細微的變化，而子祀一句「你對你的樣子感到厭惡嗎？」的問話更坐實了子輿內心深處對「死生存亡之一體」的困惑。這說明子輿們雖然有著「死生存亡之一體」的堅強信念，一旦病痛實實在在地發生在自己身上，親身感受到貧病給自己帶來的痛苦，他們的心中並非波瀾不驚。

子輿內心的微妙變化，以及子祀對子輿的探望，都顯示出現實世界中的「今之真人」與藐姑射之山的「古之真人」的不同。同時也說明，人，即便是與「古之真人」一脈相傳的「今之真人」，也很難徹底擺脫現實對人的影響，人間煙火從他們面前飄過時也會在他們心上留下痕跡。真人真的沒

第十三章　大宗師的前世今生

有人情嗎？真人是不是就不需要人情？子祀的探望，其實也正是現實生活中人情在真人世界中折射出的一道側影。還有那一句「女（汝）惡之乎」，既流露出子祀對道友心態變化、對「死生存亡之一體」信念產生動搖的隱憂，也飽含著在艱難的時刻道友之間的相互勉勵與關心。

真人也是人，大宗師內心也有動搖、絕望的時刻。這不僅是子輿片刻的動搖與絕望，實際上也是莊子本人片刻的動搖與絕望。不然的話，〈大宗師〉不應該在這樣一種悲愴淒涼的氣氛中結束。

子輿與子桑是同道之友。連綿不停的雨下了十來天，子輿知道子桑家糧食所剩無幾，病餓交加，於是裹了些飯食前去探望。還沒走到子桑家門口，就聽到子桑彈著琴如歌似哭的聲音：「爹啊！娘啊！天啊！人啊！」子桑的聲音斷斷續續，微弱無力。子輿見到子桑後問他：「你這是在唱歌嗎？你怎麼會唱得像這個樣子？」子桑說：「我是在思索為什麼我現在身處絕境？是誰讓我落到了今天的地步？可是我想不出所以然來啊。難道是父母生下我就是要讓我這樣貧困嗎？天無偏私，覆蓋萬物；地無偏私，承載世上所有的一切。難道我生活於天地間，就是讓我遭受連肚子都吃不飽的貧困嗎？我是怎麼也想不明白啊。可我眼下正處於這樣的絕境之中，這就是命運的安排吧。」

子桑在快要餓死的時候，仍然將自己的貧困歸結於命運，甚至沒有對「道」產生絲毫的疑慮。在他生命的最後一刻，子桑仍不失一位真人的風範。可是，在子桑呼天搶地的悲嘆中，我們不但清清楚楚地聽到了他對現實的責難怨懟，而且還真真切切地感受到他對曾堅守的信念即將崩潰的悲哀。子桑難道不知道人應該「知其不可奈何而安之若命」嗎？可是「安之若命」的前提是能「活著」，對一個飽受飢餓、病痛折磨的真人，連活著的機會都沒有了，他又如何去「安之若命」？

當莊子把目光投向子桑這樣的真人時，我們特別注意到，莊子竟然沒有要子輿用「不知說（悅）生，不知惡死；其出不訢，其入不距。翛然而往，翛然而來而已矣」這樣的話來為子桑打氣，而且也不再用那麼斬釘截鐵的口氣發出「亡！予何惡！浸假而化予之左臂以為雞，予因以求時夜；浸假而化予之右臂以為彈，予因以求鴞炙；浸假而化予之尻以為輪，以神為馬，予因以乘之，豈更駕哉」的誓言，此刻的子桑既不像當年的子輿那樣灑脫堅定，也沒有了子祀等人「以無為首，以生為脊，以死為尻」那樣的超然豁達。

〈大宗師〉的結局究竟傳達出的是怎樣的訊息？難道莊子對自己傾心建造起來的「藐姑射之山」的逍遙遊境界最終竟產生了懷疑？人在藐姑射之山是可以「不食五穀，吸風飲露」的，然而，在子桑家，一切美好的幻想都無法化解飢腸轆轆的窘迫。可見藐姑射之山雖好，「無何有之鄉」雖令人嚮往，但畫餅充不了飢。對一步步走進現實的莊子來說，擺在面前的一個迫切需要解決的問題是，他將如何去調解理想與現實之間的尖銳衝突？在命運無從掌握的現實世界，無論是混跡於社會夾縫間，還是用「無用之用」的護身符保護自己，或者不分是非地虛與周旋，「處乎材與不材之間」地見機行事，真人似乎都已經走進了一條沒有退路的死胡同，從此再也無法擺脫自身的困境。在子桑的悲歌中，我們已經多多少少可以感受到莊子對自己的主張產生了一種走投無路的絕望與無奈，於是才會有「相呴以溼，相濡以沫，不如相忘於江湖」的歸路？

一篇〈大宗師〉猶如一部真人的傳記，莊子不僅以濃墨重彩為「古之真人」與「今之真人」畫出一幅幅精彩傳神的寫真像，而且一層層地展現了他們的人格特徵、精神意趣以及超凡脫俗的人生經歷。然而，莊子也不能不看到，真人以及他們所獨有的真知在現實世界中已日趨式微，莊子對

第十三章　大宗師的前世今生

真人和真知的禮讚與謳歌，實際上更像是一曲輓歌、一首悲歌。現實生活中真人所流露出的困惑、所陷入的人生困境，預示著「今之真人」已經越來越無路可走了。〈大宗師〉中所涉及的子輿、子桑等三組真人，莊子都在極力渲染他們「以生為附贅縣（懸）疣，以死為決潰癰」的獨特生死觀，說明莊子對人活在這個世界的最後一點幻想也破滅了。真人之死，大宗師之絕望，象徵著逍遙遊這一極具吸引力的理想境界僅僅存於文人士子的心靈之中。

莊子借真人子桑所唱的悲歌，將這一切都歸結為命，這是莊子在無路可走的情況下，不得不用命運來給人的最後一點安慰。盜蹠在走投無路時，可以選擇造反當盜匪，但莊子不可以，真人也不可以。莊子以及他傾注心血最多的真人最終只能聽命於「命」的安排。從莊子最初對真人以及大宗師的打造、推崇到最後為真人安排這樣悽愴悲哀的結局，說明莊子的心境也在一曲真人輓歌的迴盪聲中，一步步由高亢走向低沉，莊子的視線也越來越從令人神往的逍遙遊逐漸退回到無可奈何的現實世界。那麼，現在的莊子究竟是否還有路可走？如果有的話，他會走向何處？他還會有什麼辦法來與這個世界繼續周旋？

第十四章　藐姑射之山的坍塌

聞一多曾說「莊子是詩人，還不僅是泛泛的詩人」，的確，莊子以詩人獨特的熱情與迷幻的想像構築起了他詩一般的王國藐姑射之山，也創造出了生活在這個理想王國中的主角至人、神人、聖人。莊子渴望衝破現實捆綁在人身上的重重束縛，不食五穀，吸風飲露，遨遊於太極之上，探索於六極之下，「若夫乘天地之正，而御六氣之辯，以遊無窮」，這是多麼異想天開。難怪聞一多要用詩一般的語言形容莊子的詩人氣質：「他那嬰兒哭著要捉月亮似的天真，那神祕的悵惘，聖睿的憧憬，無邊際的企慕，無涯岸的豔羨，便使他成為最真實的詩人。」（《古典新義・莊子》）

然而，莊子更是哲人。即便在他以極高的熱情謳歌美好的勝景時，他的思維方式始終是屬於哲人的。「若夫」一詞便說明，人不可能乘天地之正，御六氣之辯；活在當下，沒有人可以「無待」，也沒有人可能「無己」、「無功」、「無名」。莊子清楚地知道，他所建構起來的理想王國與生活在這個王國中的人，自打一開始就像是水中月、鏡中花一樣，伸手一觸，便立刻支離破碎。

莊子的藐姑射之山，是他在對現實絕望，卻又尋不到出路的情況下，在緬懷上古歷史的想像中建造起來的。然而，那畢竟屬於一個誰也回不去的過去。於是我們看到莊子以詩人的熱情建起了藐姑射之山，卻又以他哲人的冷靜將其一點一點地擊碎，直至其轟然坍塌。《莊子》內篇實際上記述的就是莊子從傾心營造藐姑射之山開始，又眼見它一步步坍塌的全部的心路歷程。這個過程，是一個悲劇詩人從迷幻到清醒的心靈發展史，凝聚

第十四章　藐姑射之山的坍塌

了一位孤獨的哲人對社會、人生、生命、自然的全部思索，也記錄了一位偉大的文學家、哲學家從理想走向現實的嬗變。

一、藐姑射之山的象徵意義

藐姑射之山在《莊子》中僅僅出現過兩次，都見於〈逍遙遊〉。第一次是肩吾跟連叔聊天時特意提起的：

> 肩吾問於連叔曰：「吾聞言於接輿，大而無當，往而不返。吾驚怖其言，猶河漢而無極也；大有逕庭，不近人情焉。」連叔曰：「其言謂何哉？」曰：「藐姑射之山，有神人居焉，肌膚若冰雪，淖約若處子。不食五穀，吸風飲露。乘雲氣，御飛龍，而遊乎四海之外。其神凝，使物不疵癘而年穀熟。吾以是狂而不信也。」

莊子說話很喜歡繞圈子，明明要說的就是天底下有這麼個神奇的藐姑射之山，是超凡脫俗的神人居住的地方，卻偏偏先讓肩吾說他聽了接輿有關藐姑射之山與神人的傳言，聽得自己目瞪口呆，只覺得接輿說的都是些「大而無當」的一派狂言，好像是要糾正傳言一樣。莊子這樣的大肆渲染，當然不是隨意為之，目的就是要借接輿之口為藐姑射之山以及神人造勢，告訴人們，你們別不信啊，我說的可都是真的。莊子第二次提到藐姑射之山，是說堯去那裡見四子之後，便「窅然喪其天下焉」，全然變了一個人。顯然，藐姑射之山，是莊子心中一個神聖的理想之地。那麼，這個藐姑射之山究竟是怎麼來的？藐姑射之山的象徵意義又何在呢？

藐姑射之山，還真不是莊子的原創。莊子大概生怕我們也像肩吾一樣「以是狂而不信」吧，所以才特意要他的藐姑射之山有所本，有出處。據《山海經》說，姑射之山位於大海之中，山上住著一位神聖的人。天下太

一、藐姑射之山的象徵意義

平時，神聖之人就像堯舜一樣；假如遇到戰亂，不得不發兵征戰，他又如同商湯周武了。（成玄英《莊子疏》）莊子套用了這個傳說，恐怕就是要讓人相信藐姑射之山是一個真實的存在。但莊子畢竟是莊子，他又對這個傳說進行了加工改造，把姑射之山從遙遠的大海搬到了現在山西境內的「汾水之陽」，也就是堯為帝時建立國都的地方。這一下，姑射之山可就離人近多了。當然，莊子還不至於原封不動地照搬《山海經》，他又特意在山前加了個「藐」字。「藐」就是遠，這個改名的用意很值得玩味。海上的姑射之山不免虛無縹緲，遙不可及，而遷到「汾水之陽」，豈不可以妥妥地坐實這就是人間的堯都，讓人們感到藐姑射之山近在咫尺。而一個「藐」字卻又告訴我們，姑射之山並非舉足可至。

藐姑射之山最獨特的地方還在於居住在那裡的人，特別是那位極具魅力的神人：他肌膚如冰雪，輕盈純潔如處子，不吃五穀雜糧，完全不受世俗社會的局限，還可以讓萬物當然也包括人不再遭受疾病勞頓的折磨，能夠豐衣足食。雖然他為人類做了這麼多，卻從不把這些功勞當回事，不屑於為這樣的瑣事而費心勞神！不管天下發生了什麼，無論是人為的禍患還是自然災難，都不可能給神人造成任何的傷害。「之人也，物莫之傷，大浸稽天而不溺，大旱金石流、土山焦而不熱」，這樣的人，「其塵垢秕糠，將猶陶鑄堯舜者也，孰肯以物為事」。

除了神人以外，堯去見的四子也居住在藐姑射之山。這四個人究竟姓誰名誰，莊子沒有說，也不重要。重要的是，堯見過四人之後，就把自己的天下也忘掉了。堯在〈逍遙遊〉中第一次出現的時候，以為不要「功名」就夠了，於是一心要把天下讓給許由。而上過「汾水之陽」藐姑射之山的堯，一下子便悟出了天下之事乃至功名的「無所用之」，從此心中不再懷有「天下」，不再有「名」，也不再有「功」，終於把自己曾熱衷追求的天下

第十四章　藐姑射之山的坍塌

不再當作一回事了。

現在，我們不難看出藐姑射之山究竟有著怎樣重要的象徵意義了吧？藐姑射之山其實就是莊子的理想世界，是莊子「聖人無名，神人無功，至人無己」的「無待」的逍遙遊境界的象徵，也是莊子幻想出來的一個自給自足的「至德之世」，一個「一以己為馬，一以己為牛」（《莊子・應帝王》），「不夭斤斧，物無害者，無所可用」（《莊子・逍遙遊》）的理想聖地。在莊子所憧憬的社會，人人純樸專一，人與自然和諧相處，既沒有物我之分，也沒有君子小人之別，是一個「其德甚真」、不需要「經式義度」的烏托邦式的理想王國。（《莊子・應帝王》）

這，就是藐姑射之山的象徵意義。

那麼，藐姑射之山是不是就是莊子對理想的終極追求？這是一個很有意思也引人深思的話題。莊子的〈逍遙遊〉是以氣勢磅礡、場面宏大的鯤鵬展翅開篇的，對鵬的描述，也寫得精彩紛呈，動人心魄，但莊子是不是真的要藉此表現出一種對自由逍遙的嚮往？為什麼莊子僅僅說了這幾句之後，便出人意料地落到了否定意味十足的「有待」上？這個圈子繞得是不是有點太大了？實際上，莊子的真實目的是要用對鵬的斷然否定反襯出藐姑射之山以及神人的非同一般！試想，這麼驚世駭俗的鯤鵬都還是「有待」的，那麼藐姑射之山以及居住在那裡的聖人、神人、至人又該有著怎樣巨大的魅力？

藐姑射之山的象徵意義雖然足以說明莊子對他的理想國曾經有過怎樣美好的期待與嚮往，然而，莊子思想的最大價值其實並不在於創造了這樣一個看似自由、平等、美好的理想社會，讓人沉醉於幻想。固然，逍遙遊境界是令人嚮往的，但他的真正用意更在於藉助這樣一個不可能實現的理想王國作為對現實徹底否定的平臺，讓人們看到這樣一個理想王國是如何

在冷酷黑暗的現實面前一點點地坍塌，一點點地崩潰。

欣賞莊子的人多半注重的是莊子對於心靈自由的逍遙遊境界的追求與渴望，誤認為「水擊三千里，摶扶搖而上者九萬里」的鵬就是莊子逍遙自由思想的象徵。其實，如果我們隨著莊子的心路歷程，一路伴隨他走下去，就會發現，莊子在〈逍遙遊〉中搭建起了一個高高的理想平臺之後，他的心境就一步步地下沉，一步步地落到了冰冷黑暗的現實土壤上，他越是平視現實，心境就越發沉重壓抑。自〈齊物論〉開始，很明顯，莊子的憤激更多於熱情，抨擊更多於嚮往，孤傲更多於憧憬。到了〈人間世〉，莊子的視線完全由理性思辨轉向了現實世界，轉向了人生注定的悲劇命運，他的心路也發生了急遽的變化，從對現實的激烈的譏諷抨擊轉為傾訴對世界、對人生的無邊的絕望，由孤傲絕塵的清高轉為冷漠認命的遊世、混世，從對現實不堪忍受的決絕到因看透一切而不擇手段地周旋自保，有時甚至不得不以卑微的苟活來尋求內心片刻的安寧。莊子心路的轉變，預示著莊子的藐姑射之山早晚會在現實社會以及無解人生的雙重壓力之下徹底坍塌，也預示著莊子的靈魂最終無法擺脫悲劇結局的糾纏，而內篇最後一章〈應帝王〉中中央之帝渾沌之死，就證實了藐姑射之山最終的必然坍塌與不可避免的毀滅。

二、神人的變化

也許有人要問，你憑什麼說莊子的理想聖地藐姑射之山最終在莊子心中坍塌了？這麼說有什麼根據嗎？是的，只要我們看看莊子曾那麼傾心的神人、至人、聖人這三類理想人物的變化，看看他們悲劇性的命運與結局，就足夠了。

第十四章　藐姑射之山的坍塌

還記得〈逍遙遊〉中的神人是多麼的不同凡俗吧？他十全十美，吸風飲露，簡直就是莊子想像中的超人。然而，當神人在〈人間世〉中再次現身的時候，他絲毫沒有了昔日耀眼奪目、炫人的風采，精神面貌也全然不同了。甚至這一次他的出場連個正面的亮相都沒有，只是透過南伯子綦之口，以比喻的方式進入畫面的：南伯子綦正在莊子老家商丘附近閒逛，看到一棵參天大樹很是驚奇，仔細審視一番之後發現這棵大樹不但「不材」，還渾身充滿毒素，於是南伯子綦突然聯想到了神人，感慨地說，原來神人就像這棵大樹一樣「不材」啊！

讀到這裡，人們一定想要知道這棵被喻為神人的大樹，是棵什麼樣的樹了。畫風竟然是這樣的：大樹的樹枝彎彎曲曲，樹幹疙疙瘩瘩，奇醜無比。假如去舔一下樹葉的話，人的口舌立刻會潰爛；就是聞一聞氣味，也能讓人大醉一場。就是這麼一個又醜又臭又有毒的形象，怎麼竟會用來比喻那位「肌膚若冰雪，淖約若處子」的神人呢？這個商丘之木與藐姑射之山的神人之間相距何止是天上地下？可是，南伯子綦實實在在地就是拿商丘之木來比喻神人的，或者說是拿神人比喻商丘之木的。

不信的話，我們還可以接著往下看。

可以說南伯子綦「嗟乎神人，以此不材」的感嘆是從正面闡發了何謂「不材」之用，告誡人們要想活命，就要做到「不材」。緊接著莊子又從反面繼續加以論證，說宋國的荊氏之地適於生長楸、柏、桑三種樹木，可是這些樹木都無法終其天年，它們在生長中便遭到斧斤砍伐而夭折。這一正一反的兩個例子都是用來說明做有用之材是人生的最大禍患。

莊子說「不材」、「無用」時的心情是非常沉重的，他以此來警示那些幻想有用成材以建功立業的文人士子，你們處處炫耀顯露自己的才華和能力，結果必定是事與願違，甚至會丟掉卿卿性命。說到這裡，莊子再一次

二、神人的變化

把神人推到了人們的面前:「故解之以牛之白顙者與豚之亢鼻者,與人有痔病者,不可以適河。此皆巫祝以知之矣,所以為不祥也,此乃神人之所以為大祥也。」祭河之時需要把選中的牛、豬、人等祭品投入河中供河神享用,但白色額頭的牛、鼻孔朝天的豬還有患痔瘡的人都被認為不祥,所以不會被選來祭河。對主持祭祀的巫祝來說,用有缺陷的牛、豬、人做祭品是不祥的,但在神人看來,它們因未被選中做祭品而得以保全性命,這是大祥。這一次的神人,其色調仍然是灰暗的,不但仍然絲毫沒有顯露出「乘雲氣,御飛龍」的神采與風光,而且所關注的對象也愈發卑微,愈發低下了。

問題是,神人究竟怎麼會變成了這副模樣?莊子到底想要說什麼?為什麼他要把曾經不食人間煙火的神人貶到人世間,不但自身形象失去了往昔的風采,他所關注的對象也變得那麼卑微?此刻的神人,雖然內心仍然有著「孰弊弊焉以天下為事」、「孰肯以物為事」的清高與孤傲,但很明顯的是,他的關注點已經從逍遙的「遊心」轉到了如何確保生命得以「終其天年」,不至於「中道之夭於斧斤」上。「遊心」固然美好,讓人愉悅,但是如果性命不保,人又去哪裡「遊心」呢?莊子雖然一向對生死看得很透,有時甚至表露出「生不如死」的偏激,但莊子始終對生命是極為珍惜的,倘若人對這個世界無可奈何的話,保命就成了唯一的選項。

藐姑射之山的神人與〈人間世〉中的神人所呈現出的兩種截然不同的風貌,神人的精神意趣所發生的天壤之別的變化,莊子一定是寓有深意的。在莊子心目中,神人是文人士子的象徵,也是社會重臣的象徵。對神人來說,最重要的是建功卻又不以功為功,這才是真正的「神人無功」。在藐姑射之山,神人之「功」是「使物不疵癘而年穀熟」,而在人間,神人同樣有「結駟千乘,隱將芘(庇)其所賴」之「功」。擔負著相似的使命,

第十四章　藐姑射之山的坍塌

為什麼現實世界中的文人士子會變成了這樣一副樣子？他們究竟遇到了什麼樣的人生難題、陷入了什麼樣的生存困境才導致他們的精神面貌發生了如此重大的改變？

現在我們就來看看莊子是怎麼說的。

三、跌下神壇的神人

以「商丘之木」為代表的現實世界中的「神人」與藐姑射之山的神人相比，其面貌、心態所發生的變化是顯而易見的，這與文人士子在現實社會中遇到的一系列的生存難題、性命攸關的處境密切相關。我們知道莊子在〈人間世〉中展示了一幅文人士子的出仕長卷。這其中，有意氣風發、積極入世、一心一意要拯救衛國百姓於水火之中，最終卻不得不打消念頭的顏回；有尚未出使就已經為政壇的險惡嚇得心驚肉跳、「朝受命而夕飲冰」，卻又深知「無所逃與天地之間」的使者葉公子高；有不得不做殘暴的衛靈公的太子傅而無時無刻不處於或「危吾國」或「危吾身」兩難境地的顏闔；有呼喚著「已乎已乎，臨人以德！殆乎殆乎，畫地而趨！迷陽迷陽，無傷吾行！吾行卻曲，無傷吾足」的楚狂人接輿；還有直接與神人相關的具有象徵意義的「不材」、「無用」、「不祥」的櫟社樹、商丘之木。這一系列的故事、一系列的形象都從不同的側面說明那個時代傳統文人士子透過入世建功立業的道路已經被堵得死死的，是徹底地行不通了。文人士子無論採取哪一種入世的方式，都只有死路一條。

莊子把極具代表意義的顏重播在〈人間世〉的篇首，用意是十分明顯的。顏回所看到的衛國實際上代表了莊子對整個世界的真實感受：衛君「其年壯，其行獨。輕用其國，而不見其過；輕用民死，死者以國量乎澤

若蕉，民其無如矣」，到處一片黑暗，死亡充斥著世界的每一個角落，人的命運完全控制在君主手中，沒有人可以憑藉一己之力去改變這個冷酷的現實。在這樣的大背景下，文人士子如果不想同流合汙，仍然幻想著像顏回那樣抱著一腔救國救民的熱血出仕，非但不可能「療」國之「疾」，自己反而會慘遭刑戮，只能是重蹈昔日關龍逢、比干被殘殺的覆轍。顯然，在這樣的社會，入世沒有任何意義，只能是一種無謂的自我犧牲。這樣的思想基調在顏回「請行」之後的幾段論述中又不斷地被重複，不斷地被加強，讓人隨處可以感受到這種瀰漫於整個世界的令人窒息的死亡的威脅。在這樣黑暗冷酷的現實環境中，「乘雲氣，御飛龍，而遊乎四海之外」、「傍徨乎無為其側，逍遙乎寢臥其下」都成了一種奢望，甚至連想都不必再想，就像狂人接輿所說的那樣「來世不可待，往事不可追也」，過去的已經過去，未來的我們無法期待，那我們能做什麼呢？我們只能注重於「方今之時」。這就是神人變化的最根本的時代背景與社會原因。

　　像顏回那樣積極入世是行不通了，即使是已經在「體制內」的人，日子同樣也很不好過。使者葉公子高代表的是已經進入仕途的文人士子。在今人看來，有機會擔任出使的使臣該是夠榮耀的吧？可是葉公子高一聽說自己受命出使，就嚇得渾身哆嗦了。因為他深諳官場的潛規則，事不成功，必有刑罰之禍；倘若僥倖成功，又會因用盡心智而身體陰陽失調。生活在這個社會，「事其君」是人無法逃避的大法則，也就是「大戒」之一。去還是不去，成了一個問題。對這項出使的使命，儘管葉公子高明知是「始於陽」而「卒乎陰」，「泰至則多奇巧」，卻又是命中注定、不可抗拒的，他沒有選擇，只能聽天由命。

　　還有被任命為太子傅的顏闔也算得上是「體制內」的人，其社會地位不可謂不高。然而，顏闔要面對的卻是比楚王、齊王甚至衛君更為殘暴乖

第十四章　藐姑射之山的坍塌

戾的衛靈公太子。顏闔能推卻做太子傅的任命嗎？顯然不能。但怎樣才能既做太子傅又能保全自己？莊子為我們描繪出這樣一幅極為恐怖卻又帶著幾分黑色幽默的畫面：顏闔必須時時刻刻心存警惕，小心謹慎。所謂「形莫若就，心莫若和」，表面上順從衛靈公太子，表現得好像很親近，又不能陷得太深；內心保持和善，外表卻絲毫不能顯露出來。即便如此，莊子說他也仍然「有患」。那怎麼辦呢？莊子說顏闔唯一可做的，就是順從。衛靈公太子的行為像嬰兒，就讓他像嬰兒；如果他做事沒有界限，為所欲為，就讓他沒有界限，為所欲為。只有用這種方式與衛靈公太子相處，才能確保自己在任何情況下都不會遭受禍患。這簡直是比在沒有任何安全措施的情況下懸空走鋼絲還要難，稍有不慎，就會跌個粉身碎骨，分分鐘都有可能喪生。這樣的出仕，難道真的是文人士子所渴望、所追求的？

　　從顏回、葉公子高到顏闔，文人士子的生存環境已經惡劣到了什麼地步！顏回曾懷著「亂國就之」的初心，積極入世，到葉公子高、顏闔時，就只剩下戰戰兢兢、驚恐萬狀地在「體制內」掙扎，世界荒謬至此，哪裡還有一絲一毫「齊家治國平天下」的影子在？處身於這樣的社會與時代，莊子的個人選擇是「處乎材與不材之間」，是遊世，甚至混世，是在夾縫間求生存。然而，對於那些仍然不甘心退卻、仍在政治權力之中苦苦掙扎的人，莊子並沒有棄之不顧，而是接連舉了三個令人怵目驚心的例項，給他們以當頭棒喝，敲響了這個瀰漫著死亡氣息的世界的喪鐘。

　　第一個例子就是後來演變為成語的「螳臂當車」。螳螂是有志向，有「捨我其誰」的勇氣，有犧牲精神的，牠幻想以自己的一臂之力為這個世界帶來改變，這不能不說是一種悲劇意味濃烈的壯舉。然而，有用嗎？憑著一己「不勝任」之力是不是真的就能挽救這個世界？當然不能！既然不能，又為什麼要不自量力、無謂地被這個世界碾得粉碎，白白葬送了自己

的性命？

第二個例子是「養虎」。虎的本性是殺生，因此，飼虎人不敢給虎餵活物或者完整的動物，生怕虎會因撕咬而激起嗜殺的本性。而與暴君相伴，不正與養虎一般？人必須順從於虎，令其「媚養己者」，才能避免因「逆」而被殺害。那些汲汲入世的文人士子，難道心甘情願地像養虎者那樣，一輩子誠惶誠恐、如臨深淵、如履薄冰地伴虎？

第三個例子是「愛馬者」。莊子說愛馬的人往往是憑著自己的偏好去寵愛馬，他們用精美的筐去盛馬糞，用珍貴的容器盛馬尿，卻由於拍打馬身上的蚉虻的時機不對，反而讓馬受了驚嚇，鬧得「缺銜毀首碎胸」。愛馬者的本意是愛馬，結果事與願違，適得其反，「意有所至而愛有所亡，可不慎邪」，這是文人士子出仕從政的又一種悲劇！

莊子舉的這三個例子，顯然是針對顏回、葉公子高、顏闔等人所陷入的困境有感而發。這個世界已經荒謬至此，倘若人還是一意孤行，執意入仕從政、施展自己的才能，最後的結局無外乎這三種：或者像螳臂當車一樣徒然送命，或因某個小小的疏忽而被本性殘暴的虎所殺，或者馬屁拍到馬蹄上，反受其害。總之，在這個社會，有材、有用的人就像可以結果的「文木」和「柤梨橘柚」，像「可食」的桂樹、「可用」的漆樹一樣，等待自己的必定是被「剝」、被「辱」、被「伐」、被「割」的毀滅。

基於對現實如此深入骨髓的觀察，莊子已經很難再繼續神采飛揚地陶醉於那個逍遙遊的世界，也很難再繼續編織那個虛無縹緲的藐姑射之山的美夢，他發現在這個「福輕乎羽，莫之知載；禍重乎地，莫之知避」的世界，唯一可以自保的，就是像櫟社樹那樣「無所可用」，甚至求做社神以自保，或者像商丘之木那樣既不材、無用，還能生出毒素來保護自己。在這樣的大環境下，誰還可以要求神人繼續使命感十足、瀟灑地進入這個世

第十四章　藐姑射之山的坍塌

界、參與這個世界的一切呢？

　　神人象徵著社會重臣，也象徵著那些渴望走上仕途、以一己之抱負才華救世救民於苦難的廣大文人士子，然而，現實社會並沒有給他們這樣的機會。「天意從來高難問」，政治權力無從掌握，個人的命運更是像驚濤駭浪中的一葉扁舟，隨時隨地都會落入滅頂的深淵，除了「不材」、「無用」，他們還能做什麼？倘若他們在宋國衛國也像在藐姑射之山一樣心存「無功」之念，恐怕等不到功德完滿的那一天，自己就已經被君主賜死，或慘遭同僚的明槍暗箭！

　　當然，文人士子又是一個極為特殊的人群。如果整個社會是一個由不同人群構成的食物鏈，文人士子可以說是位居一人之下，卻又在千萬人之上。他們有機會「舐痔得車」，也有機會貪腐弄權，製造冤假錯案。他們既是現存社會制度政策的維護者、執行者，又是既得利益的獲取者。在這樣的食物鏈的侵蝕下，又有多少文人士子可以保持人格的獨立、自由的精神、出淤泥而不染的清高？

　　這樣不堪的現實世界決定了撐起藐姑射之山的神人在走下藐姑射之山後再也不可能以超凡脫俗的姿態繼續無拘無束地遊於塵世之外，他們不可避免地陷入了「絕跡易，無行地難」（《莊子·人間世》）的困境，無論如何掙扎，充其量也只能像顏回、葉公子高、顏闔甚至狂人接輿那樣，徹底放棄自己曾經有過的遠大理想，甘於平庸，把心思全部放到如何與這個世界逶迤周旋上。神人的變化意味著此刻的神人已不再是藐姑射之山的神人，藐姑射之山開始遠離莊子而去，這也象徵著莊子理想聖地藐姑射之山第一塊基石的坍塌。

四、從「無己」到「遊世」的至人

相對於神人和聖人,莊子在〈逍遙遊〉中並沒有給予至人更多的筆墨,除了對神人、至人、聖人「若夫乘天地之正」的一段總體描述以外,只說了「至人無己」這麼一句。所以在莊子的理想王國中,至人究竟是個什麼模樣,暫且還是一個謎。好在莊子並沒有讓我們等很久,在洋洋灑灑的〈齊物論〉過了一大半的時候,莊子終於讓至人與我們見面了。

〈齊物論〉中,齧缺與王倪剛剛討論過「知」的不確定性與主觀性。莊子認為「物之所同是」並不存在,涉及價值觀的「利害」同樣沒有一個共同的標準。對「知」以及「利害」的爭辯,必然是公說公有理,婆說婆有理,完全取決於辯論者所處的位置以及看問題的角度,繼續爭辯下去,只會陷入思維的死穴。於是,莊子推出了「無己」的至人,認為假如一個人可以進入「無己」的境界,自然也就「不知利害」。

齧缺曰:「子不知利害,則至人固不知利害乎?」王倪曰:「至人神矣!大澤焚而不能熱,河漢沍而不能寒,疾雷破山飄風振海而不能驚。若然者,乘雲氣,騎日月,而遊乎四海之外。死生無變於己,而況利害之端乎!」

這段對至人的描述,是不是很有些眼熟?沒錯,莊子在描述藐姑射之山的神人的時候,也曾用過類似的詞語。這種極度誇張的語言的確不免讓人有「大有逕庭,不近人情」、「狂而不信」的感覺,但莊子的機智就在於他十分善於用這樣一種令人難以置信的表述,來突顯神人、至人的精神境界已經遠遠超越於現實的局限,似乎這個世上再沒有什麼東西可以讓他們心動。從人格精神上看,至人與神人、聖人之間確實沒有很大的不同,一些莊子研究者甚至認為至人與神人、聖人是三位一體的。[18]然而細

---

[18] 郭象《莊子注》、成玄英《莊子疏》都認為至人、神人、聖人是三位一體的。

第十四章　藐姑射之山的坍塌

究起來，至人與神人、聖人雖然都具有逍遙遊的自由人格，都可以「遊於無窮」，也都「無待」，但是他們所代表的人群卻是不同的。對神人，莊子強調的是「無功」。而在現實生活中，能夠建功立業的，當然是能入仕途的文人士子，像葉公子高、顏闔這樣的人。而對聖人，莊子強調的是「無名」，聖人指的是肩負治理天下重任的君主，像上過藐姑射之山的堯，還有卜梁倚等。那什麼樣的人屬於至人呢？至人指的是那些沒有「名」，也沒有「功」卻得了道的普通人，像南郭子綦、顏成子游、王駘等。

莊子理想中的至人應該也是生活在藐姑射之山的，他們的日子過得就像〈馬蹄〉中所描述的「至德之世」那樣，平日織布穿衣，種地吃飯，自給自足，做事目不斜視，沒有心機，與自然和睦相處；或者像〈山木〉中所說的「建德之國」那樣，民風純樸敦厚，少私寡慾，人們只知道勞作卻不私藏，給予他人而不求回報，不明白「義」的用途，也不懂得「禮」為何物，他們隨心所欲，任意而為，活著的時候自得而樂，死去的時候安然下葬。總之，理想世界的至人的生活是簡單純粹的，沒有智謀與心機，沒有憂愁與煩惱，沒有人去追求什麼功名利祿、榮華富貴，人人都飽食終日，無所用心，遊樂四方，就像隨意漂泊的小船一樣，自在地逍遙於虛空的境界。(《莊子・列禦寇》)

理想中至人的生活的確令人欣羨，然而，人不可能靠幻想度日，也不可能整天閉著眼睛沉醉於冥想之中，再美好的理想也無法替代每天的現實生活。即使像莊子這樣可以沉浸於抽象的哲理思辨的智者，也不可能迴避柴米油鹽醬醋茶這樣的日常瑣事，不能超越生老病死的人生體驗。事實上，幾乎自莊子創造出藐姑射之山這樣的理想世界那天起，他就在不斷地調整著自己的視線，調整著自己的心路。藐姑射之山高高在上，人只可以仰視、遙望，卻無法走入其中；現實世界卻低於幽谷，生活在這裡就像被

四、從「無己」到「遊世」的至人

兩邊的峭壁囚禁於其中一樣。我們說莊子的「逍遙遊」理想是他心路發展歷程的起點，而不是終點，甚至也不是他為之努力的目標，就是因為自打莊子從藐姑射之山這個起點一出發，一路上他所思考的、關注的就離他自己所打造的理想境地漸行漸遠，不但神人來了一個大變身，至人同樣也失去了往昔在藐姑射之山、「至德之世」、「建德之國」時的光彩。

來到「人間世」的至人，不再「神矣」，也不再有「乘雲氣，騎日月」的灑脫超然，面對眼前的種種險境、困境，他們收斂起了自己卓然不群的行事方式，代之以明哲保身的「先存諸己而後存諸人」（《莊子‧人間世》）的人生態度，有時甚至不得不擺出一副對什麼都無所謂、都滿不在乎的樣子混跡於社會之中。莊子對現實的態度是既不合作，也不和解。一個人，當你完全不把自己看作這個世界的一分子，當你徹底否定了這個世界存在的合理性卻又必須生存於這個社會之中的時候，你的任何生存策略都不應當被理解為是反常的、反社會的。「知其不可奈何而安之若命，德之至也」（《莊子‧人間世》），以這樣的思維方式求生存，安時處順也好，在夾縫間左右逢源也好，遊戲人生甚至混世也好，都成了一種應對、反抗這個社會的策略，一種叛逆的人生態度。

我們在〈人間世〉中見到的支離疏就是這樣的一位至人。

支離疏，光看他的名字就已經可以知道這是一位怎樣相貌怪異醜陋的畸人了。他形體怪異，如同櫟社樹、商丘之木在匠人眼中是無用的「散木」一樣，支離疏在世人看來就是無用的「散人」。可是莊子卻不這麼看。在莊子眼中，那一個個兀者，一個個畸人，都是真正理解了「道」的達人。再看看這位支離疏，他身體殘疾成這樣，卻不但可以「挫針治繲，足以餬口」，還能用為人篩糠所得的稻米供十人吃飯。這分明是位對自己、對他人都有用的人。可見世俗社會中所謂的「無用」、「不材」的概念本身

第十四章　藐姑射之山的坍塌

也是悖論，本身就是被扭曲、被歪解的概念，難怪莊子要用「無用之用」來標新立異，來顛覆人們固有的偏見，說明這是一種怎樣獨特的「用」與「材」。

　　至人都是普通人，是社會中的草民，自然不會像儒家大弟子顏回那樣，整天操心些憂國憂民的大事，普通人最關心的無非是有飯吃，有衣穿，有地方住，能活下去。這也就有了支離疏的「上徵武士，則支離攘臂而遊於其間；上有大役，則支離以有常疾不受功；上與病者粟，則受三鍾與十束薪」（《莊子·人間世》）。達官貴人以及講究氣節的文人士子，自然是不齒於也不屑於去爭這麼一點蠅頭小利的，更不會由於獲得了這麼一點微薄的小便宜就沾沾自喜。而對於連基本溫飽都難以維持的草民來說，能免除服兵役、勞役之苦，還能得到一點微薄的救濟，憑什麼他們就不可以理直氣壯地去領取？難道像支離疏這樣的人命中注定就只配像韭菜那樣，一茬又一茬地永遠任人割取？事實上，草民的辛酸只有像莊子那樣曾淪落到社會最底層的人才能有切身的體驗與理解。沒有經歷過飢餓的折磨、沒有經歷過借糧而不得的辛酸，就不足以語「人生之多艱」！更何況，至人本身早已超越於世俗的道德判斷之外，作為至人，誰又會真的在意世俗之人的評判！

五、至人的悲歌

　　從高高的藐姑射之山墮入人間底層的至人，雖然仍然可以「無己」，安於「得者，時也，失者，順也；安時而處順，哀樂不能入也」（《莊子·大宗師》），保持著「死生無變於己」（《莊子·齊物論》）的坦然與豁達，但是生活於塵世間，隨時隨地都在經受著真實人生中種種生老病死、貧困

飢餓的磨難與挑戰，就是至人，在面對困境的時候，也很難始終如一地保持著內心的平靜無波瀾。

這時的莊子，其內心應該是極其複雜矛盾的。我們看到，生活在人間的至人一方面繼續那麼瀟灑清高、驚世駭俗，另一方面，他們又飽嘗疾病和飢餓的摧殘折磨，甚至很難再像支離疏那樣大搖大擺地遊於世間了。

相對於老子所嚮往的「鄰國相望，雞犬之聲相聞，民至老死不相往來」(《老子》第八十章)的情景，走下藐姑射之山的至人似乎過得更富有生活氣息。〈大宗師〉中的子祀、子輿、子犁、子來四人都是至人，他們曾一起熱烈地討論，說誰可以以「無」當作自己的頭顱，以「生」當作自己的脊梁，以「死」作為尾骨，懂得生死存亡渾然一體的道理，誰就可以是我們的朋友。於是四人「相視而笑，莫逆於心」，成了至交好友。還有子桑戶、孟子反、子琴張三位，一談起「道」來，立刻興致勃勃，高談闊論，說到興起處，三人不禁相視而笑，成了「莫逆於心」的好友。這樣的場景生動輕鬆，魅力十足，令人神往，能活得這麼明白，這麼灑脫，除了至人，還能有誰？

至人看得透一切，然而，他們也能抵擋得了病痛來襲嗎？接著，莊子為我們展示了有關至人的另一番圖景。子輿病得身體嚴重變形，彎腰駝背，陰陽二氣錯亂。儘管他在沒見到自己的樣子時還能給自己加油打氣，可一旦照見了自己的倒影，還是忍不住發出了傷感的嘆息！莊子應該是刻意要讓人注意到子輿從「偉哉」到「嗟乎」的內心變化的。相比於坦然面對生死，經受身體由於疾病所造成的苦痛似乎是更大的挑戰，要不然，人們為什麼會有「痛不欲生」、「生不如死」的人生體驗！

子輿變成這個樣子，他一定有痛、有苦，無論怎樣想，也並不能減輕他所經受的病體的折磨。難道子輿真的希望自己變成這樣嗎？回答應該是否定

第十四章　藐姑射之山的坍塌

的。但這就是莊子所親眼見到的人生現實，是走下藐姑射之山的至人所不得不面對的。不但子輿得經受這一切，另一位至人子來也同樣因病而「喘喘然將死」。他的妻子兒女圍繞著子來哭泣，這時子犁前來看望，喝斥他的家人說：去吧！走開吧！不要驚動了正在經歷生死之「化」的人。然後子犁又倚著門對子來說：「造物者真偉大啊！它要把你變『化』成什麼呢？它要把你送到何處？要把你變成老鼠的肝臟嗎？要把你變成蟲子的臂膀嗎？」

　　這樣的場景給人心靈的震撼是極為複雜的。莊子心中的至人確實不受傳統觀念的羈絆，超脫於塵世之外，對生死、利害、人世的一切都滿不在乎，但是莊子感受更深的還是人生的無常，普通人生存的艱難，所以他刻意選擇了卑微低賤、微不足道的意象來隱喻至人的真實生活處境。從「大澤焚而不能熱，河漢冱而不能寒，疾雷破山飄風振海而不能驚」（《莊子·齊物論》）的至人到現實生活中像「雞」、像「彈」、像「車」、像「鼠肝」、像「蟲臂」一樣的至人，莊子究竟想告訴我們什麼？

　　我們已經反覆說過，莊子的時代，福比羽毛還輕，禍比大地還重。人被殘害是必然的，不被殘害是偶然的。滿眼都是被殺死的人，戴著枷鎖的人一個接一個，被砍去腳的人數也數不清，甚至連行刑砍頭都還要排隊等待。就是這樣一個個體生命毫無價值、黑暗色調塗滿社會每一個角落的世界，卻沒有人可以抗拒，沒有地方可以逃避，任何人試圖抗拒的話，只會像螳臂當車一樣被碾得粉身碎骨。所以對至人來說，唯一可行的就是遊於社會夾縫間，聽命於現實。所以莊子強調說人得認命。他特別舉了鐵匠鑄劍的例子，說鐵匠鑄劍時，如果做劍的金屬跳出來，要求把自己鑄成鏌鋣寶劍，鐵匠一定認為這是一塊不祥的金屬。而人，一旦有了人形，就高叫著「把我造成人，把我造成人」，造物者也一定會認為這是一個不祥之人。在莊子看來，這就是抗命。字面上，莊子說人得像服從父母那樣，順

從於自己的命運，什麼都無所謂，但字裡行間傳遞出的訊息、流露出的心境卻是對命運的無可奈何，對世界的極度悲觀，其中瀰漫著的是深深的哀情。

於是，我們看到莊子在推出了一個個「不知說（悅）生，不知惡死」、「知死生存亡之一體」的卓爾不群、瀟灑神奇的至人之後，最後卻以子桑對蒼天的怨憤哀訴作結，這裡所寄寓的深意是極為發人深省的。現實中的子桑，連飯都吃不上了，貧困飢餓交加，他一邊呼天搶地地叫著父母，一邊泣不成聲、斷斷續續地歌唱。從他那急促微弱的聲調中，不難讓人感受到他內心深處的怨懟。莊子以往提到普通人，即便是處於社會下層的支離疏，論述的重點也是放在張揚他們如何養生，如何安貧樂道上，從來沒有像描述子桑那樣，寫得如此悽悽慘慘、悲悲戚戚。這個關注點的轉變，說明莊子已經清楚意識到理想世界的藐姑射之山再也存在不下去了。人，首先得活著，活不下去的時候，再美好的理想也無濟於事。

曾經是「無己」的至人，除了發出「命也夫」的慨嘆，對父母天地的質疑，以及怨天尤人的悲嘆，其命運終結在了一片悲歌聲中，以至於最後莊子索性把他們通通拋入了江河湖海，要他們「相忘於江湖」。從此，那些曾經在藐姑射之山與神人、聖人共同撐起一片天地、光彩照人的至人，隨著藐姑射之山的坍塌，其形象變得越來越黯然無光，他們再也回不到理想的世界了。

六、渾沌之死

神人、至人所代表的文人士子、平民百姓在現實生活中遭遇的艱難困苦象徵著莊子完全放棄了曾經絢爛奪目的藐姑射之山，而回歸冰冷黑暗醜

第十四章　藐姑射之山的坍塌

惡的社會現實。他內心曾有過的憤激，有過的對人生的認真態度，越來越為無可奈何、安之若命甚至遊戲人生的態度所取代。至此，我們可以清楚地看到莊子早先提出的「無待」的「逍遙遊」境界，只是他全部哲學思考的出發點，卻並非是他的終極目標。那麼，莊子對人類命運以及現存社會的終結又有過怎樣的考量呢？

儘管莊子很少對政治問題展開論述，或者說他對這樣的問題並不感興趣，這一點，從〈應帝王〉中無名人回應天根有關治理天下之事表現出的厭惡可見一斑：「趕快走開，你這個鄙陋之人，為什麼問一個這麼讓人掃興的問題？」但這並不等於莊子對如何治天下沒有自己的設想。這個無名人，其實就是莊子心中那個理想國的理想君主。聖人象徵著君主。在藐姑射之山，聖人的最大特點就是「聖人無名」，難怪莊子給予這個人的名字是「無名人」。

儘管遭到無名人的喝斥，天根仍不放棄，一定要問出個子丑寅卯來，無名人只好回答他說：「你遊心於恬淡的境界，清靜無為，順應自然的變化，不摻雜任何個人的私心，這樣，天下就會大治了。」這樣的治世方式，其實就是莊子在〈逍遙遊〉中建構起來的藐姑射之山所預設的，也是〈應帝王〉中莊子借老子之口所界定的「明王之治」。明王治理天下，功蓋天下卻好像與自己無關，化育天下萬物，可是百姓卻感覺不到自己依賴於任何人，有功德卻不彰顯，而讓萬物各得其所。明王自己則立於變化莫測的境地，與「道」同遊。可見這也是一個「無己」、「無功」、「無名」的社會。[19] 帝王知道如何「應為帝王」，臣民也知道如何「應對帝王」。[20]

與〈逍遙遊〉中的藐姑射之山相呼應，莊子說，在這樣的社會，帝王

---

[19] 陳景元《南華真經章句音義》：「『似不自己』，忘我也；『而民弗恃』，忘功也；『有莫舉名』，忘名也；『遊於無有』，兼忘也。明王之治如是而已。」

[20] 「應帝王」含有兩個意思，對帝王而言是「應為帝王」，對臣民而言則是「應對帝王」。

六、渾沌之死

君主放棄了名聲,放棄了謀略,放棄了一切人為的事情,也放棄了智巧,所以能體會到無窮無盡的「道」,遊心於「道」的境界。他們順乎「道」的變化,並不祈求從「道」中獲得什麼。他們的心境是空明的,「順物自然而無容私焉」,放棄一切所謂的「有為」而治,不以「經式義度」去治理天下。而至人用心就像鏡子一樣,任萬物來去不迎不送,順應自然不留不藏,所以能超然物外而不為物所傷。總之,莊子希望帝王君主能徹底放棄自有虞氏以來所建立的主張法度的時代,回到伏羲氏「其臥徐徐,其覺於於」無為而治的時代。

然而,這一切不過是莊子的希望或者是幻想而已。莊子的無為而治,莊子的藐姑射之山,在現實的衝擊下蕩然無存。文人士子走下了神壇,平民百姓陷入了極大的生活困境,聖人再怎樣尋求「不從事於務,不就利,不違害,不喜求,不緣道,無謂有謂,有謂無謂,而遊乎塵垢之外」(《莊子‧齊物論》),也不可能改變現實社會中帝王君主的任何行徑。在這樣的情況下,莊子只能以一個寓意極深的「渾沌之死」的故事宣告了藐姑射之山的徹底坍塌,象徵他的理想世界的終結。

南海之帝為儵,北海之帝為忽,中央之帝為渾沌。儵與忽時相與遇於渾沌之地,渾沌待之甚善。儵與忽謀報渾沌之德,曰:「人皆有七竅以視聽食息,此獨無有,嘗試鑿之。」日鑿一竅,七日而渾沌死。(《莊子‧應帝王》)

南海之帝是儵,北海之帝叫忽,中央之帝叫渾沌。儵與忽常常在中央之帝渾沌那裡相遇。渾沌對他們非常友善。為了報答渾沌的恩德,儵與忽商量著說,人人都有七竅,可以用來看、聽、吃東西、呼吸,偏偏渾沌一竅也沒有。於是他們決定要幫渾沌鑿出七竅來,讓渾沌也有七竅的功能。儵與忽每天為渾沌鑿一竅,鑿到第七天,渾沌死了。

第十四章　藐姑射之山的坍塌

渾沌的神話見於《山海經・西次三經》，原本只有「渾沌無面目」這麼一句。莊子把這一句神話演繹成了一段精彩的寓言，其中的象徵意味是頗為耐人尋味的。我們先來看看這三位主角的名字：「倏」與「忽」都是疾速、短促的意思，人類歷史的發展不就是飛速地從遠古走到了日新月異的今天嗎？然而，時代的急遽變遷對人類整體而言、對人類居住的環境而言究竟意味著什麼？其中預示著一個怎樣的未來？似乎莊子早早就預見我們今天會遇到的種種危機了。「渾沌」指的是天地未形成之前的懵懂、模糊不清的狀態，含有純樸自然的意思。渾沌象徵著人類的自然本性、世界的本初，倏與忽則象徵著追求物質享受的人類，就是這麼三位集體出演了一場驚心動魄、發人深省的悲劇。

按照莊子的理想，作為帝王的倏也好，忽也好，渾沌也好，本來只需要「順物自然而無容私」，便可實現天下大治。不幸的是，倏與忽完全不理解順應自然、無為而治的好處，他們只是按照自己的想法，一廂情願地為渾沌鑿七竅。最為可悲的還是，他們這樣做完全是出於一片善意、一片好心，希望渾沌從此也可以有眼可看，有耳可聽，有鼻可嗅、可呼吸，有嘴能吃東西、與人交流。然而，美好的願望卻不一定能帶來美好的結果。倏與忽兩人辛辛苦苦忙了七天，最終事與願違，反而將渾沌置於死地。渾沌原本並不需要七竅，沒有七竅的渾沌才是他的自然本性。倏與忽因鑿七竅而導致渾沌之死的悲劇，在莊子看來是荒誕不經、有違人性的；然而在倏與忽看來，卻是那麼自然、順理成章。這說明了什麼？莊子把人類之所以會墮落到今天這個地步，歸因於人為制定的種種「經式義度」以及所謂的仁義道德，認為是這些人為的東西把人類推進了死亡的深淵，推入了不可扭轉的危機。這裡，我們要特別提請大家注意莊子所用的「鑿」這個怵目驚心的動詞。在人的肉體上「鑿」出七竅這個行為本身就是暴力的、血腥的，不管你的動機如何，用「鑿」的方式來成就人的美好願望，你不覺

得這本身就十分殘暴、十分荒謬？

莊子用「渾沌之死」為整個內篇作結是意味深長的。《莊子》的內篇從「北冥有魚，其名為鯤」、「化而為鳥」後飛往南冥開篇，最後以南海、北海二帝為中央之帝渾沌鑿七竅，「七日而渾沌死」而告終結。整個內篇實際上是一部「史」，一部莊子的心路發展史。從〈逍遙遊〉到〈應帝王〉，莊子為我們展示了文人士子從追求精神的自由、人格的獨立開始，到不得不在夾縫間求生存，最終死在南海之帝與北海之帝之手的人類命運悲劇。渾沌之死，象徵著人類已經走到了自己的反面。人類曾經有過的天真純樸、與自然的和諧都已經成為過去，莊子起初設想的逍遙遊的理想盛世已經一去不復返，美好的藐姑射之山完全坍塌了。人類走進了一個人格異化、人性迷失的現實世界。

第十四章　藐姑射之山的坍塌

後記

　　《莊子的世界》一書一經推出，便深受讀者歡迎，首印銷售一空。隨後兩年間，出版社又加印了幾次。廣大讀者的喜愛，專業人士的認可，對我們來說，的確是始料未及的，當然更是巨大的鼓舞與鞭策。

　　研讀《莊子》幾十年來，我們一直認為，《莊子》不僅僅屬於專家學者，《莊子》更是大家的。每一位讀者都可以從《莊子》那裡喚起自己對宇宙、對生命、對人生的感悟與啟迪。有一百個人讀《莊子》，《莊子》就有一百種面貌。在寫作《莊子的世界》一書時，儘管我們力圖使用淺顯易懂的語言，盡量讓文字流暢明快，讓讀者可以輕鬆地走進莊子的世界，但限於體例以及論證的需求，我們有時還不得不引經據典。遺憾的是，這樣的寫法有可能加深了普通讀者對《莊子》理解的難度。於是我們便重新撰寫了這本真正為大眾解讀《莊子》的書，希望能夠讓普通讀者跟隨我們一起去重新認識《莊子》，領略《莊子》的魅力。

　　在本書中，我們不僅專題介紹了莊子這個人、《莊子》這部書、莊子思想的根，還對莊子「道」的學說、莊子的理想世界、莊子對現實世界的認知、莊子提出的修德的途徑、莊子的人生哲學、莊子對文人士子命運的思索，以及最終莊子理想的破滅等，進行了多層次、多角度的深入淺出的解說。

　　經過一年來的努力，書稿總算是完成了，又到了等待讀者檢驗、與讀者分享的時刻。我們衷心希望這部小書的出版能夠為廣大《莊子》愛好者提供一個全面了解莊子以及《莊子》、走進莊子世界的新途徑。當然，我們也特別希望廣大讀者能夠像喜愛《莊子的世界》一樣，喜歡上這本書。

後 記

　　本書與《莊子的世界》可以視為姊妹篇。《莊子的世界》力圖掃清蒙在莊子及《莊子》上的厚厚塵埃，而本書，則重在與所有的《莊子》愛好者一起重新理解莊子、認識莊子、分享莊子，開啟一扇窺探莊子以及《莊子》的新窗口，讓大家可以更輕鬆地走進莊子的內心世界。

王景琳、徐匋

「道」破人生！以莊子為名的人生課：
體驗莊子式淡然，學會在繁忙生活中擁抱自我

作　　　者：	王景琳，徐匋
發　行　人：	黃振庭
出　版　者：	崧燁文化事業有限公司
發　行　者：	崧燁文化事業有限公司
E - m a i l：	sonbookservice@gmail.com
粉　絲　頁：	https://www.facebook.com/sonbookss/
網　　　址：	https://sonbook.net/
地　　　址：	台北市中正區重慶南路一段61號8樓 8F., No.61, Sec. 1, Chongqing S. Rd., Zhongzheng Dist., Taipei City 100, Taiwan
電　　　話：	(02)2370-3310
傳　　　真：	(02)2388-1990
印　　　刷：	京峯數位服務有限公司
律師顧問：	廣華律師事務所 張珮琦律師

-版權聲明-

本書版權為中州古籍出版社所有授權崧燁文化事業有限公司獨家發行繁體字版電子書及紙本書。若有其他相關權利及授權需求請與本公司聯繫。

未經書面許可，不得複製、發行。

定　　價：450元
發行日期：2024年12月第一版
◎本書以POD印製

Design Assets from Freepik.com

國家圖書館出版品預行編目資料

「道」破人生！以莊子為名的人生課：體驗莊子式淡然，學會在繁忙生活中擁抱自我 / 王景琳，徐匋 著. -- 第一版. -- 臺北市：崧燁文化事業有限公司, 2024.12
面；　公分
POD版
ISBN 978-626-416-177-0(平裝)
1.CST:（周）莊周 2.CST: 莊子 3.CST: 學術思想
121.33　113018671

電子書購買

爽讀APP　　　臉書